首次揭開現代貨幣危機的神秘面紗，告訴你現代貨幣危機背後不為人知的真相。

新貨幣戰爭

唐風 編著

目錄

第二章
趁火打劫：熱錢氾濫

第三章
雪上加霜：次貸危機

第四章

應對危機——各國忙出招

第五章
三大危機考驗人民幣何去何從

第六章
未雨綢繆：中國如何突圍

第七章 教訓與啟示

大事紀

前言

二〇〇八年，貨幣危機橫掃全球，無論是發達國家還是發展中國家，都無一倖免，新一輪的貨幣戰爭正在全球悄悄蔓延開來。是無休止地相互指責下去，還是聯手應對，已經成為各國必須面對和亟待解決的迫切問題。

進入二〇〇八年，受美元持續貶值、國際游資氾濫以及美國次貸危機的影響，全球金融市場再次發生震盪。尤其是二〇〇八年五月，越南多項經濟指標亮起紅燈，導致金融市場異常動盪，貨幣危機一觸即發。動盪不僅僅只屬於越南，馬來西亞、泰國、菲律賓等國家的金融市場也極不穩定，陷入高通膨、貨幣貶值、股市樓市暴跌的動盪之中。

為了穩定動盪的金融市場，各個國家紛紛採取應對措施。例如，越南調高貸款利率穩定貨幣；阿根廷採取多項措施應對危機；拉美國家加強對金融業的監管力度；菲律賓提高利率；泰國、馬來西亞積極深化金融改革等。

越南金融市場的動盪，引起國際社會的廣泛關注，尤其是中國更加提高了警惕。進入二〇〇八年以來，印度盧比、泰國泰銖、菲律賓披索、印尼印尼盾等多個國家的貨幣均出現了對美元貶值的情況，而這些貨幣在前五年的時間裏大致都是對美元保持升值的。因此專家擔心，人民幣與中國資本市場也會同遭池魚之殃。

近幾年來，中國資本金融市場承受著較大的壓力和挑戰，首先是美元持續貶值的挑戰。伴隨著美元的持續貶值，人民幣的升值壓力也越來越大。

二〇〇八年三月十九日，中國總理溫家寶在回答美國彭博新聞社記者提問時表示，因為美國次貸危機的影響，造成美元貶值，石油價格居高不下，世界的股市也受到很大的影響。到目前為止，兩年多來，人民幣對美元已經升值百分之十五，而且最近升值的幅度越來越大。

在當今，熱錢正在「烤」驗中國經濟。二〇〇八年四月下旬，在國際貨幣基金組織（IMF）國際貨幣與金融委員會（IMFC）春季部長級會議上，央行行長周小川呼籲各國盡快建立起協調互信的政策框架，加強對以對沖基金為代表的熱錢的監督，穩定市場預期，實現有序調整。

大量熱錢將會使資本流動急劇波動，不僅導致匯率和利率更大幅度地波動，而且造成資產價格中的泡沫效應使得國際收支狀況和結構更加複雜，進而影響到一國的經濟和金融穩定，甚至造成社會和政治的動盪不安。面對受美國次貸危機影響進一步趨緊的國際經濟大環境，以及步步走高的國內通貨膨脹率，中國應該如何在抑制通貨膨脹和保持經濟平穩較快增長之間找到一個平衡點，走出一條光明的道路，已經成為當前經濟學界和政府部門討論關注的熱點和宏觀調控所必須面對的艱難選擇。在這種局勢下，中國的貨幣政策到底應該何去何從?這是許多人關心的熱點問題。

本書作者以獨特的視角全面深刻地闡述了美元貶值、熱錢氾濫、次貸危機產生的原因、過程、後果、影響及發展態勢，並對美元貶值、熱錢氾濫、次貸危機下的全球經濟、中國經濟進行深入分析。還對當前形勢下如何吸取美國次貸的教訓以及如何利用次貸機會發展和完善中國的金融體系，提出了獨到的見解。本書最後通過對世界金融史上的重大金融危機的分析和解密，讓讀者從中得到

《第一章》

不宣而戰：美元貶值

PART1

一、貨幣危機為何頻頻爆發

貨幣危機是金融危機的一種，是指對貨幣的衝擊導致該貨幣大幅度貶值或國際儲備大幅下降。對於每個國家而言，貨幣危機的輕重程度可以用外匯市場壓力指標來衡量，該指標是匯率月變動率與國際儲備月變動率相反數的加權平均數。當該指標超過其平均值的幅度達均方差的三倍時，就將其視為貨幣危機。

一般來說，如果貨幣危機不能得到有效控制，可能就會觸發更大範圍的金融危機。縱觀當代貨幣危機事件，在國際經濟社會很少再看見一樁孤立的貨幣動盪事件，一國貨幣危機常常會波及別國。不僅影響本國的經濟發展，也會危及到與之相關的國家。例如：

一九九二年，英鎊與歐洲匯率機制的基準匯率受到投機性攻擊時，相伴隨的還有義大利里拉。在史稱「黑色星期三」的九月十五日，英鎊與里拉都紛紛退出了歐洲匯率機制。隨後，仍留在歐洲匯率機制內的愛爾蘭鎊和法國法郎等都遭到攻擊，匯率發生急劇波動。

一九九四年底墨西哥披索大幅貶值時，南美的阿根廷、巴西及東南亞的菲律賓等國貨幣對美元匯率發生強烈波動。稍後，遠在非洲之角的南非也出現了匯率動盪。

一九九七年，泰國爆發了金融危機，這次金融危機致使泰國國內經濟在短期內面臨一系列緊縮措施，加稅、物價控制、收縮銀根等手段都被啟用，已降低的經濟增長率還要進一步降低。不僅如此，在國際上，泰銖風波傳至鄰國馬來西亞、印尼和菲律賓等地，這些國家皆出現股市匯價雙跌的局勢。一石擊起千層浪，波及泰國內外經濟的各個層面。

一九九七年亞洲金融危機爆發時，首先是危機國無法控制危機的發展，外匯管理制度陷入癱瘓，接著就是伴隨著貨幣貶值的通貨膨脹率上升；與此同時，投資者對危機國產生信任危機，而利率的高升進一步引發投資不足，使危機國經濟發展停滯並且衰退，並輻射至周邊及貿易往來國。

貨幣危機的爆發對一國乃至世界經濟都造成嚴重影響，經濟專家在探尋貨幣危機爆發的原因時發現，對一國而言，貨幣危機的形成原因包括市場因素、基本經濟因素及金融因素三個方面。

從市場方面來看，由於開放的資本市場為國際游資的出入提供了便利管道，那麼，如果一國實行固定匯率制，或是宏觀經濟狀況惡化，都容易致使規模大、獨立性強並廣泛使用衍生工具和槓桿交易的國際游資的衝擊，而由於廣大發展中國家較為普遍地採用了固定匯率制，且均在一定程度上存在著產業結構與發展模式不適應的隱患，這樣就致使抵抗外來衝擊能力差，因而貨幣危機爆發的可能性就大。

從基本經濟因素方面來看，現代金融體系是建立在信用基礎之上的，這一體系必須在資金的提供者不擠兌、金融機構能夠有效運用資金的基礎上方能成功運作，但是當代國際金融活動越來越脫離實物經濟。有數據表明，一九七〇年，國際外匯交易額約六倍於物質產品總量，而到今天，外匯交易額已經是世界市場上進出口總價值的七十倍。據估計，現在每天約有超過二兆美元的外匯交易，而其中大多數與物質產品的生產和貿易無關，這樣就會對貨幣產生一定的衝擊力。

從金融因素方面來看，金融資產價格的波動、噪音交易、羊群效應、從眾心理等無一不對金融活動產生重大影響，從而也易於引發危機的產生。

針對貨幣危機的形成原因，經濟學家們提出了種種理論，並總結出三代較為成熟的貨幣危機模型，在各種模型中提出了危機的解決方法。

第一代貨幣危機模型：提出第一代貨幣危機模型的代表人物是美國麻省理工學院的保羅．克魯格曼，此模型也稱為國際收支危機模型。該理論認為，危機的產生是由於政府宏觀經濟政策與固定匯率相悖造成的；就其產生機制來說，則是由於投機者的攻擊導致外匯儲備流失至最底線，所以外匯儲備是保持固定匯率的關鍵，而為了防止危機，政府須實行緊縮性財政貨幣政策。但是，由於危機成因主要是在經濟基本面，所以對外融資或限制資本流動只能是治標不治本。這一模型可以用來解釋一九九八年的俄羅斯危機、巴西危機以及阿根廷危機等。

第二代貨幣危機模型：第一代模型在二十世紀九〇年代初的歐洲貨幣危機中受到了質疑，當時，很多國家經濟基本面很好卻受到了危機衝擊，為了解釋這一問題而產生了第二代模型。該模型認為，一國即使經濟基本面尚好，但由於羊群效應的存在，投機者的貶值預期會通過利率機制進行傳導並引發危機。為了防止危機的發生，政府會提高利率來維持平價；但是，這種做法有其內在成本，如政府淨債務（赤字）規模的上升、提高利率引起的逆向選擇和道德風險造成的經濟波動、不良資產上升，以及高利率帶來的經濟衰退和失業等；而另一方面，當危機無法控制時，放棄固定匯率也有其成本，如無法消除匯率波動帶來的風險、固定匯率的「名義錨」作用將消失，以及政府的政治聲譽受損等。故此，要避免危機的發生，政府就必須提高政策的可信度。

第三代貨幣危機模型：在一九九七年的亞洲金融危機爆發之前，東南亞國家國際儲備嚴重不足、國際收支赤字長期存在、匯率與美元掛鉤造成幣值高估，並且外債結構也不合理，從而引發外國投機者的攻擊；而且，政府為大量金融機構及企業提供隱性擔保，道德風險問題日益嚴重，為危機的到來埋下伏筆；此外，由於資本市場開放，金融自由化程度高，金融機構可以自由進入國際資本市場，並傾向於將資金投向證券市場和房地產市場牟取暴利，導致泡沫滋生，即「金融過度」。針對這場危機，保羅·克魯格曼教授提出了第三代貨幣危機模型。他認為，貨幣的實際貶值、經常帳戶逆差、國際資本流動的逆轉也會引發危機。

除上述三種較為成熟的危機模型之外，國外學者還提出了一個所謂「第四代模型」，這一模型目前尚處於研究完善階段。

總而言之，不管是哪一種模型的貨幣危機，經濟學家研究的目的都是希望能通過分析前次危機來解決當前問題並能解釋下一次危機。對於專家們的這種做法，有的學者提出質疑，認為這種辦法對危機的預防起不到實質性作用。他們指出，一場世界性的總危機正在醞釀當中，除非對現有的國際金融體制進行根本性變革，否則總危機的爆發只是一個時間問題。

對於中國而言，專家在對國內情況進行分析後，認為中國存在著爆發國內貨幣危機的隱患。因為中國對外開放力度不斷加大，與世界各國的金融貿易往來也日益頻繁，因而將要面臨的外部衝擊必然也會增多。按照美國經濟學家拉魯什的觀點，中國是世界上少數幾個能夠維持實物經濟增長的國家之一，這也就成為了國際投機的下一個攻擊目標。

為了防範於未然，有關專家指出，加快國有商業銀行改組改造和產權制度改革工作，以及強化資產風險管理是中國避免貨幣危機的關鍵。專家認為，按照現代企業制度的發展目標，股份制商業銀行將形成原始產權和法人產權的二元產權結構以及董事會代表法人產權的「雙層兩權分離」，徹底擺脫行政指令。這樣，銀行將成為一個真正意義上的獨立企業，可向市場融資以充實資本金，是解決國有商業銀行資產品質低下、經營績效不高等問題的有力手段。並且，股份制有助於減輕政府在危機中的壓力。由於中國信貸資金的百分之八十都集中在國有商業銀行，國家作為最後擔保人，承擔了全部金融風險，這無疑對國家經濟安全構成威脅，而股份制將使潛在風險分散化。

完善金融法規，強化金融監管也是不容忽視的一個策略。專家認為，為維護正常的金融秩序、預防金融危機、避免銀行違規操作的「道德風險」，規範有效的金融監管必不可少，而這種監管的依據是法律法規。

建立風險和危機的預警指標體系，成立專門機構對系統性風險進行評估，這種措施也可以有效地防範於未然。有學者指出，作為反映經濟狀況的系統性指標應該具備綜合性、全面性，它應由一系列相互關聯的單一指標組成，包括：經濟增長放緩指標、實際過度兌換率、看經常項目是否順差減少或出現赤字情況、外匯儲備絕對額的增減度、銀行對房地產的信貸比率等，而當年泰國的金融危機也正是由於房地產價格下降帶來銀行系統性風險的增加。

二、不能忘卻的日美「廣場協議」

一九七七年，美國財政部長米契爾．布魯梅薩山以日本和前聯邦德國的貿易順差為理由，對外匯市場進行口頭干預，希望通過美元貶值的措施來增強美國出口商品的競爭力，刺激美國的出口，減少貿易逆差。布魯梅薩的講話導致投資者瘋狂拋售美元，美元大幅貶值。

投資者的投機行為，致使美元的兌換率直線下降。據統計，在一九七七年初，美元兌日圓的匯率為一美元兌兩百九十日圓，一九七八年秋季最低跌到一百七十日圓，跌幅達到百分之四十一．三八。為了控制局勢，卡特總統又發起了「拯救美元一攬子計畫」。

而令美國政府措手不及的是，在一九七九年～一九八〇年，世界第二次石油危機爆發。這次危機對美國來說無疑雪上加霜，使美國能源價格大幅上升，美國消費物價指數隨之攀高，美國出現嚴重的通貨膨脹，通貨膨脹率超過兩位數。據悉，在一九八〇年初把錢存到銀行裏去，到年末的實際收益率是負的百分之十二．四。

為了改善嚴重的通貨膨脹局面，美國新上任的聯邦儲備委員會主席保羅．沃爾克在一九七九年夏天連續三次提高官方利率，實施緊縮的貨幣政策。這一政策的結果是美國出現高達兩位數的官方利率和百分之二十的市場利率，短期實際利率從一九五四年～一九七八年間平均接近零的水準，上升到一九八〇年～一九八四年間的百分之三～百分之五。

在高額利率的誘惑下，大量的海外資金又擁入美國市場，美元價格又迅速回升。據官方數字統計，從一九七九年底到一九八四年底，美元匯率上漲了近百分之六十，創美國歷史的新高，美元對主要工業國家的匯率超過了布雷頓森體系瓦解前所達到的水準。

與美元價格上升相對應的是，美國的貿易逆差快速擴大，到一九八四年，美國的經常項目赤字達到創歷史紀錄的一千億美元。

為了控制貿易逆差，美國政府及時對外匯市場進行干預，使美元對主要貨幣有秩序地調降，以解決美國巨額的貿易赤字。而美國政府進行干預的措施就是在一九八五年九月，美國財政部長詹姆斯．貝克與日本財長竹下登、前聯邦德國財長傑哈特．斯托登伯、法國財長皮埃爾．貝格伯、英國財長尼格爾．勞森等五個發達工業國家財政部長及五國中央銀行行長在紐約廣場飯店舉行會議，簽訂了「廣場協議」。

協定規定，日圓與馬克應大幅升值以挽回被過分高估的美元價格。要求各國對外匯市場進行「協調干預」，售出美元，買進本國貨幣，使美元匯率迅速下降。

「廣場協議」簽訂後，五個發達工業國家開始拋售美元，繼而形成市場投資者的拋售狂潮，導致美元持續大幅度貶值。據官方數字顯示，一九八五年九月，美元兌日圓在一美元兌兩百五十日圓上下波動，協議簽訂後，在不到三個月的時間裏，快速下跌到兩百日圓左右，跌幅百分之二十。

百分之二十的跌幅率並沒有使美國就此罷手，以美國財政部長貝克為首的美國政府當局和以美國國際經濟研究所所長弗日德．伯格斯藤為代表的專家們仍然對美元進行口頭干預，表示當時的美元匯率水準仍然偏高，還有下跌空間。在美國政府強硬態度的暗示下，美元對日圓繼續大幅度下跌。一九八六年底，一美元兌一百五十二日圓，一九八七年，最低到達一美元兌一百二十日圓，在不到三年的時間裏，美元兌日圓貶值達百分之五十。

美元兌日圓貶值百分之五十，這表明，日圓兌美元升值一倍。一些日本專家們認為，這種升值並沒有使日本的經濟有所發展，而使日本經濟進入十多年低迷期。與此觀點相反的專家認為，日圓大幅升值為日本企業走向世界、在海外進行大規模擴張提供了良機，也促進了日本產業結構調整，最終有利於日本經濟的健康發展。因此，日本泡沫經濟的形成不應該全部歸罪於日圓升值。

有專家認為，「廣場協議」實質上是美國的陰謀。當一個國家的經濟發展和外匯儲備達到讓美國感到不安的時候，美國的一貫措施是以強權施壓，迫使這個國家貨幣升值、再升值，同時讓本國金融投機機構伺機進入該國的股市、樓市等硬通貨領域，瘋狂地製造泡沫，並抬高糧油期貨價格，造成民眾糧油等基本生活品通貨膨脹，讓股價、房價、糧油價格等衝破民眾的心理承受極限，繼而引發民眾對政府的不滿，造成高層官員意見分歧，引發政局動盪。當投機機構賺夠足夠的錢，把這個國家的本幣和外匯儲備全部架空時，他們就會抽身而出，繼而對該國動亂的政治領域進行干預。

「廣場協議」對日本到底有何影響呢？日本式泡沫經濟是「廣場協議」帶來的最直接後果。自協議簽訂實施後，日本貨幣幣值持續上升，據統計，一九九三年為一美元兌一一一．〇八日圓，一九九四年為一〇二．一八，日圓升值趨勢大體持續了十年之久，日本所持有的美元資產隨之大幅度貶值。據日本機構統計，「廣場協議」導致日本對外淨資產的匯率損失累計約為三．五兆日圓，包括日本許多保險公司在內的機構投資者損失慘重。

為防範「日圓升值蕭條」，日本期望以內需主導經濟增長，央行連續五次調降利率，利率水準由一九八五年的百分之五降至一九八七年的百分之二·五，以後又有下降。「超低利率」使金融貸款大量增加，貸款額度與 GDP 的比例二十世紀八〇年代初為百分之五十左右，到八〇年代末升至百分之百。

「廣場協議」的負面影響也涉及到日本的股市。一九八五～一九八九年，日圓升值幅度接近一倍，日經指數收盤價從一萬兩千七百五十六點上漲至三萬八千九百一十六點，升幅達百分之二〇五·一，東京證券交易所總市值是其 GDP 的一·三倍，成為全球最大市值的股票交易所。

協議之後，日本的房地產泡沫也形成巨大堆積。一九八五年，東京都的商業用地價格指數為一二〇·一，一九八八年就暴漲到了三三四·二，三年間暴漲了近二倍，東京都中央區的地價上漲了三倍，製造了世界上空前的房地產泡沫。同時，日本商人還夾著堅挺的日圓購買了美國百分之十的不動產。

為了迅速扭轉泡沫型經濟，一九八九年三月到一九九〇年八月，日本央行五次提高貼現率。急劇收緊的貨幣政策刺破了資產泡沫，首先是股票市場一路下滑。一九九〇年日經指數收於二萬三千八百四十九點，一九九二年收於一萬六千九百二十五點，最低時為二〇〇三年四月收於七千六百零七點。其次是房地產連續十四年下跌。與一九九一年相比，日本住宅地價已經下跌了百分之四十六，基本回到了地產泡沫產生前的一九八五年的水準；商業用地下跌了約百分之七十，為一九七四年以來的最低水準。此外，銀行不良資產持續攀升。一九九二年到二〇〇三年三月，日本全國的金融機構沖銷了一百兆日圓的不良資產，不良債權餘額依然高達四十四·五兆日圓。

從「廣場協議」可以看出，匯率問題牽一髮而動全身，在本幣升值預期情況下，往往會成為一個國家資產泡沫膨脹的最直接誘因。對此，各國政府應深思和慎重，警惕「日本式陷阱」，並採取綜合對策加以防範和化解。

三、迫使人民幣升值，故伎重演

改革開放後，中國的經濟形勢一直保持良好的上升趨勢。中國經濟實力的增長已經威脅到了美國的利益和它的「世界第一」的權威。美國要繼續做世界的霸主，就不會允許他國分羹。在中國這樣的發展形勢下，美國一直以各種藉口對中國的經濟進行干擾。

自「廣場協議」後，美國又將矛頭指向中國，逼迫人民幣升值。二〇〇三年十一月，被稱為「歐元之父」的美國哥倫比亞大學教授羅伯特．蒙代爾在北京舉行的中國城市發展國際論壇上說，美國迫使人民幣升值不符合WTO規則。他指出，如果人民幣升值，中國經濟將會降低百分之四～百分之五，外資對中國的直接投資也會減少，通貨緊縮、財政赤字、不良貸款等都會加重。如果人民幣升值，中國政府就得向國際貨幣基金組織求助，這樣中國就會喪失國際社會的信任。

美聯儲主席葛林斯潘認為，人民幣升值對美國沒有什麼好處，也不能解決美國的雙赤字問題。據統計，二〇〇四年美國的貿易逆差已經超過六千億美元，已經佔到GDP的百分之三．五。

針對人民幣升值能否解決美國的貿易逆差問題，國務院發展研究中心金融研究所副所長巴曙松說，經濟學常識告訴中國，沒有任何一個國家可以任由其貿易逆差無限度的擴大，即使美國這樣擁有美元的儲備貨幣地位、較高的勞動生產率、較為年輕的人口結構等，目前的這一貿易逆差格局也是難以持續的。

他認為，在貿易逆差較大的情況下，美國只有兩種選擇，一是繼續實行緊縮性的宏觀經濟政策，包括減少財政赤字、提高利率以壓縮消費，從而扭轉國內儲蓄持續低於國內投資的格局。但這種選擇要經歷一個經濟和政治上的調整的痛苦，並且可能還會遭遇不小的政治阻力。

在這種局面下，美國只好採取第二個選擇，即推動美元的貶值。他認為，如果完全期望通過美元貶值來化解美國的經常帳戶逆差問題，美元至少要再貶值百分之三十～百分之四十。這同樣不是美國所希望看到的。實際上，急劇的美元貶值會引起美國通貨膨脹、利率水準急劇提高，因此，美國希望其他國家的貨幣升值以緩解美元的貶值壓力。從客觀上說，這是美國積極促使人民幣升值的根本原因之一。

同樣，巴曙松也認為，美國迫使人民幣升值並不能真正緩解貿易逆差問題。他說，以中國目前的有限規模，人民幣匯率即使大幅度升值，對於美國貿易狀況的改善影響也是十分有限的。美國的貿易逆差超過了六千億美元，中國的順差只有四百億美元，即使通過人民幣升值全部消除中國對於美國的順差，也並不能扭轉美國的貿易格局，更何況中國與美國的貿易結構存在巨大差異，雙方的貿易更大程度上是互補的，中國出口的大量廉價勞動密集型商品也極大提高了美國人的生活福利。

儘管人民幣升值並不能扭轉美國貿易逆差問題，但美國政府還是一再強迫中國做出決定。二○○五年四月上旬，美國參議院通過了一份提案，要求中國政府在六個月內允許人民幣升值，否則，會對中國出口美國的商品徵收懲罰性關稅。

美國認為，中國政府人為地把人民幣匯率跟美元直接掛鉤，使得中國出口商品在價格上得到了百分之十五到百分之四十的優勢，也就是平均百分之二十七．五的優勢。以此為依據，該項名為

《舒默修正案》的提案規定，如果中國在六個月內不採取行動調高人民幣兌換美元的匯率，美國將對進口的中國產品徵收百分之二十七．五的關稅。

與此同時，美眾議院又附和參議院，提出了《中國貨幣法案》。該法案指出，外國政府低估中國貨幣，構成違禁出口補貼，屬「操縱匯率」。

美國參眾兩院的邏輯是，中國的匯率政策人為地提高美國對華出口產品的價格，降低中國對美出口產品的價格，進而擴大了美國對華貿易的逆差，增加了美國的失業，對美國經濟造成了傷害。在這些議員看來，只要人民幣對美元升值了，中美之間的貿易問題甚至美國國內所面臨的各類經濟矛盾，就會得到圓滿解決。

實際上，這些年來，穩定的人民幣匯率對美國金融市場起到了積極作用。二〇〇四年中國的外匯儲備較二〇〇三年增長了百分之五十一．三，外匯儲備總額超過了六千億美元。而在中國的外匯儲備資產中，基本上都是美元資產，尤其是持有大量的美國政府債券。

一旦人民幣升值，大量的投機資本流出，中國外匯儲備減少；中國外匯儲備的減少，無疑會減少對美國政府債券的需求，美國政府債券市場利率就會下降，這無疑會對美國金融市場造成衝擊。

並且，中國為了維持人民幣匯率的穩定而持有大量的美元資產，為美國提供了巨額的鑄幣稅。美元的儲備貨幣鑄幣稅意味著，美國不需要付出任何勞動，就可以無償地佔用中國的資源和產品。

與此相反，如果實行更加靈活的匯率制度，中國對美元儲備的需求會減少，美元再也難以享受到如此之大的鑄幣稅的好處。

除此之外，人民幣匯率的穩定促成了全球新的國際分工的形成，所謂「中國是世界製造中心」

的說法，無不是人民幣匯率穩定的結果。而新的國際分工的形成，正是美國成功地實現產業轉移的前提。

與美國參眾兩院持相反觀點的美國財長斯諾表示：「推動這項法案是一個嚴重錯誤，它會產生適得其反的效果，擾亂中國的金融體制，可能會導致又一場東南亞金融風暴。」

中國經濟專家認為，美國政府積極地推動人民幣匯率制度的「改革」或者要求人民幣「升值」，原因是他們清楚地看到中國國內的經濟金融體系還存在著問題，國有企業、國有銀行治理結構還很不完善，銀行體系不良資產的頑疾還難以解決、企業、銀行和其他各類金融機構還沒有成熟的風險管理技術，因此，一旦中國按照他們的意願改革了匯率制度，匯率水準在經歷短暫的升值之後，可能會急轉直下，將中國經濟金融體系拖入危機的泥潭。

專家指出，無論如何，美國是不希望中國過於積極地活躍在國際經濟、政治舞臺上。美國參眾兩院人民幣匯率動案的神經裏，還是政治經濟霸權主義在作祟。

人民幣匯率制度的改革是中國經濟市場化改革的必要組成部分，然而，它是一個漸進的過程。例如，東歐和前蘇聯在經濟市場化改革的過程中，按照「華盛頓共識」對匯率制度進行了大爆炸式的市場化改革，結果這些國家的貨幣和整個金融體系崩潰了。

金融自由化改革的始作俑者、史丹佛大學的著名教授麥金農，在他早期的金融自由化改革中，實際上也主張對包括匯率制度在內的金融體系進行一攬子的全面自由化改革，然而，在經歷各種金融危機和金融風暴之後，麥金農又對他過去的理論進行了重新審視，主張在對匯率制度的改革時必須謹慎。

近幾年來，在有關人民幣匯率問題方面，他和具有歐元之父之稱的諾貝爾經濟學獎獲得者——蒙代爾教授一致認為，人民幣匯率升值是一個「災難」。並且匯率制度的改革本身需要很多條件，至少，一般而言，經濟發展規模、對外開放的程度以及國內經濟自由化程度，是決定匯率制度選擇的主要因素。

多年來，中國一直在致力於建立社會主義市場經濟體制，為建立以市場供求為基礎的、有管理的浮動匯率制，做出了許多努力，直接的如企業結匯期限放寬、實行美元做市商制度、允許外國機構發行人民幣債券以及外匯交叉買賣等；國有企業的改革、國有商業銀行的改革以及貨幣調控機制的改革，都無一不是在間接地為匯率制度的改革創造條件。

二〇〇五年三月中旬，中國總理溫家寶在答記者問時已經明確地表示，中國可能會選擇一個適當的時機「出其不意」地改革人民幣匯率機制。

三月二十九日，周小川行長在回答記者提問時說，中國未來匯率改革的主要任務是完善人民幣匯率形成機制，不是簡單地調整人民幣匯率水準。

四月三日，央行副行長吳曉靈再一次重申，無論理論還是實踐都很難確定合理的匯率水準，下一步匯率改革重在機制而不是水準。

這些都明確地向外界表明，中國在匯率問題的爭論方面，已經開始正視問題的實質：即更加自由、開放和更加市場化的匯率機制。

總之，中國現在需要的不是人民幣是不是需要升值和是否立即實行靈活的匯率制度，而是需要加快改革，建立健全國內的經濟、金融體系。

四、美元貶值，幾家歡喜幾家愁

美元貶值引起國際社會的廣泛關注。二〇〇二年以來，美元對加元貶值了百分之四十，對歐元貶值百分之三十三，對英鎊貶值百分之二十四。二〇〇八年初，美元兌人民幣匯率的中間價為一美元兌人民幣七·二四一八元，再創新低。此外，美元同世界其他主要貨幣的匯率也不斷走低，再加上美國經濟增長低迷，一時間美元貶值問題成為人們關注的焦點。

金融專家們認為，二〇〇二年以來美元對歐元大幅度貶值，週期性因素是主要動因。加拿大蒙特利爾銀行經濟分析師雷澤斯說：「毫無疑問，美元自身有問題，但美國資本市場仍是全球最深厚、最具流動性的。隨著外國投資者積累財富，他們擁有美元的比重將不會像以前那麼大。但該趨勢只會略微增加美元貶值的壓力，不會產生太大影響。次貸危機過去後，美元應該有所回升。」

由於美元目前仍然是世界最重要的貨幣，大多數國家的外匯儲備主要以美元為主，而且還是國際貿易結算的主要幣種，因此，美元貶值給世界幾乎所有國家都帶來了影響。

對美國人來說，美元貶值對人們的生活造成了最直接的影響，消費者在購買日常生活用品時支出增加。許多年來，美國老百姓一直享受著與他們收入相比非常低廉的物價，他們的生活品質大大依賴於美元的購買力。隨著美元貶值，進口商品價格上漲，許多美國人擔心生活品質會隨之下降。由於美元越來越不值錢、歐元越來越貴，一些普通美國百姓在考慮去歐洲旅遊時，變得更加謹慎。

前美聯儲主席葛林斯潘說：「我認為美元貶值既非對美國經濟有利也非不利。美國目前有巨額的經常帳赤字，美元因此不得不貶值。」因此，美元貶值對美國經濟的影響呈中性。

對歐洲來說，美元貶值使歐洲一些國家遭受了巨大的經濟損失。二〇〇五年三月十四日，歐洲中央銀行在法蘭克福宣布，受美元貶值和利率水準偏低的影響，歐洲央行二〇〇四年出現了該行歷史上最大規模的虧損，虧損額高達十六．三六億歐元。

二〇〇七年十二月三日，歐洲兩家主要航空航太製造集團——法國達索航空公司以及歐洲航空防務和航太公司（EADS）宣布，將把旗下部分流水線遷至以美元為主要貨幣的地區進行生產，以削減勞資開支，緩解因歐元對美元升值帶來的成本增長壓力。

美元持續貶值令歐洲企業調整生產線，也引發呼聲要求政府干預歐元對美元匯率。作為世界貿易主要結算貨幣和主要外匯儲備幣種，美元幣值走向不僅代表美國經濟發展態勢，更牽動金融、貿易甚至政治等多個領域的風向變化。

達索航空公司首席執行官查理斯．埃德爾斯泰納說：「中國在準備應對措施，幫助公司適應最近美元貶值的新局面。」他說，為了減少美元貶值對公司的影響，公司計畫將商務客機生產線遷出法國，移至「美元區或成本較低的地區」，但從事軍工生產的項目仍將在法國境內完成。

EADS是歐洲飛機製造商空中巴士公司的母公司，其首席執行官路易士．加洛瓦接受電視臺採訪說：「中國別無選擇……美元貶值是中國的主要問題。」他說，公司調整生產線的計畫對空中巴士零配件生產沒有影響，但將在歐洲以外地區完成機身、機翼構件和機艙門等部件的生產。

美元貶值對歐洲企業構成嚴重威脅。法國總統尼古拉．薩科齊就曾放話說，如果不採取措施解決美元貶值引起的匯率問題，可能引發「經濟戰」。

空中巴士公司一直希望政府干預緩解局面，稱美元貶值「性命攸關」。EADS首席執行官加洛瓦警告說，因為歐元對美元升值，歐洲正在失去其傳統的「工業影響力」，必須以政治手段解決歐元對美元匯率問題。

EADS稱，調整生產線的最新決定在短期內對歐洲影響不大，但在未來十年內會有明顯不同。在歐盟二十七個成員國內，共有四十四．八萬人就業於航空航太製造業。

「美元貶值威脅到歐洲航空航太製造業的一部分，我認為這個問題會影響到政治，」加洛瓦說，「歐洲要醒來。」

EADS以法國和德國為主要投資方，在兩國設有工廠，不乏法國和德國政府介入公司事務的先例。歐元對美元升值以來，EADS一直呼籲政治介入幫助公司渡過難關。

除了法國受到影響外，美元貶值對德國出口業也造成壓力。德國工業協會負責人圖曼說，隨著美元匯率持續走低，從賓士或寶馬這樣的知名企業，到德國經濟的中堅力量——中小型企業，無不感到沉重的經濟壓力。德國一家小型汽車配件加工廠經理奧樂感觸最深。由於出口業務主要用美元結算，剛剛簽約價值一百五十萬美元的合同，墨跡未乾就已損失四萬美元的利潤。對此，德國經濟學家弗羅托教授說，美元貶值是歐元區國家普遍不願看到的。

與歐洲國家不同的是，巴西人對美元經歷了一個輕視——羨慕——平常心的過程。上世紀七〇年代，巴西經濟進入起飛期，GDP年增長率達兩位數，貨幣堅挺，〇．八巴西貨幣約合一美元。當時，巴西人對美元十分輕視，基本沒人存美元。可好景不長，由於巴西政府聽從美國主張，實行新自由主義經濟政策，經濟出現衰退，經濟危機和金融危機不斷發生，巴西政府被迫實行貨幣改革，推出新貨幣雷亞爾，但這仍然擋不住巴西貨幣的貶值，對本國貨幣的恐慌導致巴西老百姓對美元的羨慕，只要有點錢，就想方設法通過黑市換成美元。

二〇〇三年，盧拉政府上臺後，通過採取壓縮開支和還清外債的政策，令擺脫美元控制的巴西經濟重新走上健康發展的軌道，匯率也從三雷亞爾兌一美元升值到目前的一・八雷亞爾約換一美元。飽經貨幣貶值之苦的巴西人總算鬆了口氣，他們樂見美元貶值，雷亞爾雖然不是國際貨幣，但實行自由兌換，而且巴西的信用卡可以在全世界通用。因此，絕大多數巴西人手中不持有美元，他們也不想有，因為升值的雷亞爾給他們出國旅遊、購買外國貨帶來了實惠。

對東南亞國家來說，美元很受國民的歡迎，但泰國卻對美元採取了嚴厲的管制措施。據悉，在泰國，任何地方都不收美元，包括賓館及旅遊景點。據介紹，如果收取美元，從法律上講可能被捕。除外交人員外，泰國人以及在泰國工作的外國人，都不能在銀行開設美元帳戶。就連外交人員的美元帳戶也有諸多限制。一九九七年金融危機，美元讓泰國吃了大虧，從此泰國政府對美元如同對老虎一樣，愛它卻又要關在籠子裏。後來，泰國對外幣帳戶才稍微放鬆。居民可以開設銀行外幣帳戶。但泰國央行一直對美元持高度警惕的態度，因此，美元貶值對泰國人來說沒有什麼影響。

受到美元貶值以及美國次貸危機的衝擊，二〇〇八年初，中國高達一・八兆美元的外匯儲備正遭遇嚴重的損失，據估計，中國外匯儲備一個月就蒸發約三百億美元。

臺灣《工商時報》報導，從二〇〇五年七月二十一日到二〇〇八年七月二十一日，中國大陸實施三年匯改使人民幣兌美元匯率累計升值幅度達百分之二十一，成為中國大陸外匯儲備最直接的貶值壓力。

根據中國人民銀行的資料，截至二〇〇八年六月底，中國外匯儲備餘額為一．八兆美元。由於其中絕大部份是美元資產，因此美元大幅貶值使外儲損失巨大，根據業界的估計，中國外儲八、九成是美元資產，一個月就因匯損蒸發約三百億美元。

中國的一些經濟專家認為，美元貶值雖然對中國的外匯儲備造成了損失，但對中國產品的出口是極為有利的。對中國來說，由於目前實行的是主要以盯住美元為主的匯率政策，即人民幣匯率主要與美元掛鉤，對美元實行窄幅浮動，在對美元匯率基本保持不變的同時，人民幣對其他貨幣的波動隨美元匯率的變化而變化。人民幣的這種匯率制度設計，使得人民幣在美元兌其他貨幣，如日圓、歐元和英鎊等貶值之時，起到了對這些貨幣被動性貶值的效果。因此，在人民幣目前的匯率制度下，美元貶值意味著人民幣的幾乎同等幅度的貶值，從而有利於中國產品的出口。

對於香港地區來講，美元貶值的正面效果更為突出。眾所周知，香港實行的是聯繫匯率制，即港幣完全與美元連動：美元升多少，港幣也同步升多少，美元貶多少，港幣也同步貶多少。亞洲金融危機之後，由於美元不斷升值以及香港房地產、工資等本來就偏高等原因，香港的綜合競爭力受到比較大的衝擊，對香港經濟發展不利。而目前的美元貶值，對香港來講恰似一場「及時雨」，極大地緩解了香港物價偏高的壓力，對提升香港競爭力，促進香港經濟恢復實屬利多消息。

總而言之，美元貶值給一些國家既帶來了正面影響，也帶來了負面影響。

五、美元貶值：挑戰各國政府的宏觀調控智慧

自二〇〇三年以來，美元呈現持續貶值的趨勢。二〇〇七年十月與二〇〇三年四月相比，美元實際有效匯率下降了百分之十二・四，美元兌歐元、英鎊和加元的匯率也貶至歷史新低。

對於擴大美國出口規模、減少巨額貿易逆差來說，美元貶值無疑起著積極的作用。在全球經濟強勁增長以及美元貶值的雙重推動下，二〇〇七年以來美國出口增長迅速。據統計，二〇〇七年前三季，美國出口同比增長了百分之十一，進口增長了百分之四・三，對外貿易成為美國經濟增長的主要源泉。二〇〇七年第三季，美國 GDP 環比折年率增長百分之四・九，而淨出口對經濟增長的貢獻達一・三七個百分點，僅次於居民消費對經濟增長的貢獻（一・八八個百分點），超過資本形成和政府消費的貢獻，有效地緩解了因房地產市場持續惡化、次貸危機對經濟增長造成的負面影響。

自美元貶值後，美國的對外貿易逆差明顯得到改善。根據官方統計數字顯示，二〇〇七年前三季，對外貿易逆差同比縮小了百分之九・七。經常項目逆差佔 GDP 比重從二〇〇六年的百分之六・二降到二〇〇七年第二季的百分之五・五。專家估算，如果考慮到匯率變動對進出口貿易影響的滯後因素，預計美元貶值對美國經濟的積極作用在今後一段時期內將繼續顯現出來。在某種程度上說，美元貶值無疑是美國政府解決當前國內經濟問題的有效措施。

對其他國家來說，美元貶值加大了世界其他國家和地區承受美元貶值的壓力，進而對各國宏觀

經濟調控發出嚴峻挑戰。

美元在國際市場上的主導優勢為美國提供了大量的資金來源。據統計，在國際市場商品交易中，百分之八十以上是以美元作為計價和結算貨幣，各國央行持有的美元外匯儲備佔世界總儲備的百分之六十五以上。世界其他國家和地區將巨額的外匯儲備投資於美元資產，為美國政府維持巨額經常項目逆差和債務提供資金保障，支撐著美國國內投資和消費。

美元貶值後，這些將巨額的外匯儲備投資於美元資產的國家和地區承受著巨大的壓力，經濟利益受到損害，各國經濟宏觀調控的難度增加，從而使這些國家的決策陷入兩難的境地。

美元持續貶值，直接影響著 OPEC 成員國以及俄羅斯、安哥拉等石油輸出國的石油美元收入，影響其國際收支平衡。這些石油輸出國家經濟結構往往比較單一，在出口石油的同時要進口大量的其他產品。據統計，在這些國家產品出口的地區結構中，歐元區佔百分之二十二，美國佔百分之十四，日本佔百分之十一；而在產品進口的地區結構中，歐元區佔百分之二十七，美國和日本分別佔百分之七和百分之六。在歐元升值、美元貶值的情況下，由於石油交易是以美元來計價，而其他產品進出口交易以非美元貨幣來結算，使得石油輸出國承受因美元貶值而帶來的出口收入減少、進口成本增加的損失。

為了維護本國利益，減少經濟損失，這些國家採取積極的措施。在二〇〇七年十一月 OPEC 組織利雅德會議上，伊朗和委內瑞拉提議用一攬子貨幣取代美元，作為該組織各成員國石油交易貨幣的計畫。隨後，伊朗政府縮減了對美元的使用率，在石油交易中，改用非美元貨幣進行石油交易結算。

除了經濟利益受到影響外，美元貶值後，世界上一些國家和地區經濟調控的難度加大，承受的壓力和風險也進一步加大。

首先是對外經濟不平衡進一步加劇，貨幣升值壓力加大。由於在美元佔主導地位時，主要發達國家實行浮動匯率制，而東南亞、中東地區等國家和地區則實行盯住美元的匯率制度。而當世界經濟增長格局發生了變化，發展中國家經濟持續快速增長，而美國經濟減弱。與此相適應，發展中國家貨幣應相對升值，而美元應相對貶值，以維護外部經濟平衡。但是，一些發展中國家盯住美元的匯率制度在一定程度上抑制了匯率變動的客觀趨勢，助長了出口規模的擴大和外匯儲備的激增，加劇了外部經濟的不平衡。據IMF統計，截至二〇〇七年八月底，世界外匯儲備總額為五兆九千五百七十五億美元，發達國家佔百分之二十五，發展中國家佔百分之七十五。其中，中國佔百分之二十三．八，日本佔百分之十五，石油輸出國家佔百分之七。近年來，主要發展中國家貨幣均呈升值趨勢。

其次是宏觀經濟調控難度增大，調控政策效應減弱。在美元貶值和經常項目盈餘增加的雙重作用下，一些發展中國家央行為維持匯率基本穩定，不得不進行外匯買賣，通過增加國內基礎貨幣供應量來平衡外匯市場，從而導致國內流動性過剩、信貸和投資膨脹。雖然主要發展中國家及時採取了緊縮貨幣政策和一系列強制性行政措施，來抑制投資需求和通膨，但實際收效不大。

三是通膨壓力明顯加大。美元持續貶值刺激了國際商品特別是石油和食品價格持續高漲，給一些發展中國家帶來了較大的輸入型通貨膨脹壓力。據世界銀行統計，二〇〇七年以來發展中國家居民消費價格在波動中趨升，從一月的百分之五．五升至十月的百分之六．七。其中，東歐國家和俄羅斯從百分之五．五升到百分之八．一，中東地區居民消費價格也呈上升趨勢。

四是受國際投機資本衝擊風險加大，一些發展中國家金融體系更加脆弱。目前，美聯儲為緩解房地產市場進一步惡化和次貸危機，已經連續兩次降息，而許多發展中國家央行為抑制通膨，仍在繼續升息。利差的擴大以及發展中國家貨幣升值預期的提高，使得國際投機資本大量湧入一些發展中國家，加大了這些國家經濟體系和金融體系的風險，也進一步加劇了國內信貸規模和投資規模的膨脹。

美元貶值對各國經濟的影響已無法迴避，因此，人們將焦點聚集在兩個方面：一是歐元或其他貨幣會不會取代美元，而成為國際商品交易貨幣？二是實行盯住美元匯率制度的東南亞和中東等發展中國家和地區會不會實行更加靈活的匯率制度？

對於歐元是否會取代美元的地位，多數經濟專家認為，歐元還不具備在國際貨幣市場上充當主要角色的條件。從國際市場上來看，近年來，雖然歐元區經濟自主增長能力不斷增強，經常項目帳戶保持基本平衡，歐元的國際地位在不斷上升，吸引力增加。但是，出口一直是歐元區經濟增長的重要推動力。如果歐元取代美元作為國際市場商品交易的主要貨幣和主要國際儲備貨幣，歐元因需求急劇增加而將出現更大幅度的升值。這將嚴重衝擊歐元區出口，從而拖累歐元區經濟。

並且，經濟專家還認為，美元在國際貨幣市場上的主體地位在近期甚至今後較長時期內無法改變。因為如果美元作為國際儲備貨幣和商品交易貨幣的地位被歐元或其他貨幣所取代，勢必造成國際市場對美元進一步貶值的恐慌，而大量拋售美元，美元因需求急劇減少而暴跌。在當前美國經濟減弱、美聯儲正在降息的情況下，美元崩潰對美國經濟的打擊將是慘重的。此外，持有大量美元資產和美元外匯儲備以及以美國為主要出口市場的國家和地區也將因美元暴跌而付出高昂的代價。

如果美元暴跌，美元資產將大幅度縮水，外匯儲備將受到嚴重的損失。並且如果美國經濟因美元暴跌而嚴重衰退，以美國為主要出口市場的國家和地區經濟增長也將大大放緩，可能進入經濟低迷狀態。

匯率作為經濟調控的重要手段，經濟專家認為，實行浮動匯率制是國際匯率制度演變的必然趨勢。特別是在當前美元持續貶值已損害了其他國家經濟利益並給經濟調控帶來較大困難的情況下，改進和完善匯率形成機制是有關國家央行必須考慮的問題。據悉，波灣石油輸出國家為了減輕美元貶值的壓力，擺脫美國貨幣政策對本國宏觀調控的負面衝擊，開始將單一美元的匯率制向一籃子貨幣的匯率制轉變。

總之，全球商品交易貨幣和外匯儲備貨幣的調整及多元化趨勢是一個痛苦過程，也是一個漫長過程。如果調整過急、過快，對世界經濟的打擊將是毀滅性的，可能引起世界範圍內的經濟衰退，這是任何一個國家政府都不願意看到的。但是，當前美元持續大幅貶值，增加了世界經濟發展前景的風險和不確定因素，成為各國政府制定宏觀調控政策的一大難題。

六、美元貶值對亞洲經濟很重要嗎

美元貶值引起亞洲基金經理人苦思冥想，他們想弄清楚，美元匯率跌跌不休是代表亞洲國家出口型經濟的終結，還是亞洲「美麗新世界」的開始。

從表面上看，美元貶值後，美國對亞洲出口產品的購買力削弱。但從另一方面看，匯率的調整可刺激美國工業部門的反彈，從而創造更多財富購買亞洲商品，並可引發資本流動的結構性轉變，令投資人追捧區內回報率高的金融資產。

美元匯率持續走軟成為經濟界關注的一個焦點，尤其是在以美元計價的國際大宗商品價格不斷創出新高之後，人們對全球通膨和經濟前景的擔憂日益加重。對包括中國在內擁有大量美元儲備資產的亞洲經濟體來說，美元貶值是一個令人頭痛的消息。

二〇〇七年十月十八日，對外經貿大學金融學院副院長丁志傑教授在接受記者採訪時說，在美元貶值伴隨著全球商品價格普漲的情況下，以美元為主要儲備幣種的國家的外匯儲備已出現價值縮水。美國政府採取的放任美元貶值的政策已經使亞洲經濟體成為美國的「人質」，在妥善解決美元資產縮水的問題上面臨著兩難的境地。對此，亞洲政府和企業都應密切加以關注。

不過，丁志傑認為，美元貶值導致資產價值縮水的一個重要前提是全球商品價格同時出現普漲趨勢（意味著儲備的購買力在下降），而過去幾年這一趨勢並不明顯。事實上，二〇〇二年以來，儘管美元不斷貶值，但全球的通膨仍處於較低水準。而現在情況已經發生了顯著變化：今年年中以來伴隨著新一輪的美元大幅貶值，全球商品價格和各國通貨膨脹均出現上升趨勢。國際原油期貨價格已經突破了每桶八十七美元大關，黃金等貴金屬期貨價格也不斷創出新高。

「在這種情況下，美元貶值導致各國美元資產價值縮水的結論成立。美元貶值、全球通膨以及大宗商品價格上漲之間有一定的必然性，因為美元貶值會進一步加劇全球已經氾濫的流動性，最終會反映在各國的通膨和通膨壓力不斷上升。」丁志傑說。因此，他建議無論是政府還是企業，目前都應密切關注美元貶值所帶來的資產價值縮水的問題。他還指出，每當美元貶值時全球資金會大量流向商品市場，機構都會增持商品頭寸，中國在進行對外資產管理也應借鑒這種做法。

二〇〇七年十月十八日，美聯儲前任主席葛林斯潘通過衛星向在韓國首爾舉辦的一個研討會發表講話時預計，減持美國國債不會導致美元的迅速下跌，市場的智慧足以避免過度修正。但丁志傑表示，大量減持必然會打擊投資者對美元的信心，會對美元匯率有一定影響，進而增加持有美元資產的經濟體的損失。正因如此，擁有大量美元資產的亞洲國家已成為美國的「人質」，在妥善解決美元資產縮水的問題上面臨著兩難的境地。他認為，造成這種局面的罪魁禍首在於美國政府的美元政策。「正如美國一位財長所說的那樣，美元是美國的，但美元問題是世界性的。出現這種局面與美國在世界經濟金融體系中的主導地位和美國政府放任美元貶值的不負責任的政策有關。從這個角度來說，中國要致力於世界經濟秩序的建設是很重要的。」丁志傑說。

雖然面臨兩難境地，但亞洲各經濟體並沒有消極等待，而是積極尋求解決問題的出路。中國已成立國家投資管理公司，在保證流動性和預防性需求的前提下通過調整幣種結構和拓展投資組合來提高外匯儲備資產的收益。

二〇〇七年十月末，西方七國財長和央行行長在華盛頓召開會議，美元匯率是會議討論的一個主要內容。丁志傑認為，不論是在七國集團還是在國際貨幣基金組織等組織召開的國際政策協調會議上，美國目前仍居於主導地位，因此，本次會議不會在美元問題上有任何大的動作。

亞洲經濟專家認為，美國推行弱勢美元，顯然是以犧牲別國、尤其是亞洲國家的利益為代價的。二〇〇八年一月，美國紐約儲備銀行估計顯示，如果韓國和新加坡的貨幣升值百分之十，兩國的資金損失佔其國內生產總值的比例將分別高達百分之三和百分之十。人民幣升值百分之十會使中國政府承受五百億美元的資本損失。假如中國的美國國債資產組合為三到五年期，那麼美國利率上升百分之二，會使中國再損失三百億到五百億美元。

經濟專家擔憂，美國的這種做法將會推動亞洲經濟進入通貨膨脹、低經濟增長和強勢貨幣的三重陷阱。亞洲經濟體的製造業將會負擔沉重。當美國繼續推進其經濟政策的時候，如果亞洲繼續沉默，亞洲經濟體將被「吸血」，增長率極低、通貨膨脹居高不下，貿易盈餘流向美國。

專家指出，當世界第一經濟大國美國以美元貶值來刺激本國的經濟時，矛盾和問題都將由那些忠於匯率穩定職責的國家承受。如由於美元大幅度對歐元貶值，相較之下，美元對人民幣貶得不是太多，結果造成了人民幣對歐元實施了「間接性貶值」，這無疑將會加劇中歐間的貿易摩擦。因此，美元貶值，客觀上破壞了中歐的貿易關係。

專家認為，在虛擬資本主義時代，美國的產業結構已不是以物質產業為主，而是以金融、服務等為支柱。擁有物質產品剩餘的國家，如中國，用剩餘產品換得了美國的金融與貨幣資產。但隨著美國物質生產能力的衰退，科技神話的光環日漸黯淡，同時不斷通過消費未來的方式支撐眼前的發展，將導致各國對美國金融產品如貨幣的信心萎縮，甚至是拋售已經持有的美國的金融資產，美元持續貶值給世界帶來了不安，也使自己進入了一場經濟發展的惡性循環。

七、美元貶值何時休

走過新經濟的「十年輝煌」，美國經濟從二〇〇一年步入調整期。與通常所說的經濟結構調整不同，美國經濟調整的主要任務是從過去十年的大規模投入期轉向大規模的產出期。在二十世紀九〇年代的十年中，強勢美元政策一方面有利於吸引全球資金流向美國的高新技術產業，促成新經濟成長初期的投資狂潮。另一方面，有利於壓低進口成本，包括一般製成品和原材料的進口價格。

經過十年的大規模投入，高新技術產業中已經聚積了大量的資源，新的任務是對這些資源進行重新組合和調整，以形成現實的生產能力並提供現實的盈利。由此，高新技術產業開始轉向大規模的產出期。

為此就需要不斷開拓市場。只有大規模的市場才能支撐新產業中蘊藏巨大的生產能力。美國的高新技術產業是在全球資金和資源的支持下發展起來的，其中所蘊藏的生產能力超出了美國市場的規模，只有全球市場的規模才能支撐該產業的成熟和進一步發展。

在這種背景下，美國在全球經濟中的角色開始轉變。上世紀九〇年代，美國為全球提供投資場所和市場；現在，適應其國內經濟調整的需求，美國逐步轉變為全球產品的提供者，為全球提供高新技術產業的產品和服務。

適應這種變化，美國必然要採取一定的措施來扭轉經常帳戶的收支狀況，主要是增加出口。美元幣值的降低，有利於美國增加出口。出於這樣的目的，不難理解為什麼美國不再固守「強勢美元」的政策。

受美元加速貶值的影響，美元對人民幣的匯率中間價也連創新低。儘管如此，中國央行還是在二月二十二日發布的二〇〇七年第四季中國貨幣政策執行報告中，對美國經濟增速明顯放緩、歐元區經濟面臨下行的態勢表現出憂慮。

這次美元匯率轉弱，不是由單一事件引起的，而是由多種因素共同促成的。

一、美國經濟復甦前景仍不明朗，投資者看淡美元。美國經濟雖然已經擺脫衰退走向復甦，但復甦前景仍存在不確定性。今年第一季美國的經濟增長率雖然達到百分之六・一，但其中百分之三・五是來自於存貨投資增加，美國的個人消費支出，第一季下降了百分之三・二，企業固定資產投資大幅縮減了百分之八・二，對經濟復甦具有關鍵作用的企業投資，目前還是負增長，而且何時能夠恢復正增長，目前還不能確定。為此，美國聯邦儲備委員會今年以來一直將短期利率維持在百分之一・七五不變，以刺激經濟復甦。此外，美國可能遭受新的恐怖襲擊的傳言時有所聞，無形中又給經濟籠罩上一層陰影。美國經濟復甦前景的不確定，無疑對國內外投資者的投資心理產生了負面影響。由於歐洲投資者對於美國的經常項目赤字不看好，於是出現了歐洲投資者不斷拋售美國股票和債券的風潮。二〇〇三年一～四月份，歐洲投資者拋售外國股票和債券總額高達約十六億歐元，創歷史新高。在歐洲投資者拋售的外國股票和債券中，絕大部分都是美國股票與債券。他們拋售美國股票和債券，轉而購買歐元區國債，成為導致歐元升值、美元貶值的一大因素。

二、經常項目赤字。美國經常項目赤字攀升，成為美元對其他國家貨幣比價下降的一個主要原因。應當強調指出的是，經常項目赤字的不斷攀升是美元地位不穩的主要動因，一般來說，美國以貿易赤字為主的經常項目赤字越低，美元對其他國家貨幣的比價越高，相反，若美國經常項目赤字越多，那麼，美元與其他國家的貨幣比價越是低。近年來，隨著美國進口的迅速上升，再加上美國財政赤字和淨債務的不斷增大，所有這些，都成為加速美元下跌的重要因素。據統計，二〇〇二年美國經常項目赤字已佔其國內生產總值的百分之五，預計二〇〇三年美國經常項目赤字佔 GDP 的比重至少將達百分之四以上。也就是說，不管是二〇〇二年，還是二〇〇三年，美國經常項目赤字均已破了歷史最高紀錄。長期以來，美國為扶植經濟增長，不得不靠大規模舉借債務來支撐。這樣一來，就勢必使得聯邦政府的財政赤字持續上升，二〇〇三年聯邦政府的財政赤字有可能高達四千億美元以上，而要彌補財政赤字，必然需要向外借債，這將使美國的對外淨債務迅速增加。高盛公司預測，到二〇〇六年美國的對外淨債務可能高達五．八兆美元，佔美國 GDP 的百分之四十六。美國摩根史坦利公司首席經濟學家羅奇則認為，當今美國每天至少需要向國外舉借二十多億美元的資金，方可滿足國內資金的需求。巨大的聯邦財政赤字和龐大的外債餘額意味著持有美元資產的風險不斷增大，再加上不斷攀升的外貿赤字，所有這些，進一步導致了美元的不斷貶值。

三、利率差距逆轉。過去幾年間，為了抑制經濟過快增長，實現軟著陸，美聯儲實行緊縮性貨幣政策，連續六次提高利率，其短期利率一度達到九年以來的最高點，美國與歐洲及日本等國家的名義利率差距高達百分之二～百分之四，加上全球經濟不穩定，美國資本市場成為風雨飄搖中的「安全島」，資金源源不斷流入美國，推高美元匯率。在美國經濟增長出現逆轉後，其貨幣政策隨之轉向，美聯儲九次大幅度降息，美、歐、日三個經濟體的利率差距也發生比較大的變化。目前，美國的短期利率是百分之一．七五，為四十年來的最低水準，而歐洲是百分之三．二十五，即使扣除通貨膨脹差異後，歐洲的實際利率水準仍然高於美國，從而改變了持續多年的美國利率高於歐洲的局面。美、歐利差現狀不會吸引投資者增持美元，這是投資者調整投資方向，從而影響美元匯率的一個重要原因。

四、美國政府聽任美元匯率適度下跌。過去七年來，強勢美元政策一直是美元強勁的有力支撐，但這個政策的優越性明顯是建立在美國經濟持續高速增長的基礎上的。布希政府上臺後雖然一再聲稱奉行自柯林頓以來的強勢美元政策，但現實情況是，在美國經濟增速急劇下降、製造業持續衰退的情況下，強勢美元不僅嚴重影響了美國產品的國際競爭力從而制約了出口增長，而且導致美國跨國公司的盈利狀況因美元匯率過高而惡化，從而不僅在一定程度上抵消了美聯儲降息政策對經濟的刺激作用，而且加劇了美國股市的動盪。各大製造商和出口商紛紛向美國政府施加壓力要求改變強勢美元政策，布希政府內部也開始出現對強勢美元政策的不同角度的評價和議論，國際金融市場更是對美國能否堅持強勢美元政策存有疑慮。從目前的情況看，歐元兌美元的匯率已經升值近百分之五十，但是美國的貿易不平衡現象並沒有得到根本改變，進一步的美元貶值意義不大。因此，在美元匯率調整效果不明顯的前提下，美國會採用其他的保護主義手段對其外部不平衡進行糾正。這一點，可以從布希政府越來越傾向於新保守主義的政策傾向中看出端倪。

美元的持續的貶值已經是一個世界性的熱門話題。美元不斷貶值給擁有大量美元外匯儲備的國家造成嚴重損失。日本財務大臣額賀福志郎三月二十七日表示，由於美元貶值，日本的外匯儲備損失約為十八．五兆日圓，合一千八百七十二億美元。曾長期高居全球國家外匯儲備第一、二〇〇七年十二月以九千七百三十三．六五億美元外匯儲備居世界第二的日本，歷史上曾飽受美元貶值之苦。一九八五年，「廣場協定」簽署後，美元兌日圓持續大幅度貶值，一位日本經濟學家說：「美元兌日圓的單獨貶值，使得日本的經濟損失與整個二戰的日本損失相當，並且使日本陷入長達十幾年的經濟低迷。」現在，美元兌日圓跌到一：九十五，創十二年來新低。豐田公司稱，日圓兌美元的匯率每升值一日圓，該公司利潤就將減少三．五億美元。以日本國會眾議院議員、前金融服務大臣山本有二為首的一批人士，日前向日本政府提議，應仿效中國、新加坡建立日本自己的主權財富基金，通過金融投資管理，避免外匯儲備因美元貶值而導致損失。

二〇〇八年二月印度外匯儲備高達三千零十二億美元，升至世界第四。由於外匯儲備的百分之九十六．八為貨幣資產，其中絕大多數為美元，因此印度受美元貶值的拖累比中國更嚴重。印度央行去年底在二〇〇六～二〇〇七年度報告中說，由於美元貶值，截至二〇〇七年六月底，央行的外匯資產損失六千五百億盧比（一美元約合四十一盧比）。據《印度時報》報導，由於盧比升值，印度出口總量上升，利潤卻同比縮水，十一個行業產品的出口價格失去優勢，與對手相比競爭力平均下降百分之十～百分之十二。對此，印度力爭通過向中東、非洲等市場擴大紡織品等優勢產品的出口，以減少美元貶值帶來的影響，但此舉對減少國家外匯儲備縮水程度並無直接幫助。在印度泰姬瑪哈陵，以前可以直接用美元購買門票。但現在，政府已宣布只接收印度盧比。印度小販在賣紀念品的時候也拒收美元，而是希望客人用歐元結算。

由於人民幣匯率制度採取的是以盯住美元為主的有管理的固定匯率制度，因此，在人民幣匯率基本保持不變的前提下，美元的走勢對中國的企業不會產生直接的衝擊和影響。如果考慮到美元作為國際儲備體系中的中心貨幣的地位，那麼，美元幣值的變動所引起的全球經濟環境的變化將會是全方位的，這種環境的變化必然會對中國的宏觀經濟產生影響，這種影響自然也會涉及中國的企業。

首先，美元的貶值會影響到以美元計價商品進口成本的提高，從中國經濟發展的情況來看，經濟增長已經面臨能源和原材料供給的約束，對國際市場上包括原油在內的一些原材料的依賴性加強，因此，美元的貶值，會在很大程度上對中國企業降低成本產生某種推動作用。

其次，如果美元貶值對美國外部不平衡的調整作用不明顯的話，美國政府會採取其他一些保護主義甚至是單邊主義的手段，來轉嫁美國經濟結構調整的成本，中國作為對美貿易的大國，很有可能成為美國轉嫁經濟結構調整成本的對象。因此，業已存在的美國貿易摩擦，並不會因為美元的貶值而有所緩和，相反，在美國國內經濟政策越發趨向新保守主義的背景下，美國和其他包括中國在內的貿易夥伴國之間的貿易紛爭會有進一步加劇的可能。

因此，對中國的企業來說，如果僅僅想通過美元貶值的出口效應來增強自身在國際市場的競爭力，那麼，最終的結果不會比預期的情況好，但是，如果能夠看到美元貶值背後的技術擴散效應，並很好地利用美國的經濟結構調整，來進行產品結構的調整的話，那麼，這種產品結構的調整會直接對中國企業未來二十年的國際競爭力產生積極的影響。

美元貶值的速度近期如脫韁野馬。二〇〇八年四月十日，美元兌人民幣匯率中間價報六．九九二〇，首次突破七元關口。按照「匯改」之初的匯率計算，人民幣兌美元已累計升值百分之十五．五。中國是全球官方外匯儲備最高的國家，據國際貨幣基金組織的統計，在全球已知的各國官方外匯儲備中，有約百分之六十五是美元。中國雖未公布官方的外匯儲備比例，但應遠高於全球平均值。有分析認為，如假定中國外儲百分之九十是美元，過去一個月即蒸發三百五十七億美元。到二〇〇八年二月底截止，中國外匯儲備為一．六五兆美元，其中大約有百分之七十是投資以美元為計價的資產。所以美元的貶值，必然造成中國外匯儲備的損失。

外匯市場的不確定性將加大。隨著美歐日三種主導貨幣匯率的價格變化，尤其是歐元上漲與下跌的不確定，美元的國際主導地位最終將面臨挑戰與修正。國際資本向美歐之間均衡的流動，可能導致資產信心和資產分配份額的調整。目前美元升值與貶值依然不明朗，而與美元掛鉤的匯率機制將面臨考驗，美元與歐元雙匯率機制將可能成為國際貨幣制度新的選擇，進而加大國際金融市場，尤其是外匯市場的動盪。從中長期看，美歐金融均衡性將逐漸顯現，對美元衝擊明顯，對國際金融體系的穩定具有影響，但對金融均衡與風險規避十分有益，有利於國際金融市場在公平、合理的氛圍中發展。另外，日圓被動局面將會繼續。

最值得警惕的是，在這種不穩定中，國際投機推波助瀾的干擾性風險。特別是國際經濟的不確定，政治的動盪局面、金融市場的大幅波動，都給予投機炒作空間；加之國際恐慌心理的加重，恐怖突發事件難以預料，投資趨勢難以把握；在經濟弱化的情形下經濟政策也矛盾重重，國際金融市場應對投機的對策與政策愈加難以制定。因此，防範國際投機所導致新的金融風險或危機，將是不可忽視的重要課題。

八、歐美中：三大貨幣爭奪戰

二〇〇七年，人民幣一方面是對美元「升升不息」，另一方面卻是對歐元貶值。再加上美元本身的「跌跌不休」，三大貨幣之間的關係出現了新的變化。十一月二十七日，歐元區的三大重量級人物訪華，更使歐元匯率成為備受關注的話題。要不是因為歐元已成為全球最強勁的貨幣，中國人大概不會看到歐洲經濟這三大巨頭同時出動。他們是歐洲央行行長特里謝，歐元區輪值主席容克，歐盟財長阿爾穆尼亞。他們為人民幣而來。

這般盛大的場面似曾相識。差不多一年前，美國政府也曾派出由財長鮑爾森領隊，美聯儲主席伯南克與商務部部長古鐵雷茲同行的空前陣容訪問北京，也是為人民幣。

而當美國人一次次無功而返的「匯率之行」，讓美元與人民幣的故事幾乎變成一部冗長乏味的肥皂劇之後，「（歐洲人的）這次的訪問將是一個分水嶺」，讓·皮薩尼·弗里（Jean Pisani-Ferry）說，「直到最近，人民幣看起來都只是美國和中國之間的問題。在中美匯率的爭鬥中，歐洲過去一直驚人地沉默著……這次的訪問意味著，歐洲現在要加入全球貨幣格局的對話中了。」

當兩方對峙變成三方博弈，這場圍繞人民幣的漫長遊戲開始升級為一場更為複雜的戰局：美元已別無選擇地將「國際貨幣」的地位拱手相讓，而生機勃勃且急速強大的中國不為所動，堅守著人民幣的弱勢，歐元於是極不情願地被推上美元讓渡出的空缺，但歐洲虛弱的經濟增長根本無力承受強勢貨幣之重。

美元、歐元、人民幣這三大貨幣的戰爭，其實是一場彼此推卸作為國際貨幣主角的戰爭。隨著美元價值不斷下跌，全球經濟掀起了「匯率戰爭」。自尊心極強的美國要求中國將人民幣升值，以此針鋒相對。歐洲一方面和美國一起向中國施加壓力，要求人民幣升值，另一方面向美國進行攻擊，要求其阻止過分的美元價值下跌狀況。現在的局勢就是，世界各國為了自己生存而爭相降低本國貨幣價值。因此有人擔心說，隨著保護主義在世界範圍內不斷擴散，世界經濟可能會一同陷入停滯局面。

面對近期來勢洶洶的美國方面的壓力，中國有著自己化解短期壓力的「太極」招式。長期以來美國就與中國在人民幣匯率上就一直糾纏不放，中國政府一直在人民幣戰略上採取一種迂迴升值的戰略——盡量避免「休克式療法」，而採取漸進式改革的策略，同時在與美國在匯率上的談判中盡可能為人民幣匯率改革爭取更多的時間。

二〇〇七年七月二十一日的升值就是面對當時美國方面咄咄逼人的壓力以及國際方面的雙重壓力採取的一種以一次性重估人民幣匯率讓人民幣小幅升值從而達到緩和人民幣升值的壓力，為匯改爭取了更多的時間！到目前為止，人民幣匯改的步伐並沒有因二〇〇七年七月的升值而放緩，反而改革的步伐在逐漸加快，一系列的相關政策法規細則逐步出臺，在不斷地完善人民幣匯率機制的同時，為國內各方面適應人民幣不斷升值這種環境爭取更多的時間。與此同時，在政治上採取始終保持與美國政府對話性質的接觸，避免美國國內對人民幣匯率改革壓力的激化，在必要的時候通過一些靈活的政策和手段安撫來自美國國內的這種情緒。

無論是將中國列為「匯率操縱國」，還是通過立法徵收高額關稅，進而實施對中國的貿易制裁措施，都會引發中美貿易戰，這不僅損害中國經濟，也會給美國經濟帶來很大風險，並非明智選擇，美國政府不會不清楚其中的厲害關係。

目前中國的匯率制度是趨向更富彈性之前的過渡階段，議案即使通過，這些緩衝也可以給匯率制度改革提供更多的時間。按照中國政府推進百分之二十七·五關稅匯率市場化改革的速度，也可能在真正實施之前完成匯率市場化改革。

中美雙邊貿易活動幾十年間一直在快速擴展的過程可表明：雙方都從中獲得了遠比沒有或減少雙邊貿易更大的收益。這一收益不是來自對方的恩賜，產生的問題也不是來自對方的陰謀，而是來自為了自身獲利進行的貿易過程。這就決定了：面對爭執，各自都從存在的收益大於代價的貿易需要出發，雙方總會做出依靠談判去協調和解決爭執的選擇。

在當前非平衡的中美貿易中，有雙方統計口徑不同引起的誤判，有中國內地儲蓄率過高，內需不足引起的經常性項目收支順差的原因，有美國國內儲蓄率過低，政府財政赤字過高而形成的經常性項目收支逆差的機制。還有凡在中國產品有競爭力的領域裏，主導因素是中國的勞動力便宜，如果過多地升值人民幣會使中國出口行業失去成本優勢，故中方難以讓人民幣大幅地升值；而由於內地金融體系比較脆弱，貨幣當局和企業缺乏應付匯率大幅波動的經驗，中方目前又不能完全開放資本項目，不能放棄帶有行政管制特點的匯率政策，做到與主要發達國家一樣，完全由市場決定人民幣的匯率。這裏面包含著技術認定、觀念、經濟制度轉軌、利益的獲得與衝突等多方面的問題。

因此，中美之間的匯率之爭將會持續下去，問題不會很快得到解決。但是，這並不意味著雙方會展開貿易戰，損壞多年發展起來的共贏局面。中美需要通過談判找到利益協調的新均衡點。在持續的爭執和不斷通過談判協調和解決爭執的過程中，中美之間的貿易關係將會繼續地發展。

次級貸款危機已經將其影響最終傳遞到人民幣問題上來，但這還僅是壓力的一個方面，美聯儲在危機爆發之後接連三次降息，降息幅度為一百個點，又從貨幣政策角度給予人民幣更大的壓力。而中國央行則在年內已經五次加息一百三十五個點，中美利差就在一年之內迅速減少兩百三十五個點，貨幣政策上的反差如此劇烈，人民幣升值壓力就更加突出。這樣實際上美國從危機擴散與貨幣政策兩個角度對人民幣實施兩面夾擊。

雖然目前世界通膨預期仍然走高，但美聯儲連續降息的影響不容忽視，下一步很可能世界通膨預期會扭轉，這又是對通膨不斷走高的中國的一道枷鎖。或許此後通膨之爭才是中國所面臨的最嚴峻的問題，一旦歐美通膨預期改變，中國如何控制通膨走高並妥善處理人民幣匯率，實際上已經陷入歐美國家的多重封鎖之中，由此帶來的內外失衡局面更將是歐美不斷施加壓力的合適藉口。

在歐美主導的 G8 以及 G20、IMF 等國際勢力的多重封鎖之下，中國要尋求突圍的路徑，除了「支持強勢美元」或別無選擇。支持強勢美元不僅是穩定中國經濟形勢和人民幣升值預期的務實有效路徑，而且其最大意義在於，支持強勢美元能夠從化解次級貸款危機這一源頭出發，尋找切入國際金融市場的有效途徑，道義上也是可取得。

目前中美已經就互相開放金融市場達成了協議，下一步是在中國逐步開放市場的過程中，實現穩定接軌和避免劇烈波動，支持強勢美元無論如何都是一個重要參考標杆，美元仍然在中國外匯儲備中佔絕大比重，並且仍然處於世界基礎貨幣地位，實現美元在中國金融市場的穩定十分重要，如果美元進入中國市場之後仍然劇烈波動，必然催生中國金融市場的動盪，從這個意義上來看，支持強勢美元也不可或缺。

隨著歐盟加入施壓陣營，人民幣匯率再度面臨著外部重重壓力。然而，人民幣加速升值不太可能解決貿易失衡問題；人民幣匯率改革，依然是沿著主動、可控和漸進之路，在完善外匯市場的過程中不斷加大匯率彈性，這才是最適合中國國情的升值方式。

匯改以來人民幣對美元已經累計升值百分之十一．六。然而，同期人民幣對歐元卻貶值了百分之八以上。究其原因，在於美元最近一段時間大幅度對歐元貶值。從一月到現在，人民幣對美元升值百分之五．五，但歐元對美元升值已經超過百分之十一，這使得人民幣相比其他主要非美元貨幣反而貶值。

在美元持續貶值的情況下，歐元匯率不斷走高並對歐盟經濟體產生影響。法國財長拉加德近來一直要求歐洲央行阻止歐元繼續升值，並呼籲鮑爾森「響亮而清晰」地表示他仍然支持強勢美元。義大利總理普羅迪也對歐元升值感到擔憂，並指責美國的匯率政策只顧自己的「國內利益」。但另一方面，由於美國國內面臨次債危機和經濟增速下降的風險，未來美元趨勢性貶值趨勢似難阻擋。專家指出，在這種情況下，就需要尋找新的洩洪出口，候選貨幣主要來自目前經濟基本面比較繁榮的經濟體，其中人民幣成了他們的首選目標。

應該看到人民幣對歐元持續貶值背後的深層原因。這就是儘管人民幣對美元在逐漸升值，但歐元對美元升得更多，其根本原因在於全球國際收支失衡，這是從中心國美國開始出現的，它出現了貿易大量逆差和美元的急劇貶值，所以才引發到其他國家貨幣出現相應調整。雖然人民幣也要繼續升值，但寄希望於通過人民幣升值來解決歐元升值的問題不現實。而且，在美元貶值的另一端，其他貨幣中升值幅度最小的是日圓，日圓一直是全球最便宜的貨幣，把矛盾焦點集中在人民幣匯率上不會起到太大作用。而且，如果人民幣升值幅度太大的話，對歐洲可能也會有不利影響，通過出口價格走高助推歐元區通膨壓力。

目前全球金融格局正處於微妙時期。美元地位下行、歐元非常態的大幅度升值也使得歐元區開始擔心產品競爭力下降。

歐盟不是第一個希望通過施壓人民幣匯率來解決中歐貿易不平衡問題。在過去幾年，美國國內要求人民幣大幅升值以緩解中美貿易不平衡的呼聲也此起彼伏。

不過，美聯儲主席伯南克對此有過清晰地表示，人民幣升值不太可能解決貿易失衡。他說，人民幣加速升值固然重要，但卻不太可能解決貿易失衡問題。中國與美國目前都面臨著根本性的儲蓄和投資失衡問題，在任何削減雙邊貿易逆差的方案中，都需要解決這個問題。他警告稱，不要簡單地把注意力限制在一個重要問題上。

中國的人民幣匯率問題不僅僅是一個對外價格問題，已經被複雜化了。發達國家通過匯率問題，督促中國加快開放金融市場進程。在匯率問題上，中國一直採取主動、漸進、可控的三性原則，這是考慮到中國對世界的影響，是負責任的做法。匯率改革牽扯整個金融市場。目前中國還達不到完全開放匯率的能力。否則一旦金融市場動盪產生，不僅對中國，而且對整個世界經濟的負面衝擊都是非常劇烈的。

雖然人民幣再次面臨外部壓力，但是，中國和歐洲的分歧不在於人民幣升值還是不升值，而在於什麼是最適合中國的升值方式。人民幣更快升值可以緩解通貨膨脹壓力、使得貨幣政策更具有靈活性，但是現在問題在於選擇什麼樣的升值方式。如果選擇小幅升值，會進一步強化市場預期；如果選擇一次性大幅升值，很可能必須要採取像二〇〇五年匯改時那樣出其不意的手段，這對企業是會有影響的，打亂其整個投資和出口計畫。因此，現在中國通過一方面完善外匯市場建設，另一方面要擴大匯率波動，尤其是匯率雙向波動，這種波動也會隨著金融機構和企業承受能力的增強而擴大，在這一過程中逐漸實現人民幣逐步升值，這是更適合中國國情的改革方式。

九、美元貶值是誰的陰謀

美元的持續走軟，其影響已經波及到世界各個國家。世界各國對美元貶值大部分持反對態度，中國國內對美元貶值的議論也是譴責聲此起彼伏。

二〇〇四年十一月二十六日，亞太經濟時報以《美元貶值背後有陰謀，美國人是在變相搶中國人錢》為標題報導說，美國正導演著一場美元陰謀，通過動用外交和市場手段，暗中推動美元貶值，以解決其國內外一系列難以協調的問題。這場陰謀驚擾著全球經濟，而中國受到的衝擊層面上至國家金融與政治，中至地方企業，下至百姓生活。

一時間，美國放任美元貶值的行為遭到人們的譴責，很多觀點認為，這是美國在解決其雙赤字問題上所採取的謀略，美國有意無意地把中國經濟往兩難選擇的胡同裏逼。

在美國的陰謀下，中國人掉入了陷阱，紛紛在春節前購買賀歲金條。二〇〇四年十一月二十二日上午，第一批雞年賀歲金條在廣州市東山百貨大樓和東百花地灣同時售賣，當日全部賣完，而即將運抵廣州的第二批、第三批貨中的大部分也已經被預訂。而在中國的其他大城市如北京、南京等地也都上演著類似的一幕。

據悉，在二〇〇二年時，賀歲金條價格為每克一百一十元左右，二〇〇三年上升到一百二十元左右，而在二〇〇四年迅速上升至一百五十三元。

賀歲金條價格的上漲，使個人炒金者獲得了巨大的利潤。據賀歲金條在廣東的唯一特許經銷商——廣東粵寶黃金投資有限公司總經理甄偉鋼介紹，由於金價不斷攀升，個人炒金者近兩個月的獲利約有百分之十左右的幅度。

炒金者獲得豐厚的利潤，而那些踴躍購買金條的市民卻蒙在鼓裏，他們不知道自己在以高昂的代價購買一場美元陰謀下誕生的昂貴金條。

據金融分析師透露，美元貶值後，金價迅速上升，二〇〇四年，金價已突破四百四十美元這一數十年來的壓力位，刷新了近十六年來新高。

在中國，金價漲勢迅猛，這與中國外匯儲備創歷史新高息息相關。根據央行二〇〇四年發布的第三季《中國貨幣政策執行報告》顯示，九月末中國外匯儲備餘額已超過五千億美元，美元貶值後，中國只有不斷買入黃金來減少因美元貶值造成的損失。但是隨著美元的不斷走軟，國際黃金價格在不斷飆升，但中國又不得不在國際黃金市場不斷買入黃金，由此中國為購入黃金而損失了巨大的利益。

美元貶值不僅使中國的外匯儲備受損，也對中國的企業民生產生深遠的影響。廣州市台資企業協會會長吳振昌在廣州番禺設立了創信鞋業有限公司，這個廠的產品有百分之六十出口到美國，作為長期依賴美國市場的出口商，吳振昌一直在外匯市場上做相關的遠期外匯保值。

吳振昌說，由於國際貿易一般以美元結算，如果美元持續貶值，他們的主要原料進口國韓國、日本等就會面臨著強大的升值壓力。那麼該廠進口原料的成本就會增加。而如果人民幣在美元貶值的情況下升值，他們主要競爭對手例如越南、泰國以及印尼的貨幣沒有升值，這對他們來說是「雙面夾擊」，一方面成本增加，而另一方面競爭實力在削弱。

由此可見，美元貶值對中國造成了深遠的影響。中山大學金融學博士麥豪指出，美元貶值，美國的陰謀分國家策略和金融體系兩個層面。從國家策略的層面上講，美國一邊高舉「強勢美元」的旗幟，一邊放縱美元的貶值，在暗中促使美元的下滑。而從金融體系的層面上，美國有意讓市場的目光集中到其雙赤字問題上，並讓大家知道美國要通過美元的貶值來解決其雙赤字問題，利用市場的力量造成美元下滑的趨勢。

二〇〇四年十一月十九日，葛林斯潘的講話更加明確地證明了美國放任美元貶值的國家策略。葛林斯潘說：「外國投資人對美元資產的需求在某個時間必將減少；美國不應該對目前經常項目赤字失去警惕；如果外國投資者最終決定降低持有太多美元資產的風險，那麼他們就可能出售美國資產，或者要求更高的回報。」

葛林斯潘的評論顯示，弱勢美元對減少赤字是必要的，而且美國經濟的強勁增長及利率升勢將消除美元崩盤的風險。葛林斯潘甚至很明確地表示，相對於減少投資和消費，美元下跌對於緩和美國經常項目赤字等全球性失衡問題是個非常明智的手段。

據亞太經濟時報報導，美國在促使美元貶值之初，一直是反覆強調其「強勢」美元政策，而在所有人都不相信其口頭上的「強勢」論調時，美國又把關注的焦點吸引到其「雙赤」問題上。

摩根史坦利亞太區首席經濟學家謝國忠認為，美國推低美元的主要目的並非解決「雙赤」問題，而是通過犧牲其他國家的經濟增長來推動美國經濟的持續、強勁增長。

謝國忠指出，二〇〇四年，美國經濟再次加速，增長率達到了百分之四．五。實際上，歐洲和日本經濟復甦也已經陷入停滯。中等收入經濟體，比如韓國，即使從根源上來講，經濟增長的步伐也已經放慢。很多新興市場經濟國家的經濟增長也已經減速。全球經濟週期進入了減速階段，儘管美國經濟增長勢頭強勁。

他認為，在 IT 技術經濟泡沫破裂以後，美國為了避免經濟衰退而減稅和維持超低的利率，美國一直在鼓勵過度消費。這是美國經常項目帳戶赤字如此巨大的主要原因。謝國忠指出，解決赤字問題的正確方法應該主要是提高美國的利率和稅收，以減少消費和增加儲蓄。但是，這樣會造成美國經濟衰退，因此，為了保持國內經濟持續增長的勢頭，美國政府採取美元貶值的方法，通過犧牲其他國家、尤其是亞洲國家的利益為代價。

「這就像入侵伊拉克，沒得商量！」謝國忠這樣描述韓國人對美元貶值政策的抱怨。他透露說，美元貶值後，韓國的國內需求已經停滯。家庭部門的債務高砌對任何的消費復甦都構成了強大的障礙。中小企業部門也受累於沉重的債務負擔和疲軟的銷售，這限制了任何的外匯儲備復甦。韓國的出口正在減少，這主要是因為動態隨機存取記憶體 DRAM 價格下跌和中國的進口減少所致。

謝國忠認為，如果韓元持續升值，正如很多市場參與者所期望的那樣，韓國經濟將會陷入蕭條。他指出，對於美元貶值政策的實現，世界上的其他國家和地區也對今天的一切負有責任。當美國人持續消費狂歡的時候，世界上其他的人樂於給美國的消費繁榮提供供給，甚至用它們過剩的美元來資助美國的消費狂歡。

對於亞洲來說，美國的這種做法將會推動亞洲經濟進入通貨膨脹、低經濟增長和強勢貨幣的三重陷阱。亞洲經濟體的製造業將會負擔沉重。強勢貨幣將會引起去工業化後果，這將導致資本過剩，並使得強勢貨幣更加強勁。

謝國忠向亞洲國家發出警告，當美國繼續推進其經濟政策的時候，如果亞洲保持被動接受的狀態，世界經濟將會進入一種新的均衡狀態：亞洲經濟體將成為一群僵屍，特徵是低增長、通貨膨脹居高不下，經常項目帳戶盈餘以資助美國的去工業化進程。

他認為，亞洲各經濟體應合作一起對抗美國，並採取三個步驟：第一是亞洲國家和地區，除賣掉美國國債外，亦應減少持有美元外匯存底的時間；第二是亞洲各經濟體的央行應準備將政府債券證券化，以稀釋當地貨幣值，來阻止熱錢推高亞洲貨幣；第三則是亞洲各經濟體應組織起來共同和美國談判，以探討如何修正全球經濟不平衡。

他以第一個步驟為例，認為亞洲國家和地區的中央銀行如果利用熱錢和貿易盈餘提供的美元購買美國國債，則可以人為地造成了美國的債券收益率過低，這將會通過抵押再貸款刺激美國住宅市場和消費繁榮。如果亞洲各中央銀行能夠把它們的美元儲備投放到短期資金市場，美元貨幣將會回到美聯儲，因為貨幣市場是以短期利率為目標的。因此，通過亞洲各中央銀行壓制熱錢使美元流回美國，會促使美國的貨幣供給保持中性，其貶值政策也就難以兌現。

對於美元貶值，人民幣是否升值問題，謝國忠強調說人民幣不能升值。他認為，對中國來說，提高利率可放慢投資的成長速度，也會減少投機，他並不認同「提高利率將會吸引更多資金」的觀點，反而認為當中國顯示出要繼續經濟著陸的宏觀調控信心時，熱錢將會自討沒趣地離開。由此，人民幣的價值將會由供需的真實均衡來決定，而不是由投機和政治壓力所左右。

十、巴西人還能樂多久

美元貶值後，有的國家歡喜，有的國家憂。在二〇〇三年，當美元貶值時，巴西人不像歐洲國家那樣抱怨聲四起，而是樂見美元貶值。因為繼美元貶值後，升值的雷亞爾給他們出國旅遊、購買外國貨帶來了實惠。

在二〇〇五年，美元與雷亞爾的比價在一年內持續貶值，在二〇〇四年七月三十一日時，一美元兌三．〇二雷亞爾，而到二〇〇五年七月三十一日時，一美元兌二．三五雷亞爾，貶值率百分之二十七．四。

美元貶值，雷亞爾升值的積極作用是使巴西聯邦外債的餘額由二〇〇四年四月份的二千一百四十二．九億雷亞爾（折合成當地貨幣）下降到二〇〇五年四月份的一千九百二十一．八二億雷亞爾，聯邦外債在**GDP**中比例由百分之十三．四下降到百分之十．四。另外，巴西政府發行的內債債券中也有百分之四．六二的部分是和美元掛鉤的，美元貶值使內債由原來的四百三十一．二億雷亞爾下降到二〇〇五年四月底的四百零三．六億雷亞爾。

外債的減少對巴西人來說無疑是個好消息。美元貶值不僅使巴西的外債減少，而且巴西的出口貿易仍在增長。據巴西發展工業外貿部二〇〇五年八月初公布的外貿統計資料表示，二〇〇五年一～七月份，巴西累計出口值六百四十七．三八億美元，進口值四百．六億美元，實現貿易順差二百四十六・七八億美元，同比分別增長百分之二十三・八、百分之十八・四和百分之三十三・六，均創歷史最好水準。

巴西政府對出口大幅增長表示欣慰，對完成全年一千一百二十億美元的出口目標充滿信心，但是同時也對進口增勢減弱表示擔憂。盧拉總統在評論六、七月份的貿易順差時說，四十億、五十億美元的順差是否太多了一點，出口和進口應該實現同步增長。盧拉總統擔心的是機械設備進口增速減慢可能是投資萎縮、經濟不振的表現。富蘭部長也表示，政府的目標是將進出口貿易總額由目前佔GDP的百分之十四提高到百分之三十，貿易總額是評價一個國家風險指數的重要指數。

二〇〇六年，美元仍持續貶值，巴幣對美元匯率徘徊在二・二雷亞爾左右，在二〇〇六年一～二月份，巴西的貿易順差，增長了百分之十四・二，由二〇〇五年的四十九・六三億美元上升為五十六・五五億美元。

據發展工業外貿部公布的數字顯示，二〇〇六年一～二月份，巴西出口同比增長百分之十八・六，金額達到一百八十・二一億美元；進口同比增長百分之十七・七，達一百二十三・五五億美元。

在二〇〇六年，巴西統計數字顯示，巴西進口的增長勢頭較出口更為強勁。據統計，二〇〇六年二月份，出口金額達到八十七・五億美元，進口額則為五十九・二八億美元，增幅分別為百分之十二・八和百分之十九。

相比之下，二〇〇五年的巴西貿易順差為四百四十八億美元，創歷史最高紀錄，其中出口及進口額分別為一千一百八十三・〇九億美元和七百三十五・四五億美元。發展工業外貿部制定的二〇〇六年出口目標為一千三百二十億美元。

二〇〇六年一月二十五日，巴西工業聯合會公布資料顯示，儘管二〇〇五年巴西外貿情況良好，全年收入超達四百四十八億雷亞爾，但美元的貶值仍然給部分巴西出口商造成損失。從二〇〇四年十二月至二〇〇五年十二月，有八百九十五家巴西企業因美元對雷亞爾的疲軟而減少出口，這一數字佔巴西全部出口企業的百分之五。

巴西工業聯合會的經濟分析人士指出，二〇〇五年巴西出口總額增長的原因主要是全球範圍內商品的供小於求使得商品進出口價格的上漲，而非巴西出口商品數量上的增長，這使得巴西出口企業的抗風險能力降低。二〇〇六年一旦發生全球範圍內商品進出口價格的下跌，那麼會對巴西出口企業造成嚴重打擊。因此，巴西在制定二〇〇六年宏觀經濟政策時，一定要考慮到上述因素。

巴西工業聯合會估計二〇〇六年巴西出口較二〇〇五年增長百分之十，達到一千三百億美元，國內市場方面由於巴西央行對削減利率持謹慎態度，較二〇〇五年不會有太大變化。二〇〇六年巴西進口也將進一步增長，達到八百六十五億美元。

針對巴西進出口情況，巴西經濟專家預測，雖然在美元貶值的情況下，巴西出口額仍能維持以往水準，未受到影響，但這種狀況不會持續太久。因為自二〇〇二年至二〇〇五年中期，巴西出口量一直超過進口量，但進入二〇〇六年以來，進口量已經超過了出口量，這一情況在二〇〇六年全年的出口額上會有所反應。預計今後一段時間，出口將難維持現有增長水準，可能有所下降，而進口則由於巴幣升值，國內市場需求變化，將會明顯提升。

專家分析，巴西進口大幅增加的原因主要有二：一是美元持續貶值，進口商品價格更具競爭性；二是經濟穩定增長，消費者購買力提高，企業生產性投資和原材料進口增加。

正如巴西專家預測的那樣，在二〇〇七年，巴西的食糖、紡織出口均受到影響。自二〇〇七年以來，美元與雷亞爾的比價持續下跌，跌幅累計近百分之五。美元貶值有利於進口，影響了巴西紡織品的出口。

據統計，二〇〇七年一季度，巴西紡織品出口五．二五億美元，同比減少百分之〇．七，進口六．九七億美元，同比增長百分之三十八．三。巴西紡織工業協會的報告指出，二〇〇七年巴西的紡織品貿易逆差將達九億美元，這意味著巴西國內將失去二十萬個就業機會。與此同時，在亞洲國家則增加了投資和就業機會。

二〇〇七年十月，道瓊報導，美元的持續貶值對巴西食糖出口帶來不利影響，使巴西糖在國際市場的競爭力下滑。十月初，雷亞爾兌美元已升至一．七九：一的七年來新高。一分析師稱，受美元貶值的影響，巴西糖受到市場冷落，目前中國在採購泰國糖，而中東商家則採購印度糖。

除紡織、食糖出口量受到影響外，巴西的鞋履亦受到影響。二〇〇八年三月，巴西鞋履工業協會（Abicalcados）說，在今年的三月份，巴西的鞋履出口同比下降了百分之二，降到一．六一億美元。巴西鞋履工業協會認為，出口的下降由於美元貶值導致的價格上升造成的。

為了幫助那些受到美元貶值、雷亞爾匯率上升影響最大的行業，巴西政府設立總額達三十億雷亞爾的信貸基金，對鞋業、皮革業、紡織業、成衣業和家具業等實行多項優惠政策。

據介紹，信貸基金分三類，分別是貸款額最高達三億雷亞爾的長期投資信貸、流動資金支持和出口信貸，年利率都低於正常利率水準。

此外，巴西政府還宣布出口企業進口原材料和初級產品可以享受減免稅待遇。曼特加預計至少有四千家企業將從中受益。

在巴西政府的調控下，二〇〇八年，巴西的進出口情況明顯好轉。二〇〇八年六月，巴西發展、工業和外貿部公布的最新統計顯示，在一～五月，巴西出口總額七百二十・五四億美元，進口總額六百三十三・九九億美元，同比分別增長百分之二十二・二和百分之四十九・二，貿易順差八十六・五五億美元，同比減少百分之四十七・三。

十一、美元貶值，歐盟經濟雪上加霜

二〇〇八年七月四日，歐盟委員會主席巴羅佐在布魯塞爾表示，美元貶值已是全球擔憂的問題，歐盟希望美元與其他主要貨幣的比價更為均衡。

巴羅佐在前往日本出席八國集團首腦會議前對對記者表示，他支持歐洲央行七月三日上調歐元區主導利率的決定，儘管某些歐盟國家政府、特別是法國對此發出了警告。

他說：「在整個歐盟層面展示中國對抗通貨膨脹的決心非常重要，通膨是一個現實的威脅，如果歐洲央行做出加息以外的決定，才令人費解。」

巴羅佐稱，他不期望八國首腦在匯率問題上有明確表態，不過美元匯率下滑的利害關係的確已經是全球性的。

美元持續貶值，歐元日益堅挺，對歐元區國家的經濟猶如潑了一瓢涼水。在二〇〇四年第三季，歐盟經濟受到重創，經濟增長速度放緩。據歐洲統計局的數字顯示，二〇〇四年第三季，歐盟經濟僅增長百分之〇．三，遠低於第一季和第二季的百分之〇．七和百分之〇．五，與歐元堅挺相聯繫的出口也從第二季增長百分之三．一減至第三季的百分之一．二。而歐盟的內需增長微弱，家庭消費僅增長百分之〇．二，雖然投資增幅達百分之〇．六，但不足以彌補出口和內需的緩慢增長。與此同時，歐元區的失業率十月份仍然處於百分之八．九，打擊了消費者的信心。德國和義大利的中小企業的信心指數已跌破五十點，這表明中小企業的經濟活動將萎縮。如果美元續貶的狀況持續下去，歐盟的製造業會陷入衰退，歐盟國家只能指望增加內需來促進經濟增長。

為了保護本國的經濟利益，二〇〇四年十二月六日，十二個歐元區國家財長在布魯塞爾發表聯合聲明，強烈要求美國採取措施阻止美元繼續貶值。奧地利財政部長卡爾海因茲．格拉瑟憤憤不平地說：「讓歐盟為世界經濟不平衡，特別是美國赤字買單，這是讓人難以接受的。」法國財長也敦促美國採取措施，阻止美元進一步貶值。

美國國際經濟研究所高級研究員約翰．威廉姆森博士說：「歐元區各國原來是歡迎美元貶值的，因為堅挺的歐元有利於這些國家保持高利率，從而防止通貨膨脹進一步惡化。但是隨著美元一路下滑，歐洲感到吃不消了。歐元太強勁，導致歐元區的出口大大萎縮。」威廉姆森說，美元貶值目前已經沒有回頭路。在這種情況下，歐洲央行可以通過進一步降低利率來刺激需求。但歐元區似乎不太願意走這步棋。按照《馬斯特里赫特條約》的規定，歐元區各國財政赤字不得超過 GDP 的百分之三。歐盟國家擔心降低利率會導致財政赤字超過這一上限。在出口美國受阻、降低利率也不太可行的情況下，擴大內需不失為歐盟應對美元貶值的良策。

儘管歐盟國家就美元貶值問題向美國提出抗議，但美國仍然一意孤行，絲毫沒有止跌的意思。據統計，截止到二〇〇四年十二月一日，一歐元兌一．三三三六美元；日圓對美元也升至一〇二．五一日圓兌換一美元，創四年八個月來的最高點。

匯市影響的不僅是企業利潤的真金白銀，國與國之間的利益也在這起伏的匯市中進行著一場較量。美國希望放任美元貶值來減輕「雙赤字」的壓力，而歐元區國家則擔心，美元貶值導致的歐元攀升將使歐洲經濟的復甦夭折。

美元持續貶值引起國際社會的強烈迴響，中國銀行全球金融市場部袁躍東處長說：「這是一種可怕的溫水煮青蛙式的有序下跌，如果美元劇烈下跌，有關國家和地區的反應會更強烈。」

在受到國際社會的強烈譴責後，美國財長斯諾站出來重申「美國的政策就是維持強勢美元，沒有誰可以把繁榮建築在本國貨幣的貶值上。」斯諾的言論遭到眾多經濟專家的反駁，他們認為，美國決定貨幣政策的時候，並沒有充分考慮其他國家對美元的感受和需求。從高油價和通貨膨脹趨勢看，歐洲央行面臨著加息，但歐元的攀升又使消費、出口走低，又面臨降息，歐洲貨幣政策進入混亂的局面。

二〇〇五年一月二十九日，歐央行行長特里謝（Jean-Claude Trichet）在世界經濟論壇上稱，美元近三年的連續貶值已打擊了歐洲經濟。此言論支撐美元兌歐元在近四個交易日的高點波動。特里謝說，自二〇〇二年至今歐元區經濟增長率未超過百分之二，而此期間美元兌歐元累計貶值了百分之三十二。

二〇〇六年五月，法國《論壇報》報導稱，從二〇〇六年年初至今，美元相對於歐元已經貶值百分之九。美元貶值可能影響歐洲經濟增長，歐洲製造的產品競爭力相對於美國和中國產品而言有所下降。由於擔心企業未來的盈利受到影響，歐洲股市連日來出現明顯下跌的趨勢。

「疲軟」的美元對歐洲經濟造成不小影響，對於那些依賴於美國這個全球最大汽車消費市場的汽車企業來說，更是苦不堪言。

面對弱勢美元衝擊，一貫對美國持強硬態度的法國率先發言，二〇〇七年十二月，法國總統薩科齊向美國發出警告：如果美國不抑制美元持續下跌，將有可能引發大西洋之間的經濟戰爭。

急劇貶值的美元使美國和歐洲的汽車差價進一步擴大，根據互聯網查詢價格，一輛基本配置的寶馬七六〇轎車在它的製造地德國需要十二．〇二萬歐元（約十七萬美元），同樣配置的車型在美國市場僅需要十二．二六萬美元，兩地的差價完全可以在美國再買一輛寶馬三系列轎車。

歐洲汽車製造商吃虧之處在於：本土的製造和採購成本完全以歐元結算，出口到美國的商品以美元結算。在競爭熱烈的美國市場上，沒有哪個汽車廠商敢輕言提價，更不要說加價銷售。但這樣一來，歐元匯率越高，它們因匯率遭受的損失也就越大。

以至於歐洲市場人士驚呼，如果美元在接下來十二個月不改弱勢勢頭，那麼歐洲的高檔車品牌如寶馬、保時捷等都將面臨重新「進口」回國的厄運。

事實上，二〇〇七年以來，寶馬已經吃足了弱勢美元的苦頭。據財報顯示，寶馬前三季稅前利潤較之前預測水準減少了一．二五億歐元，盈利減少相當程度上正是來自於美元持續走低影響：美國是寶馬全球最大的市場，約佔寶馬全球銷量的四分之一，儘管今年寶馬在美國銷量上漲近百分之八，但再高的營業額也經不起百分之二十的匯率漲幅，年底結算利潤不如預期也就不難理解。

受牽連的不僅是寶馬、賓士和福斯這些有出口美國業務的歐洲廠家，那些不向美國出口的歐洲車廠如雷諾、標緻、雪鐵龍等也難以置身事外。雖然這些車廠不向美國出口，但它們與中東、南美等國的出口傳統上仍然是以美元結算，擺在它們面前的選擇很簡單：要麼是提高價格損失銷量，要麼是維持售價損失利潤，然而這些都是不利的結果。

美元貶值不僅重創歐洲國家的經濟體系，也使歐洲國家的航空人員失業人數增多。二〇〇八年四月二十一日，歐洲航太及防務工業協會（ASD）表示，疲弱美元可能導致歐洲航太及國防業數以千計的人失去工作。

ASD在聲明中指出，ASD委員會成員相信美元持續走弱，不可避免會導致航空業產能和技術中心向美元區轉移，那裏的勞動力成本比歐元區減少約百分之三十～百分之四十。美元區的行業競爭優勢以及產業轉移的可能性，會威脅到超過六十四萬名高技術工人和工程師的飯碗。

《第二章》

趁火打劫：熱錢氾濫

PART2

一、國際熱錢襲擊香港事件

二〇〇三年十月，國際熱錢大量流入香港市場，香港金融管理局多次入市干預，仍未遏止港元升勢。港息因為市場資金充裕持續出現下跌，隔夜拆息跌至〇．一七五厘，一個月利率亦僅得〇．一八七五厘，再創歷史新低。一些金融界人士認為，港匯逞強和港元會否出現負利率情況值得關注。

針對國際熱錢襲擊香港的事情，香港渣打銀行董事王冬勝十月四日指出，國際熱錢流入導致港元匯價不斷上升，香港金融管理局有責任維持匯率平衡，沽出港元是正常的事情。針對當前的形勢，他並不擔心港元會因此造成負利率，銀行不會因為資金充裕就放寬對企業的融資條件。對於有輿論指出，香港政府必須盡快處理財赤，否則會引致國際炒家狙擊港元。王冬勝說，他同意香港財政司司長唐英年的觀點，特區政府難以在二〇〇六年至二〇〇七年達到滅赤的目標，只要政府有具體及長遠解決財赤的方案，是可以扭轉財赤問題的，不用擔心二〇〇四年財赤增加會影響香港金融系統的穩定。

對於港匯不斷上升，外匯界人士認為，這與炒家填補港元空倉、資金流入股市以及炒作整體亞洲貨幣升值有關。港基銀行助理副總裁吳素華指出，「炒家」填補「空倉」活動相信已經差不多完成。至於港匯價格會否長時期維持在高水準，則要視乎其他亞洲貨幣的走勢。

長期研究香港聯繫匯率制度的浸會大學經濟系教授曾澍基表示，港元升勢十分罕見。據他的記憶，上次港元如此強勢，是在一九八五年有投機者炒賣港元升值之時。不過，港元在某種程度上升值，並不會對香港經濟造成不利的影響。

跟隨美國股市和日本股市的漲勢，在不斷有熱錢湧入香港股市的推動下，香港股市在金融、地產和國企股帶領下繼續上揚。據統計，在二〇〇四年十一月十六日，恆生指數收盤上漲一百四十七．七六點，至一萬三千九百三十二．二二點，漲幅百分之一．〇七，這是恆生指數自二〇〇一年三月九日收於一萬四千一百九十四點以來的最高收盤點位。

除恆生指數上漲外，H股指數亦大升，收盤上漲百分之一．七一，至四千九百一十三．八六點，其中南方航空因收購母公司資產消息，上漲百分之八．五三，列國企股漲幅第一。

針對香港股市不斷上揚，業內人士擔憂地表示，在美元處於弱勢下，國際資金看好人民幣，這些外國基金認為，人民幣可能升值，但中國內地有外匯管制，他們認為港幣必然和人民幣掛鉤，因此，購買港幣同樣可以得到投機人民幣升值的效果。在這樣的形勢下，未來必定會有更多熱錢湧入香港。

在熱錢的襲擊下，二〇〇四年，中國的外匯儲備繼續了二〇〇三年以來的高增長態勢，以月均一百多億美元的速度遞增。外匯局的統計資料顯現出一簾強勁的遞增數列。

北京師範大學金融研究中心主任鍾偉分析，外匯儲備的加速增長始於二〇〇一年。當時美元八次降息之後，開始出現人民幣與美元的利率倒掛，「人民幣匯率升值」預期開始抬頭，並在二〇〇三年伴隨著美元加息週期的到來而越發強勁，國際資本隨之加速流入中國和日本。「現在外匯流入的壓力非常強大，而且有進一步加劇的可能。」鍾偉對下一階段中國外匯儲備壓力的緩解並不樂觀。

國家外匯管理局新聞發言人針對市場情況表示：「單邊豪賭人民幣升值是一種不明智的投機冒險行為。」這種措詞嚴厲的警告背後，是國際熱錢針對中國的再一輪湧入壓力。

鍾偉認為：「現在已經進入了國際熱錢和中國單邊較勁的時刻。目前，在中國政府強硬回擊了又一輪人民幣升值炒作之後，部分國際投資者開始在香港尋求突破的機會。二〇〇四年十月份起，香港金管局開始遭遇空前的熱錢襲擊，有香港消息稱，十月份國際游資已經對香港注入了十億美元。十月二十日起，金管局數次入市干預，拋出數十億港幣穩定市場。」

二〇〇四年十一月二日，國家外匯局集中拋出了三大工作報告：《嚴厲查處違規結匯行為，積極維護國際收支平衡》，《密切關注國際收支動向，堅決打擊國際非法交易》，以及中國反洗錢部門發布的第一份報告——《二〇〇三年中國外匯領域反洗錢報告》。這被分析人士視為監管層「關注國際收支新動向」的風向標。

儘管外匯局的官員認為「這三份報告放在一起，可能是一種偶然，你們可以有自己的理解」，但經濟學家們更願意相信，這不是簡單的巧合，其中暗含的外資淨流入壓力值得關注。而外匯局在文章中表達的「二〇〇四年，中國在貿易順差下降甚至出現逆差的情況下，外匯資金依然保持較強的淨流入態勢，貿易結售匯順差進一步擴大，資本淨結匯佔比上升。國內外匯供過於求的狀況更加突出，影響了金融宏觀調控效果」，不失為對當時外匯儲備壓力的客觀陳述。

是誰在操縱國際市場的資金流動呢？經過研究發現，人民幣升值預期與中美利差的倒掛，無疑是指揮資本流動的標杆。而在中國實行資本管制的情況下，逐利資本皆設法繞道前行。

一位外匯局人士分析，資本淨流入的態勢，從二〇〇三年到二〇〇四年上半年，在三個方面有著集中體現。

在貿易領域，出現了「外匯順收大於外貿順差」的現象；在非貿易領域，個人因私匯款收入呈現跳躍式增長；資本層面則突出表現在外資銀行和外商投資企業利用中、外資銀行在外匯貸款結匯以及中、外資企業在外債管理等方面的差別待遇，採用「借國內外匯貸款——國內外匯貸款支付進口——出口收匯結匯——歸還人民幣貸款」、「借國內外匯貸款——國內外匯貸款結匯——歸還人民幣貸款」等形勢，進行本外幣債務置換，從而形成二〇〇四上半年以來國內短期外債和國內外匯貸款雙增的局面。

據外匯局統計，二〇〇四上半年中國外債餘額和流量大幅增長，截至六月底已達二千二百零九・八億美元，比去年末增長百分之一四・一二，外債淨流入量約為去年同期的六倍。

而在個人外匯收支方面，舒緩資金流入的壓力也依然艱巨。據中國銀行上海分行透露，該行二〇〇四年以來的個人結匯量較去年同期增長了約百分之五十左右，雖然沒有出現突擊結匯現象，但一直保持著比較大的業務量。

除此之外，一外匯局分局的人士透露，二〇〇三年以來的很多慣用的規避管制、輸入資本的方法依舊在繼續。

在二〇〇四年，外匯局出臺了《境內外資銀行外債管理暫行辦法》，企業結匯途徑受挫，企業對外匯的使用方式可能發生變化，資本項目的流入壓力隨之向貿易項目轉移，並進一步擴大「外匯順收大於外貿順差」的局面。其中較為常用的模式是「外匯貸款——預付進口貨款——預收出口貨款——結匯」，它繞過了國內外匯貸款不能結匯的規定。目前，有企業甚至改變了以往來料加工差額核銷的方式，實行全額付匯、全額收匯，以充分利用外匯降低企業資金成本。

具體而言，一些在華投資企業採取延遲利潤匯出、外貿企業預收貨款、個人化整為零結匯等手段，在合規的途徑下達到規避管制的目的。以南方某市為例，二〇〇四年一～七月份，預收貨款六百七十六筆，金額二千一百八十四萬美元，同比分別增長百分之九十五·四、百分之五十六·三；預付貨款二百四十九筆，金額一千七百六十二萬美元，同比分別增長百分之一一四·七、百分之一五三·九。

宋國青分析，企業大量借用外匯貸款，除了利差的誘惑外，還受到宏觀調控企業貸款困難的影響。由於銀行收緊了對房地產等過熱行業的信貸，不少企業就借助一些外資企業的資金使用便利，將外匯結成人民幣緩解資金困難。

二、熱錢衝擊的教訓

熱錢，又稱游資或投機性短期資本。只為追求最高報酬以最低風險而在國際金融市場上迅速流動的短期投機性資金。

二〇〇八年五月八日，《上海證券報》報導稱，美元持續貶值背景下，全球熱錢正急於尋找出口，新興市場成為熱錢流入的目的地。人民幣升值因素進一步加劇了游資套匯衝動，加快了熱錢的進入速度。僅二〇〇八年一季度，人民幣對美元升值幅度超過百分之四，成為匯率改革以來人民幣升值幅度最大單季。

中國社科院金融學者張明認為，中國資本市場、房地產市場等資產價格的快速上漲是海外熱錢快速進入的又一重要原因。

「總結熱錢進入中國的管道，可以概括為經常項目、資本項目和地下錢莊三大類。」張明分析認為。

張明指出，境內外貿企業既可以通過低報進口、高報出口的方式引入熱錢，又可以通過預收貨款或延遲付款等方式將資金截流到國內，還可以通過編制假合約來虛報貿易出口。

張明認為，資本項目下的 FDI（外商直接投資）、證券投資、貿易信貸和貸款也有可能成為熱錢流入的管道。熱錢以 FDI 名義流入，通過銀行兌換成人民幣之後，再借助某些方式投資於中國股票市場和房地產市場。

當過多熱錢頻繁進出一國市場時，無疑會對該國經濟的穩定運行帶來風險。多數金融專家認為，在熱錢大量湧入市場時，首先會對經濟造成推波助瀾的虛假繁榮。例如，在熱錢進入中國市場後，熱錢在賭人民幣升值預期的同時，乘機在其他市場如房地產市場、債券市場、股票市場以及其他市場不斷尋找套利機會。最明顯的莫過於房地產市場。最近幾年來，中國房地產價格直線上升，全國房地產價格漲幅在百分之十二以上，遠遠超過消費物價指數，尤其在北京、上海、杭州、南京等一些大城市，房地產價格上漲百分之二十以上，甚至達到百分之五十。即使嚴厲的宏觀調控也沒有抑制房價的急劇上漲。

此外，熱錢大量進入，加大外匯佔款規模，影響貨幣政策正常操作，擾亂金融體系的正常運行，從而加劇國內通貨膨脹的壓力。據統計，二〇〇四年全年基礎貨幣投放達到六千六百多億元人民幣，而國際熱錢流入中國的就有一千億美元，合八千多億元人民幣，因此，僅僅熱錢流入就超過了全年的基礎貨幣投放額。這迫使央行在公開市場大量運用央行票據強行沖銷，僅二〇〇四年央行就發行了近一．五兆元票據對沖，這大大增加了央行的操作成本，同時也使得中國貨幣政策主動性不斷下降，貨幣政策效果大打折扣，增加了通貨膨脹的壓力。

並且，熱錢的流入加大了貨幣對外升值的壓力。在中國，由於中國現行的匯率體系，以及美元持續貶值，才能吸引熱錢進來。因此，只要人民幣升值預期不變，隨著流入熱錢的增多，人民幣升值的壓力就會越大。最後，熱錢的流出，也同樣會使經濟劇烈波動。隨著美聯儲七次升息，美元利率提高增強美元吸引力，加上對人民幣升值預期不確定性增加，如果熱錢大規模迅速流出，就會使一些投機氣氛較大的市場價格會大幅波動，如房地產價格迅速回落、債券價格以及股票市場大幅震盪等等。

中國社科院金融學者張明說：「過多熱錢進入中國會放大市場的流動性，造成流動性過剩，而貨幣供給越多，中國面臨的通膨壓力就越大。並且，熱錢還加大了人民幣升值壓力。而投機資金進入股市、樓市後，容易製造泡沫。」

為了防止熱錢進入市場擾亂經濟和金融體系，金融專家在對各國熱錢危機前後經濟金融運行的現實情況進行深入分析，發現歷次危機發生前的一些典型特徵，這些特徵能為預防熱錢危機爆發提供重要的借鑒和參考。

一是，熱錢危機爆發前，經濟持續多年高增長的趨勢。例如，東南亞危機爆發前，泰國、韓國和菲律賓三國國民經濟在一九九七年以前，已連續十五年保持百分之六～百分之八的增長，其中一九九〇～一九九五年，泰國GDP的平均增長率高達百分之九．〇四。

同樣的情況也在日本發生，經歷第一次石油危機以後，日本經濟結束了長達十年之久的高速增長，轉為低速增長。即便如此，在九〇年代發生危機前的十五年間，日本經濟的平均增長速度仍保持在百分之四左右。其中，一九八七～一九九〇年日本GDP實際增長率分別高達百分之四．九、百分之六、百分之四．五和百分之五．一，遠遠超過預期，這些情況在其歷史上都是極為少見的。

在墨西哥，八〇年代末至一九九四年危機前，由於付諸實施一系列改革取得成果，墨西哥同樣經歷了較長的經濟繁榮期，包括經濟持續高增長、通膨率穩步下降、財政赤字消失等等。

通過研究這些國家的情況可以發現，正是在這些國家持續繁榮的吸引下，才吸引了國際熱錢投機商，從而使得金融體系的脆弱性不斷累積，並且被表面上的經濟持續繁榮所掩蓋。

二是，外部資金大量流入。經濟的持續高增長以及相應的政策因素吸引了外部資金的大量流入。然而，外部資金是一把「雙刃劍」，在為一國經濟發展融資、進一步推動經濟繼續高速增長的同時，也使這些國家更容易受到反向資本流動的影響，尤其是在外部資金以流動性極強的短期債務和熱錢為主的情況下更是如此。

例如，熱錢危機爆發前，泰國為吸引外資推動經濟增長，實現建設國際金融中心的宏偉計畫，迅速實施了一系列吸引外資和推進金融自由化的措施，鼓勵從國外以低成本借入美元，導致熱錢資金大量流入。據統計，一九九一～一九九六年，泰國等亞洲主要資本輸入國年平均資本流入三百九十億美元，其中一九九六年達到七百七十億美元，一九九七年上半年仍有三百一十億，而到下半年已經變成資本流出五百四十億美元。

墨西哥以及拉美其他國家在八〇年代和九〇年代兩次危機前，都經歷了大量外資流入的情形。八〇年代危機前主要是以國外銀行借款為主的外部資金流入，三個拉美大國的淨銀行債務從一九七七年的三百六十五億美元增加到一九八二年底的一千四百六十億美元，對外借款成為這些國家為貿易赤字融資的主要方式。九〇年代危機前外部資金流入的主要方式則是私人資本淨流入，一九九〇～一九九三年墨西哥每年私人資本淨流入由五十八億美元劇增到三百零二億美元，累積達到七百二十億美元，而其中有一半以證券投資的形勢出現，此外，還有二百二十二億美元的銀行借款和一百六十二億美元的國外直接投資。

三是，國內信貸快速增長。在外部資金大量流入的情況下，各國又維持固定且相對較高的匯率，導致國內流動性明顯增多，推動銀行信貸快速增長。例如：熱錢危機前的十七年間，韓國、泰國和印尼等東南亞各國國內信貸的實際平均增長率分別高達百分之十三、百分之十七和百分之二十五，特別是自由化措施使外幣銀行貸款的獲得變得非常容易。

九〇年代的墨西哥實行了利率自由化的改革，利潤空間的收縮使銀行走上以草率擴張來降低成本之路，銀行貸款以每年百分之二十～百分之三十的高速增長，一九九〇～一九九四年墨西哥銀行信貸投放量分別高達二百六十五億、二百九十九億、二百六十六億、一百三十五億和三百四十九億美元。為控制信貸而推行的高利率政策並未實現初衷，反而促生了更多的美元借貸，並加速了資金流入。

泡沫時期，日本金融資產收益大幅上升，促使企業大舉從銀行貸款並投資金融資產，一九八五～一九九〇年間，法人企業共籌集的四百零五兆日圓中，有一百八十五兆來自金融機構貸款，而各類銀行對中小企業的貸款比率也較一九七五年上升了一倍以上，銀行對個人的住房貸款增長更快，僅一九八六年增速最高達百分之五十八，並在一九八七～一九九〇年之間的短短四年內就翻了一番。

四是，普遍的過度投資。在外部資金大量流入和信貸快速增長的推動下，同時也是在對經濟持續增長的樂觀預期下，危機前各國普遍出現過度投資的現象，不但進一步吸引了外部資金的流入，而且，更為嚴重的是快速增長的對金融資產等虛擬經濟的投資迅速推高了資產價格。

例如，一九八六～一九九五年，韓國、泰國以及印尼等國的投資佔 GDP 平均比例分別高達百分之三三・九、百分之三十六・三和百分之三十二・六，一九九六年更是達到百分之四十以上，導致電子、汽車等一些關鍵工業部門以及房地產出現生產能力過剩；一九九〇年之前的日本，由於金融和土地資產收益率的上升，社會興起投資股票和土地熱，企業和個人大舉借貸投資金融資產和土地。據統計，一九八四～一九八五年日本法人企業的金融資產與負債之比從百分之五十八迅速上升至百分之九十五的高位，企業所籌資金中的百分之六十四投資於金融資產，而金融機構本身也大量進行股票投資，其持有全日本股票的比例曾一度高達四分之一。

五是，股票、房地產等資產價格快速上漲。例如，日本在經濟衰退前日經股價指數從一九八三年的八千多點起步，一九八六年即達一萬六千四百點，三年翻了一番，其後上漲速度進一步加快，一九八七年六月到達二萬五千點，一九八九年底達到三萬八千九百點的頂點。相應地，股票市值從一九八一年的八十一兆日圓劇增到一九八九年的五百二十七兆日圓，而同時期日本的 GDP 增長不到一倍，股票的市盈率已達到二百五十倍的異常水準。土地總市值則由一九八一年不到 GDP 的一半上升至一九九〇年相當於 GDP 的五倍，以至於當時有「賣掉東京的土地就可以買下整個美國」之說。

而泰國在危機前，大量外資流入投資於房地產行業，房地產貸款比重高達百分之二十五，空置率偏高，泰國股市、樓市乃至整個經濟都出現過度繁榮。一九九三年底，危機前墨西哥的股市同樣出現了極度的繁榮，以美元表示的股票價格達到一九八五～一九八九年平均水準的十倍。

六是，貿易持續逆差並不斷惡化。金融專家經過研究發現，國內資產和商品價格的大幅上漲，以及不恰當地長期維持較高的本幣匯率，危機前各國貿易狀況不斷惡化，逆差持續擴大，由此造成了對維持本幣幣值的信心喪失，同時對經濟的持續增長產生憂慮，使得經濟在外部衝擊面前不堪一擊。

例如，第一次拉美債務危機前，拉美等發展中國家的經常項目逆差由七十年代初的平均七十億美元猛增到一九七四和一九七五年的二百一十億和三百一十億，逆差的持續增加使得這些國家大量依靠對外債務融資，增加了利息負擔。墨西哥經常項目差額與GDP之比由九〇年代初的百分之二．八迅速增長至一九九四年的百分之七，雖然不斷流入的私人資本彌補了這些差額，但當資本流入的方向發生改變時，被隱藏的巨額逆差風險暴露出來，直接導致了對墨西哥貨幣的信心崩潰。

一九九〇～一九九六年，泰國的經常項目逆差佔GDP的比例已經高達百分之七，一九九六年超過百分之八，而且由於繼續不恰當地維持高匯率使得競爭地位不斷下降，外界對泰國維持幣值能力的信心開始動搖，游資的攻擊最終觸發了危機。

七是，貨幣普遍被高估。專家發現，熱錢危機前還有一個最大的共同點，就是貨幣普遍被高估，維持了相對較高的匯率。如，日本在「廣場協定」的背景下，日圓兌美元的匯價由一九八四年的二百五十一上升到一九八六年的一百六十。泰國、墨西哥等國在危機前都選擇了釘住美元的匯率政策，導致本幣逐漸被高估。在這種政策作用下，逐漸造成了上述系列問題的積累。

三、越南經濟從天堂到地獄

自加入WTO之後，越南經濟高速增長的趨勢受到國際投資商的青睞，紛紛向越南解囊投資。然而，在二〇〇八年，越南經濟結束了長達十年的快速增長期，出現了百分之二十五・二的高通貨膨脹率，同時股市樓市一瀉千里，越南盾也紛紛貶值。

越南經濟的衰退對越南人民的生活產生了影響。在二〇〇八年，越南的燃料價格比二〇〇七年上漲了百分之三十，佔低收入家庭主要開支的食品也上漲了百分之四十二。據悉，越南普通工人家庭的月收入在六十美元左右，在物價未漲前，尚能維持家庭的生活，但隨著物價的節節攀升，收入根本無法滿足支出的需要。

為了保障人民的生活需求，越南政府採取了一系列措施，包括暫時減少大米出口以增加國內供給、降低食品價格等。並且在二〇〇八年三月，越南政府凍結了十種重要商品的價格，包括水泥和汽油。

雖然越南政府採取了限價措施，但這並不能解決高物價壓力下人民的生活困難難題。生活的困難促使成千上萬的工廠工人舉行罷工以要求更高的工資。根據越南政府的資料，到二〇〇八年六月截止，越南已經發生了超過三百起罷工。

過去十年，越南經濟高速增長，已經逐漸開始走出貧困。但是突然的高通貨膨脹、巨大的貿易逆差和貨幣貶值為越南經濟蒙上了陰影。聯合國開發計畫署駐河內首席經濟學家喬納森．平克斯表示，越南曾是東南亞地區增長最快的經濟體，現在的越南則以地區最高的通膨率而著稱。

按照聯合國千年發展計畫的目標，越南需要在二〇一五年前減少一半的貧困和饑餓。但是平克斯認為，這一目標現在面臨威脅。他說：「高漲的米價顯然意味著許多已經擺脫貧困的家庭又重新回到貧困線以下。」

二〇〇八年五月，越南總理阮晉勇在越南人民代表大會上發言，承認越南經濟遭遇的問題。他對越南的人民代表們表示，難以控制的通貨膨脹正在損害越南貧困人口的生活。越南官員表示，與二〇〇七年相比，二〇〇八年受到饑餓威脅的越南家庭增長了一倍。阮晉勇說：「政府與民眾共同分擔困難，政府了解抑制通膨的責任。」

除了嚴重的通貨膨脹率外，股市和房市暴跌也令越南百姓們苦不堪言。越南媒體報導稱，二〇〇八年，越南股市的暴跌就如同其之前的暴漲一樣令人目瞪口呆。二〇〇六年，越南VN指數上漲了百分之一百四十四，二〇〇七年VN指數又上漲了百分之五十六。在胡志明市和河內市，過去二年裏經常可以看到投資者們擠在證券公司裏，人們紛紛交流著那些在股市一夜暴富的故事。到二〇〇七年五月，已上衝至一千一百二十七點，較七年前足足翻了十倍。

然而，在二〇〇八年，越南股市出現了拐點，從拋物線的高處下滑至百分之六十，跌到了二年來最低點，擊碎了許多人一夜暴富的夢想。

隨著股市的暴跌，房地產投資者也面臨絕望的困境。越南產權投資市場達到了二年來的最低點，房地產行業以及地產投資者都受到沉重打擊。胡志明市是越南的經濟中心，該市的住房價格在二〇〇八年大幅下滑，並且許多買房者現在發現要償還銀行貸款有困難。

胡志明市一家房地產公司負責人 Nguyen Trung Vu 表示，該市房價最高時達到每平方米三千萬越南盾到三千二百萬越南盾，現在則跌落到每平方米兩千萬越南盾。胡志明市的房價從二〇〇七年底的五千六百美元／平方米下跌至目前的兩千八百～三千一百美元／平方米，下跌達到一半。許多辦公室和住宅的租賃價格也比二〇〇七年底有所下降。

他介紹說，二〇〇七年，許多能夠一次性付款買下一套公寓的投資者都決定用這筆錢作為首付來買三套房子。開發商通常只要求購房者支付房款總額的百分之二十～百分之三十作為首付。在地產熱潮中，投資者認為每套房產至少可以賺數百萬越南盾。但是他們卻沒有預期到貸款利率的不斷增加。二〇〇八年越南央行把基準利率從去年的百分之十二提高到百分之十四，以控制通膨。貸款利率的增加和物價上漲的雙重壓力使貸款買房者苦不堪言，生活陷入困境。

同時，面對通貨膨脹帶來的建築成本上漲，房產開發商們也感覺到了壓力。據悉，在胡志明市，一個建築公司為了應付成本上漲的困境，要求投資者支付比合約要求更多的錢以分擔成本。一時間，房地產投資商抱怨聲四起。根據統計，自二〇〇七年以來，越南建築成本上漲了百分之四十。

越南經濟為何轉瞬間從天堂跌入地獄？經濟專家認為，在二〇〇七年，越南還是世界投資機構的寵兒。如此迅速地從成功巔峰跌入悲劇谷底，首先在於越南政府犯了「一犬搏二兔」的理想主義錯誤，既越南政府希望大量引進外資，刺激經濟發展，又想肥水不流外人田，竭力扶植國營企業「做大做強」，結果導致金融信貸政策過於寬鬆，攤子鋪得太大，經濟過熱難以遏制。

此外，一些國際熱錢的投機行為也助長了越南的經濟危機。為求超常規發展，越南政府放鬆對外資的管制。外資大量湧入，對通膨起了直接推動作用。越南加入世貿組織後，逐漸放開資本項目的直接投資。由於大量「熱錢」奔向越南，另有腐敗現象存在，直接推高了越南的資產價格，並形成了股市與房市的「雙泡沫」，金融動盪便隨之產生。據統計，二〇〇七年一月，股市指標股平均市盈率就已高達七十三倍。但越南股市監管部門沉醉於「世界增長率最高股市」的榮耀光環不能自拔，放任甚至鼓勵國外游資入場，結果這些游資入場後重施當年東南亞金融危機的故伎，對股匯市雙向做空快速套利，令越南金融體系遭逢滅頂之災。

因此，經濟專家得出結論，政府急於求成是越南遭遇經濟動盪的主要原因。經濟專家認為，在融入國際金融體系中，如何學會與國際資本打交道，並及時進行金融預警，已成越南和其他新興經濟體必須面對的巨大挑戰。

為了緩解通貨膨脹，穩定國內經濟，越南央行不僅縮減了貨幣供應量，還對貸款採取了更加嚴格的限制，增加了銀行的存款準備金，增加債券發行量，同時也提高利率等。

此外，越南財政部也開始重新考慮對外國資本佔有股份上限的規定，據悉，目前越南的上市公司只允許有最多百分之四十九的外國資本。隨著股市下跌，國內持股者等待售出股份，有關的改革也提出將考慮允許外國投資者佔有更多股份。

就越南採取的措施，分析人士指出，在目前的這個微妙時期，所有的銀行重組都會產生複雜的效果。聯合國開發計畫署高級經濟學家喬納森．平克斯說：「越南必須認識到，確實有全球問題的影響，但是越南本身也有非常具體的問題需要解決。」

針對越南經濟的動盪，中國專家警告說，越南所遇見的這些問題，在中國都不同程度地已經、正在或即將發生。二〇〇八年以來，中國經濟也同樣碰到了諸如 CPI 居高不下、投資過熱難以控制和國企改革、人民幣匯率改革等也面臨進退兩難的取捨問題，境外游資同樣虎視眈眈。因此，中國政府不但應了解越南悲劇發生的原因，更應隨時警惕這種悲劇的重演。

四、熱錢輸入，中國貨幣危機雪上加霜

伴隨著熱錢的不斷湧入，「熱錢」這一概念變得炙手可熱，對中國熱錢的估值數字也是一個高過一個，據最新出爐的統計數字，截至二〇〇八年六月，進入中國的熱錢高達一．七五兆美元，這一數字大約相當於截至二〇〇八年三月底的中國外匯儲備存量的百分之一〇四。

在二〇〇八年，熱錢的大量湧入，使中國暴露於輸入性貨幣危機的風險也有所加大，這對貨幣危機的爆發無疑於雪上加霜。

首先是存款或 M2 受到熱錢流入影響走高。據統計，五月份人民幣存款同比增長百分之十九．六，較四月百分之十七．七大幅提高一．九個百分點，也是二〇〇六年五月以來的單月最高增速。專家分析，資本市場疲弱，房地產觀望氣氛濃厚等因素導致資金回流銀行，可能是主要的原因。但同樣不容忽視的是，去年末以來愈演愈烈的外匯大量流入現象，可能也大大增加了銀行存款量。另外，專家認為，地震導致央行在公開市場淨投放、熱錢流入導致外匯佔款增多等引致基礎貨幣擴張和五月信貸同比多增導致貨幣乘數擴張，是推動 M2 反彈的兩大因素。

其次是熱錢的衝擊，出口數據超預期。據統計，在五月份，出口同比增長百分之二十八．一，比四月份的百分之二十一．八大幅反彈六．三個百分點，增速為二〇〇七年三月以來第四高位。專家認為，五月份較高的出口增速並不足以改變政府二〇〇八年對出口前景的預期。

針對中國現行情況，金融專家指出，為避免外匯繼續大量流入可能造成的負面影響，政府應立即不動聲色地加強外匯流動「雙邊管理」，既不僅加強流入管制，同時相應強化流出管制。

專家認為，新興市場的貨幣危機往往發生在資本流出放開、從而帶來外匯大量流入之後。因為流出風險的降低往往鼓勵了危機前的外匯流入。雖然在資本管制是否有效問題上依然存在爭議，但加強管理無疑大大增強了投機資本預期的不確定性，由此將在一定程度上削弱其投機動機。

二〇〇八年六月，專家發出警告稱，儘管目前對於熱錢的所有研究均為理論估值，但是，中國資本市場存在大量熱錢並已形成對中國貨幣安全的隱患。

中國興業銀行資金營運中心首席經濟學家魯政委指出，由於部分新興市場國家已經顯露出金融脆弱性的強烈徵兆，這使得中國也面臨貨幣性危機風險。為了化解風險，中國政府應該從關注「熱錢」規模轉變為更關注「熱錢」方向，從而有備無患。

魯政委指出，受「原罪理論」和「歸類邏輯」影響，個別新興國家發生的金融危機，往往很快就會傳染給在其他新興國家。而當前阿根廷、越南、韓國已經顯露出金融脆弱性的強烈徵兆。

二〇〇八年四月二十六日，為應付美元搶購潮，阿根廷央行單日拋售三億美元儲備，創六年之最。

二〇〇八年五月十七日，越南央行將利率大幅調高三．二五個百分點，由百分之八．七五升至百分之十二，而越南四月份通膨高達百分之二十一．四；而一九九八年以來，越南經常項目一直是逆差，且由一九九八年一月一．八億美元擴大到了二〇〇八年四月的一百一十一億美元，十年間擴大了六十一倍。

二〇〇八年五月二十一日，韓元兌美元跌至兩年來低點，韓國政府入市干預，買入了價值達五億美元的韓元。

此外，印度盧比、泰國泰銖、菲律賓披索、印尼印尼盾等多個國家的貨幣均出現了對美元貶值的情況，而這些貨幣在前五年時間基本都是對美元升值。

魯政委說，而二〇〇八年四月人民幣 NDF（無本金交割遠期）市場出現近年罕見的人民幣貶值預期，無疑也在敲響貨幣危機爆發的警鐘。

他介紹說，對新興經濟體貨幣危機的最新研究成果中，「原罪理論」是最經常被援引、並被西方主流經濟學廣泛認同的。所謂「原罪理論」，是指發展中國家市場經濟不發達這一先天不足即存在「原罪」，所以金融市場極其落後，由此也就無法應付較為劇烈的外部衝擊。這種「原罪」特徵是所有新興經濟體的共性。由此進一步推演出新興經濟體貨幣危機傳染過程中的「歸類邏輯」：一旦貨幣危機首先在A國出現，那麼，在本來經濟形勢依然不錯的B國投資者就會馬上幡然醒悟，迅速撤出投資。正是這樣的危機傳導邏輯和鏈條，在上世紀八〇～九〇年代導致從拉美到東南亞再到俄羅斯接連發生了範圍廣泛的金融危機。而二〇〇八年阿根廷、越南、韓國等國家顯露出來的金融脆弱性是貨幣危機爆發前的徵兆。

魯政委表示，鑒於中國所面臨的貨幣風險，中國政府有必要加強對「熱錢」監管，但監管重點應該從本來就糾纏不清的「熱錢」規模上，轉向關注「熱錢」方向。

魯政委認為，「熱錢」統計上存在太多誤差性因素，例如：央行與中投公司的二〇〇〇億美元外匯儲備轉賬；銀行以外匯繳存法定存款準備金的金額和時間；外匯儲備中非美元貨幣資產的價值波動調整記賬原則；外匯儲備投資收益是否計入當期外匯儲備餘額等等。並且在正常公布的統計資料中，也難以區分貿易、外商直接投資（FDI）等正常統計資料中到底存在多少「熱錢」流入的虛假成分。從而致使非法流入的外匯具體數額就更難以獲得。

魯政委表示，實際上「熱錢」方向對經濟的影響更大。因為，一旦「熱錢」流出動力強於「熱錢」流進動力、且貨幣當局並未及時察覺並採取必要措施，就可能誘發貨幣危機。

作為貨幣風險防範的第一步，魯政委建議從以下幾個方面著手：

一，中國政府應當強化當前的外匯監測體系，做到對外匯流向異動及早察覺。

二，注意政策和制度設計的可逆性。正如史丹佛大學經濟學家泰勒爾在總結新興市場危機時所指出的：這些國家的危機「總是出現在金融自由化和較大規模的資本流入之後，尤其是解除對資本流出的控制導致大規模和快速的資本流入」。因此，當前在面臨外匯過度流入困擾、從而採取措施努力促使外匯流出之時，一定要充分考慮必要時政策和制度的可逆性問題。

三，努力打破「歸類」思維定勢。在新興經濟體貨幣危機的國際傳染初期，「歸類邏輯」起了支配性作用。應當逐步採取措施，讓市場更多了解中國不同於其他國家的特質，以便阻斷其傳導鏈條。

四，應密切監測新情況，保持理性政策態勢，防止經濟大起大落。在宏觀調控已進入到當前階段，務必應當強化對經濟中新情況的監測，充分讀取其中的資訊，保持政策操作的適時適度和充分的靈活性。從趨勢上講，保持經濟的平穩增長，始終是穩定一國貨幣和金融體系最根本的要件之一。

五、內外資本夾擊：房地產幾近拐點

近年來，房價成為民眾最關注的話題之一。土地資源的有限和城市人口的迅速增長，使得建房和購房在各國都是民眾生活中的大事。然而，目前中國房價的畸高則是房地產利益集團哄抬的結果。二〇〇六年之前，中國的房地產市場固然依舊與居住需求直接相關，但因它背靠「土地」這一稀缺資源，也就成為和股市一樣的金融投資產品，炒作投機之風愈演愈烈。於是，集民生、資源、金融等性質於一身的房地產出現泡沫嫌疑之時，中國政府開始出面進行調控。

二〇〇八年六月十一日，央行在上海總部印發《上海市信貸投向指引》中規定，在「紅色」信貸投向限制和禁止類中，強調要限制對外資投資房地產領域的信貸投放。

銀行信貸人士表示：「雖然外資好項目很多，但感覺上會碰到紅線，所以，中國要求前臺部門不要碰這些項目。」

上海某支行對公信貸經理表示：「支行層面一般沒有外資投資房地產的貸款許可權，而且分行也不支持此類貸款。根據開發週期來看，如果外資背景項目於二〇〇六年、二〇〇七年立項審批，現在啟動就遇到銀行貸款問題。」

高通智庫分析師說，二〇〇七年和二〇〇八年一季度的外資數字均顯示，在人民幣升值的預期下，外資進入內地房地產領域更加踴躍。

有業內人士表示，一般境外熱錢流入上海房地產市場的管道主要有四種：一是直接設立外資房地產公司或參股境內房地產開發企業；二是通過一級市場購買上海房產類境外上市公司在香港主板市場發售的H股；三是間接投資，主要是通過房地產類企業借入外債的形勢流入；四是非居民外匯流入，結匯後購買房產。

二〇〇八年七月十日，高力國際投資服務與特別項目部助理董事張小龍在接受記者採訪時透露，有一部分歐美投資機構根據資金來源不同，在不同階段介入房產開發項目中。這些投資機構有的本身擁有地產開發部門，利用「熱錢」介入項目的開發階段，取得高額回報；建成後再將項目轉賣給旗下基金，「左手賣給右手」，用退休基金等長期穩定且收益要求不高的「慢錢」經營項目，獲得穩健回報。這些實力雄厚的海外投資機構正在滲透到內地房地產開發的整條產業鏈中。

同時，張小龍表示，目前投資市場的競爭令投資收益率不斷收窄，二〇〇三年、二〇〇四年期間外資投資已建成的物業項目一般毛收益率在百分之十一左右，淨收益率在百分之七～百分之八左右，而目前這種投資行為的毛收益率下降到百分之七．三，淨收益率僅百分之六左右。因此境外投資者通過參與到項目的前期開發中，項目開發階段回報率就可達到百分之二十以上。

據報導，在收益率不斷收窄的情況下，部分境外投資機構將轉道投資於新興區域或是二線及三線城市以獲取更豐厚的回報。預期二〇〇八年下半年的投資熱點仍將圍繞辦公物業，外資投資機構也將越來越傾向於購物中心項目的收購及綜合性的土地開發。

對於近幾年來一路飆升的房價，經濟專家普遍認為，地方政府是房地產熱潮的既得利益者。中國現行的土地制度不健全，給予了各級地方政府在土地審批上很大的權利，這種權利在地產熱潮中無疑是炙手可熱的。房地產開發無論對地方政府短期的財政收入，或者所謂的當地 GDP 增長目標，以及地方基本建設，都有很大的促進作用。特別是，那些地方主要官員在房地產開發的熱潮中能很輕易的將手中的行政權利「尋租」轉化為個人的私利，地方官員受個人利益驅使，參與這種巨大利益的分配博弈，在一定程度上也刺激了中國房地產業膨脹的因數。

在外資大舉進入中國房地產市場的同時，國內開發商對寫字樓、商場、酒店等資源型地產項目的投資也愈加看好起來。記者在採訪一位房地產開發企業高層領導時，這位領導介紹說，在外資大舉進入後，他開始改變經營思路，將主攻居民住宅的思路向主攻商業地產轉換。他說：「既能通過出租獲得比較穩定的現金，又能享受到人民幣升值帶來的物業升值，何樂而不為？」

此外，他還透露說：「對那些海外投資機構來說，人民幣升值的過程要比結果來得重要。正是在這樣一個人民幣會繼續升值的普遍預期中，外資會願意進一步投資、收購中國房地產項目。也許到人民幣匯率明朗化、無過多升值預期後，他們的投資、收購步伐才會緩下來。」

自從金融界炒作人民幣會升值後，外資對中國物業有了更加強烈的需求。相當規模的外資投入國內房地產市場，特別是投資在具備收租價值的資源型物業中。據統計，從二〇〇七年開始，過去的寫字樓、酒店式公寓項目已經不能滿足外資的胃口，他們開始進軍高檔住宅市場以及積極布局工業房地產市場，雖然逐漸拉下的「限外」大幕給他們施加了一定壓力。

多數金融專家認為，外資的投資行為主要受到中國市場環境和政策的影響，人民幣升值是市場內的一個有利因素，而國家出臺的「限外」政策雖然大大提高了外資進入國內房地產市場的門檻，但是該政策主要打擊的是那些短期投資行為，對於長期持有經營式的投資影響不大。

外資對房產業的進軍加劇了房產業的競爭力，內外資本為了爭奪資本博弈過程中的「制高點」，不惜代價的控制以土地作為永恆稀缺資源的房地產開發行業，從而使中國房地產熱潮的發展勢頭加劇。

而在內外資本的博弈過程中，那些真正需要住房的普通百姓成為中國的房地產熱潮中最大的受害者。在目前，中國的房地產收入價格比在世界上居畸高的水準，高昂的價格是廣大工薪階層難以承受的，只有少數高收入階層能夠買得起高價格的房子。在這種情形下，普通薪階層的需求將逐漸被消耗掉，從而出現明顯的消費斷層。

當消費斷層時，房地產泡沫就會逐漸破滅，從而就會對金融系統和經濟產生衝擊。專家警告稱，在中國，炒作房地產的不僅是企業，而且有許多個人參與。特別是各地都出現了假按揭現象，一旦房價大幅回調或房產長期大量積壓，房地產商特別是後加入的房地產商將可能面臨巨大的損失或出現破產。因此，在當前內外資本的夾擊中，房地產幾近拐點，房產的前景不樂觀。

正如專家預測的那樣，在二〇〇八年，中國媒體不斷傳來北京、深圳、廣州、上海等一些中心城市房價下跌的消息。二〇〇八年六月，媒體報導稱，全國七十個大中城市房屋銷售價格同比上漲百分之八．二，漲幅比五月份低一個百分點，創下了二〇〇八年以來單月房價最大跌幅，這也是自二月份以來房價漲幅第五個月出現下降。房價的回落，使人們覺得多年一路上揚的房價「拐點」似乎就在眼前。

六、短時期內，熱錢不會撤離中國

熱錢進入中國後，人們對熱錢議論紛紛。大多數人將關注的焦點放在熱錢流入途徑的辨析與規模的測算，並由此擔心熱錢一旦突然大規模離開，對中國金融體系和實體經濟將造成重大衝擊。

在中國經濟增長勢頭減弱、人民幣升值壓力繼續、通膨形勢嚴峻、股票市場大跌、房地產市場調整等多重因素交織的複雜局面下，如何防止游資的大量湧入攪動國內的資產和金融市場變化，以及其突然大舉撤離時對本國金融市場和經濟的衝擊，並妥善進行一國金融體系改革，不給國際投機資本以集中短期衝擊套利的空間，是中國經濟和金融體系建設需要進行的諸多根本考慮之一。

中國金融專家吳念魯認為，在短時間內，熱錢不會撤離中國。他指出，中國目前的一·七兆美元儲備中，熱錢總數約為五千億美元，熱錢流入仍大大高於流出。目前，有些外企基於成本增加、利潤減少而出現撤離；有的外企、有些境外戰略投資者把利潤匯出，但都尚屬正常，短期內中國不會出現熱錢大規模流出的情況。

與吳念魯持相同觀點的金融專家薛宏立說，從中國的情況來看，當前，不論熱錢進入的規模有多少，大舉撤離的可能性相對較低：一是人民幣升值預期依舊較強，可以繼續賺到升值收益；二是中國仍然處於加息通道，中外利差繼續保持甚至有加大可能；三是中國股市雖然大跌，但經濟基本面未發生根本逆轉，反而是抄底良機；四是房地產市場價格雖然有所下降，但暴利依然存在；五是價格管制商品（石油等）國內外價差較大，套利空間較大；六是中國作為「金磚四國」之一，投資收益率高且風險較低，是較為理想的投資避險國，是次債危機發生後國際資本的避風港。

熱錢在短時期內不會撤離中國，那就意味著在短期內，人們不用擔心資本大規模流出中國的情形。金融專家沈明高認為，人民幣實現真正意義上的雙向波動可能還需要三～五年的時間。他說，儘管中國經濟目前面臨一些挑戰，但只要成功轉型越過這個檻，就會有更長時間的持續增長。

熱錢的進入導致中國短期外債佔比達到百分之六十，外匯儲備受損，而在亞洲金融危機中，短期外債佔比過高，外匯儲備過少，是這些國家不能應對貨幣危機的重要因素之一，因此，人們擔心過多的外債佔比會引發中國貨幣危機。

針對熱錢是否會導致中國貨幣危機問題，吳念魯、薛宏立、沈明高各自發表了觀點。吳念魯認為，近幾年短期外債比例的上升，與美元貶值，人民幣升值有關。因為一些用匯單位（主要是外企）從國外借入美元，利率比人民幣低，而且還有貶值好處，比借入人民幣划算。這部分資金如果直接用於對外支付，則與熱錢無關；如果結匯，則必然引起外匯儲備增加。該外債到期，用人民幣買匯後，外匯流出，這是很正常的現象。他說，中國政府應對非正常的短期外債形勢流入、進入資本市場、房地產市場進行投資炒作的行為加強監管的力度，而這部分資金總量並不大。因此，外債的增加與到期償還不會危及匯率體系的安全。

薛宏立認為，一國合適的外匯儲備規模主要受到以下五個方面因素的影響：進出口規模和結構、FDI規模、外債規模、QFII規模和國家宏觀調控和應付突發事件的需要。最低適度規模是一個動態數字，隨著上述五項因素規模的變動而變動。據此，以二〇〇七年底的資料測算，他認為前四項中國至少合計需要九千億美元，因此，總體上中國仍處在安全的範圍內。

沈明高說，每個人要對中國的經濟有點信心。中國經濟並不是一條沉沒中的船，只要國家的政策正確，人們對經濟就沒有悲觀的理由，這些所謂的熱錢就不會離開中國。中國現在的經濟調整短期內是面臨一些困難，但長期仍是可以繼續看好的。

與對熱錢的擔心相比，一些專家和學者指出，如果不能阻止熱錢的流入，中國可以採取一些對策，將熱錢轉變為可以長期利用的資金。

對於將熱錢轉化為長期利用資金的觀點，吳念魯持相反意見，他認為，與其探討如何用好熱錢，還不如集中精力、下工夫管好、用好當前龐大的國家外匯儲備。他說，中投公司作為中國的主權財富基金應為實現中國國際收支平衡、促進外匯儲備保值增值、促進中國資本市場健康穩定發展起積極作用。在當今股市低迷的情況下，中投公司應在H股、A股市場選擇優質、具有發展前景的公司，以戰略投資者的身分進行投資，持股三年。這對於抵制熱錢抄底、阻止熱錢迅速撤離都大有裨益。對於支持中國資本市場的發展也具有戰略意義。

沈明高建議說，只要市場預期人民幣升值不結束，中國會持續的面臨這個熱錢的問題，短期之內不會消失。中國可以考慮多做一些中長期的金融產品，大力發展公司債、私募基金，甚至銀行存款可以把長期的利率規定的高一點，短期下降一些，從而為投資者提供長期穩定的回報，這樣進來的外部資金可能就會比較長期的放在中國。並且，中國可以制定一些有區別的政策，鼓勵資金長期留在中國，例如實行稅收優惠，資金進出中國的陽光通道等等。

這些專家認為，對於熱錢大規模流入的擔心，在於人們並不十分清楚其究竟通過什麼途徑流入中國，又分布在哪些領域，以及其謀利的機制怎樣，又將給中國經濟和金融體系帶來怎麼樣的影響。

薛宏立指出，熱錢進入管道包括以下幾類：貿易中的價格轉移、投資收益匯入、FDI的「投注差」、出口預付貨款（無貿易背景虛假合約基礎上境外公司預付貨款流入）、進口延期付款、QFII、經常轉移、借取外債、地下錢莊或直接走私的非法流入等。

他說，但很多資金能否歸結為熱錢的確存在疑問。比如因人民幣升值預期導致的國內居民外匯存款結匯導致的儲備增加部分，是否應該不算作熱錢；另一方面，對於套利資本也應該辯證看待。事實上，不管什麼樣的金融市場上，套利機制始終存在。可以說，沒有套利就沒有金融市場的有效性。適度的套利資金潤滑了金融市場的高效率。

當市場達到平衡時，套利機會消失；當市場從一個均衡向另一個均衡變遷時，套利機會產生；如果一個國家由於歷史積累或其發展中的固有缺陷形成了不穩固的經濟基礎，或者由於執行錯誤的經濟政策形成了脆弱的經濟結構時，這時的金融市場處於脆弱的均衡狀態，套利資金就會尋找機會，主動做空套利。

他說，在目前，熱錢可能投入的領域包括房地產市場、股票市場、債券市場、委託貸款（資金池管理）市場、民間借貸市場等。而在未來可能投入的四大領域是股票市場、委託貸款市場、債券市場和房地產市場。

沈明高說，熱錢究竟進入哪些領域是一個比較難以回答的回答。二〇〇八年以來，FDI下外資的增長是百分之五十～百分之六十，但同期，固定資產投資裏外資的投資增長卻是負的。一個解釋是，今年的信貸緊縮使很多外資企業流動性緊張，外匯資金進來首先補充了流動性。

他說，目前樓市和股市並無大量資金進入的跡象，但銀行存款卻有了很快的增長，在居民儲蓄回流的背景下，企業存款仍比個人存款的增長速度快，短期存款有了大量增加，這是否意味著這些進來的錢先放銀行等一等，等情況比較好時再進行投資呢？

再有，私募，跨國企業給予上下游企業貿易信用都是有可能的解釋，但要從量上對熱錢的總規模做個估計，確實比較困難。

對於套利資金來說，不能自然把它全認為是負面作用，實際上有恢復市場間平衡的作用。真正需提防的是那類惡意的規模巨大的以攻擊匯率和利率體系來謀利的套利資金。

沈明高指出，在總體上，他認為中國未來的幾年內還得繼續忍受熱錢的問題，但他認為熱錢並沒有大家想像的那麼大。現在很多討論可能對熱錢過度擔憂了。

七、股票市場：正上演著一場大起大落的遊戲

歐美央行注資以及周邊部分股市回暖未能擋住中國股市下行的步伐。二〇〇八年三月十七日，上證綜指跌至四千點以下，為八個月來首次擊穿四千點。

為了平緩股市大起大落的現象，正在參加二〇〇八年三月份第十一屆全國人大一次會議的部分全國人大代表認為，完善制度建設，促進股市穩定健康發展應該是當前資本市場發展的第一要務。「大起大落幾乎成為中國股市現階段的主要表現特徵。」中國金融期貨交易所總經理朱玉辰代表說，「在成熟的市場，股市波動相對比較溫和，而在中國，動輒超過百分之二的單日漲跌幅幾乎成為『家常便飯』。」

朱玉辰介紹，與單日漲跌幅相比，近十個月來中國股市整體震盪格局明顯。上證綜指二〇〇七年五月九日首次突破四千點，到二〇〇七年十月中旬攀升至六千一百二十點的歷史高位，上漲二〇〇〇多點，漲幅超過百分之五十。然而，僅僅在五個月之後，股市又回落至四千點以下，跌幅達百分之三十五。在這十個月裏，滬深兩市總市值從十六兆元左右上漲至近三十四兆元，到三月十七日又跌落至二十五・八兆元。

西南財經大學教授易敏利代表說，二〇〇七年股市的大起與二〇〇八年股市的大落對市場的健康發展極為不利，特別是大落時投資者利益受損嚴重，打擊投資者信心，容易引起恐慌和不滿。

人大代表們認為，股市大起大落的原因主要與做空機制缺席、上市公司缺少回報股東的意識、股市政策依賴性較強等三大弊端相關。

朱玉辰說，國外成熟市場有股指期貨等多種金融衍生品，為市場提供多空雙向交易機制，將大波動化為小波動，避免股票市場的單向運行，實現市場的均衡與穩定。「這就如同駕駛汽車，不僅要有前進擋，還要有空擋和倒車擋，才能保障安全，減少隱患。」

代表們認為，中國上市公司很少分紅，缺乏回報股東的意識，造成上市公司不會為投資者的利益多作考慮，而投資者不得不追逐短期利益，股市因此而易生波動。

代表們還認為，股市政策依賴性較強，對於股市的大起大落，管理層也應該擔負一定的責任。易敏利代表說，不能把二〇〇七年股市的狂熱和二〇〇八年股市的大幅下挫完全歸於投資者，在不規範的市場監管環境下，難以培育成熟的投資者。

中國人民銀行成都分行行長李明昌代表說，監管層應該遵循公開、公平、公正的原則培育健康規範的市場，使投資者在有規可循的市場中以比較理性的方式來參與。

儘管中國股市存在著如代表們所說的問題，但金融專家認為，二〇〇六至二〇〇七年中國股市走牛的基本因素有兩方面：一是，股權分置改革的成功。這項改革的基本完成，為中國股市健康發展並走向市場化打下了基礎。這是中國證券市場發展史上最大的制度變革，解決了制約中國資本市場發展的重大制度性缺陷，從根本上使上市公司大小股東利益趨同，全流通時代即將到來，大大增加了股民的信心。二是，中國經濟的持續向好，一直以來這被看作是股市走牛的最堅實基礎。專家預測，二〇二〇年前中國經濟年均增長率仍能達到百分之八左右，其中二〇〇六至二〇一六年平均經濟增長率為百分之八．八，二〇一六至二〇二〇年平均經濟增長率為百分之六．五。宏觀經濟的快速發展，使股民對中國股市產生良好預期，成為拉動由熊轉牛的最重要引擎。中國股市前所未有地給人們留下極大的想像空間，激勵著愈來愈多的市場人士不斷調高自己原有的預期。

專家評論說：「許多資料已經表明，股市資金的流入已逐步從機構為主的把新資金轉變為個人投資者的自有資金，以個人投資者或者說散戶為主力的場外資金在三月份積極入市，成為股市走高的主要推動力量。」

然而，在二〇〇七年下半年中國股市開始一落千丈，跌入萬丈深淵。二〇〇八年七月二日，《中國財富》報稱，中國股市自二〇〇七年十月走低以來，已經讓數以百萬計的中國中小股民資產損失大半。與此同時，境外投機熱錢正以加速度向中國境內彙集，據稱已達到一九九七年亞洲金融危機前夕東亞國家境內熱錢的總量。

專家認為，高通膨、股市下滑，與「熱錢」湧入不無關係。報導中說，中國政府因為允許資本自由流入中國，擴大了美元流入的口子，中國中央銀行不得不增加貨幣供應，結果導致了中國通貨的持續膨脹。因而，二〇〇八年一月中國的通貨膨脹率上升到危險的百分之七，絲毫不值得大驚小怪。對許多中國人來說，大米、玉米、肉類和牛奶的價格已經上漲到無法承受的程度。為了應對通貨膨脹壓力和給股票及房地產市場降溫，中國中央銀行二〇〇七年間已連續六次提高了銀行利率。

中國中央銀行為應對通貨膨脹而提高銀行利率的政策反而鼓勵了外國投機者，因為他們投資中國所能獲得的回報與從外國借錢必須支付的利息之間的差額不斷擴大，可以給他們帶來更高的收益。同樣不幸的是，因為國內利率的提高和國外投資者對美國次貸危機的擔憂，中國的股市一落千丈，中國股票投資者正在經歷一個難熬的季節。

受二〇〇七年八月中旬開始的美國金融危機的影響，破產銀行和對沖基金經理紛紛從亞洲市場抽走資金，導致中國股票市場出現了恐慌性下滑。因為「許多投機者是為了撬動更多的資金而運用它們的海外股權的，所以，當股票價格下降的時候，他們只好清算他們握有的股權，以滿足追加保證金的需要。如此一來，又勢必引起股票市場的進一步下滑」。另外，因為次貸危機導致的信貸緊縮，許多投資者利用中間商籌錢變得困難起來。又因為許多基金是通過玩弄以小撬大的槓桿遊戲來賺取巨額股票投資回報的，所以，資金鏈的中斷對股票市場的影響非常大。

所以，中國股票市場迅速由牛轉熊，自二〇〇七年十月份以來市值減少了一半，變成了近半個世紀以來最蔚為壯觀的熊市之一，帳面財產盡損失二．五兆美元。作為世界第一個市值過兆美元的公司，中石油的市值從最高點至今，已經流失三分之二。

數以百萬計的中國股民無疑是本輪熊市的最大受害者，他們是股票市場的新手，不少人拿出了全部積蓄投入股市。另外，中國絕大多數國有企業都參與了股票交易，他們百分之十五～百分之二十的收益是來自股票市場。

依靠投資股票市場獲益對企業來說是不健康的，專家提醒說，中國企業似乎正在重複美國賭博經濟當年走過的老路。因為分出了部分資源投入金融投機部門，中國企業不僅要冒資產損失的風險，而且必然對生產性活動產生負面影響，比如產品研發、追加投資擴大產能和提高技術水準，而對實際工資增長來說，生產性活動才是最重要的。這對中國工業的發展乃至中國的未來顯然不是吉兆。

八、美元貶值：熱錢豪賭，亞洲貨幣升值

二〇〇四年，在美元持續貶值的形勢下，亞洲貨幣一路攀升，給亞洲經濟帶來重大衝擊。據統計，在二〇〇四年初至十二月份，韓元對美元的匯率上升了大約百分之十二，日圓對美元匯率上升了大約百分之六，新臺幣對美元匯率上升了百分之四・三。

亞洲貨幣的升值削弱了亞洲產品在國際市場的價格競爭力，給原本對出口依賴程度很深的亞洲地區的經濟增長蒙上了陰影。

在日本，伴隨日圓升值，日本產品在海外的美元標價上漲，而日本企業在海外獲得的利潤兌換成本幣時也有所減少。

在韓國，韓元升值不僅對韓國大部分出口行業造成不良影響，也對從事出口的中小企業造成重大打擊。由於韓元持續堅挺，二〇〇四年，接到約佔國際市場百分之四十左右訂單份額的韓國造船業不僅未能盈利，反而出現巨額赤字。

在臺灣，許多科技公司的產品都以外銷美國為主，新臺幣的升值導致這些企業的海外營收在換算成新臺幣時縮水，這些企業在海外市場的價格競爭力也有所降低。

除此之外，美元貶值、亞洲貨幣升值也使國際熱錢大量撤離石油市場，轉而流入亞洲市場。根據摩根史坦利的統計，二〇〇四年第四季流入亞洲的國際熱錢可達一千億美元，全年湧入亞洲的資

金規模達到三千二百二十億美元。這些流入亞洲市場的熱錢除了布局匯市之外，主要就是購買股票或者投資房地產。大量熱錢的炒作給亞洲經濟帶來巨大風險。

在「熱錢」對亞洲經濟體的衝擊下，二〇〇四年十一月，香港幾大商業銀行下調港元存貸款利率格外引人注目。這是在聯繫匯率制度下，香港銀行第一次採取與美國利率走勢相反的決策。此前，港幣利率一直跟隨美元利率同方向浮動。

究其原因，主要是大量「熱錢」湧入香港地區，豪賭人民幣升值。香港的銀行希望通過降息的措施來增加「熱錢」的流動成本，從而減少「熱錢」對港幣的衝擊。據新華社報導，截至二〇〇四年十一月，共有百億美元的「熱錢」進入香港市場。

韓國央行為了避免「熱錢」過多湧入，從而造成韓元的升值壓力，被迫宣布降息。從而開始了亞洲國家「逆潮流而動」的減息潮流。

而在中國，中國政府本寄希望於人民幣匯率升值來降低通貨膨脹目標，而結果卻恰恰相反，反而助長了熱錢流入量。

隨著美元貶值和次貸危機引發金融波動，美國聯邦儲備委員會 Fed 連續下調利率至百分之三的水準，更多資本選擇離開美國市場，全球大量的資金開始投入亞洲市場，對亞洲地區貨幣全面升值的預期日益高漲。

而作為亞洲貨幣升值的核心和焦點的人民幣匯率問題更是牽動各方的神經，投資者在將大量資金投入亞洲國家的股票和債券市場並做好了一切準備，等待亞洲地區貨幣的升值以提升資產的價值，投資者大量買入亞洲貨幣，他們預期亞洲國家的本幣將會出現一定程度的升值。

在二〇〇七年底二〇〇八年初這段時間內，人民幣升值趨勢日益明顯，而恰恰是在這個時候，商務部公布的實際外商直接投資（FDI）同比出現驚人的增速。

商務部二〇〇八年四月份資料顯示，二〇〇八年一季度 FDI 金額二百七十四・一四億美元，同比增長百分之六十一・二六。其中，一月 FDI 金額突破一百億美元，達到一百一十二億美元，較二〇〇七年同期增長百分之一〇九・七八。一月份 FDI 同比翻番的增速，當中不乏國際游資的身影。

「除了人民幣匯率強烈的升值預期之外，美國次級債危機造成美國市場短期波動加劇，使得熱錢短期內進入中國等新興市場進行套利。」中國銀行國際金融分析師譚雅玲說。

衝著升值以及進入相對安全的經濟體是人民幣吸引國際資金的主要動因。就連國際著名的投資家羅傑斯也表示出對人民幣的極大興趣。羅傑斯說「與美元、港元相比，人民幣應該是最主要的可投資貨幣之一。」

人民幣升值也使外資抄底中國股市和樓市的叫囂聲不絕。荷蘭國際投資管理公司（ING）成立了新的房地產信託基金，部分資金將投向於內地房地產市場，瑞銀集團則與金地集團簽訂協議成立房地產投資合夥企業。

而在股市方面，人民幣匯率升值與資本市場走出了相反的方向。譚雅玲認為，中國股市在經歷了將近兩年的牛市高漲之後，從二〇〇七年十月份開始出現了半年多的低靡狀況，超出了市場預料。

「人民幣升值應該來說對股市有利多刺激，但是人民幣在快速升值，A股指數在往下走，那這就不正常了。中國經濟的大環境沒有變，企業和上市公司業績也沒有出現大幅度虧損，為什麼會出現這種狀況？熱錢！投機的因素在中國板塊運作是其中一個重要因素。」譚雅玲認為。

「在投資者信心穩定的情況下，流入的錢越多，對資產價格會起支持作用。可是要看到，雖然現在國內流動性在增加，但投資者信心跌得更厲害，有錢進來並不見得會推高股市指數。」沈明高持不同看法，但他也承認，「一旦投資者信心穩定下來，反彈就會比較強烈」。

譚雅玲說：「亞洲貨幣的升值正呈現多米諾骨牌效應。」據調查結果顯示，二〇〇八年相對美元表現最為突出的十種貨幣中將有九種來自亞洲。例如，美元兌人民幣匯率中間價跌破七元，這是一九九三年以來首次突破七元這一重要的整數關口，新加坡元兌美元創出歷史新高、馬來西亞林吉特兌美元匯率接近十年來最高水準。此外，追隨美元兌亞洲貨幣匯率跌勢，美元兌泰銖、菲律賓披索、印尼盾等亞洲地區貨幣持續走軟。

「很多東南亞國家貨幣處於上升通道，一些貨幣比如美元兌泰銖匯率與一九九七年八月以來的最低水準相當。」中行外匯交易員表示。

基於此，買入亞洲貨幣和亞洲各國的資產受到因美元貶值和次級債危機影響而短期內離開美國市場的國際資本的青睞。

「市場已經普遍接受美國經濟陷入衰退的現實，美國經濟進入衰退的疑慮繼續加速了美元的貶值，美元兌亞洲貨幣匯價總體來說不斷走低。」渣打銀行財富管理部首席投資總監梁大偉談及二〇〇八年第二季全球經濟展望與投資機遇時說，「這個時候亞洲新興市場的投資機會還是不錯，未來十二個月內，部分亞洲新興經濟體平均預期市盈率是十二倍左右，而這一數據在一九九九年最高是二十倍。從 **PE** 水準降低角度看，投資亞洲市場是個機會。」

經濟專家提醒說，對於亞洲國家而言，本幣大幅升值將使其外匯儲備的價值降低，相當於資產縮水，從而導致巨額損失並引發社會動盪等一系列問題。作為亞洲貨幣升值的核心中國而言，在其外匯資產中，外匯儲備總量佔國內生產總值百分之三十，人民幣升值肯定會影響到美元資產的品質。

在二〇〇七年和二〇〇八年，中國政府鑒於嚴重的通貨膨脹問題，開始加快推進人民幣匯率改革，提高人民幣的升值幅度。而未來人民幣需要兌其他貨幣加速升值，亞洲各國政府必須意識到面對未來全球經濟格局所產生的變化，本幣升值將規避全球金融動盪的衝擊，亞洲貨幣升值將提升本國的購買力，從而有效地應對目前能源價格的上漲，抵禦美國經濟衰退的負面影響。

九、阿根廷：國際熱錢撤出，披索兌美元三天貶值百分之二

二〇〇七年十二月二十二日，阿根廷中央銀行在公布的報告中稱，由於國際金融市場局勢動盪，二〇〇七年第三季有大約四十四億美元的外國投資撤離了阿根廷，是最近五年來外資撤離阿根廷最多的一季。

據悉，在二〇〇七年，全球金融市場因為美國次貸危機出現劇烈動盪，許多外國投資者從新興市場撤離，給阿根廷金融市場帶來巨大壓力。據統計，二〇〇七年七月至九月，從阿根廷非金融部門撤離的外國投資就超過二十五億美元。

阿根廷經濟學家埃爾南．法爾蒂說，除了外部市場的動盪外，第三季阿根廷總統選舉的不確定因素及國家統計局醜聞的困擾，加劇了外國投資者的擔心，致使外資投資商大規模地將資金撤出。

阿根廷央行的報告說，隨著全球金融市場趨於穩定，阿根廷總統選舉結果明朗，外資在第四季開始向阿根廷回流，經常項目狀況得到改善。但報告同時警告說，阿政府必須繼續執行穩健的貨幣和財政政策，如果公共財政狀況惡化，投資者將再次失去信心，大量資金的長期外流將給阿根廷金融市場帶來巨大隱患。

在外資大舉撤離的情況下，阿根廷貨幣披索的匯率出現大幅波動，阿根廷政府不得不多次入市干預，確保匯率穩定。

在二〇〇七年十二月初，為應對披索貶值給市民帶來的壓力，阿根廷政府提高個人資產稅起徵點。在調整後，中低收入階層得以減免個人資產稅，高收入階層交納的個人資產稅則會有不同程度的增加。

阿根廷政府官員介紹，阿根廷現行的個人資產稅繳納辦法開始於上世紀九〇年代，將免稅額定為十．二三萬披索，個人總資產低於這個數就可以免繳個人資產稅。按照當時的匯率，一披索是兌換一美元。但二〇〇一年，阿根廷遭遇了嚴重的金融危機，通貨膨脹逐漸加劇，披索匯率也大幅貶值，目前，三．一四披索才能兌換一美元，因此在阿根廷擁有十．二三萬披索個人資產已經變得比較普遍，不少中低收入階層也開始要承擔稅賦的重擔。

而此次新稅制實施，將起徵點提高到三十．五萬披索，稅率採取累進制，分別為百分之〇．五、百分之〇．七十五、百分之一和百分之一．二五等幾檔，個人資產越多稅率也就越高。這樣，新稅制在減免阿根廷中低收入階層個人資產稅的同時，加重了富人的稅賦負擔，等於是通過稅收槓桿縮小社會貧富差距。

儘管阿根廷政府採取了積極的措施，但披索貶值的消息仍頻頻傳來。二〇〇七年七月二十六日，阿根廷媒體報導稱，最近三天，阿根廷貨幣披索對美元的匯率貶值了近百分之二，最後阿根廷中央銀行採取相應措施才扭轉局面。

報導中說，三個交易日內，美元對阿根廷披索的價格一路飆升至三．一八七五，達到二〇〇三年以來的最高水準，阿根廷中央銀行隨後採取措施，在市場上出售部分美元回購披索，阿根廷披索才開始止跌回升。

佛斯托經濟分析員說：「這次披索貶值，是出於國際投資者對世界經濟的擔心，他們正在撤出高風險市場。」

受披索貶值影響，阿根廷股市和債券市場也大幅下跌。據阿根廷政府部門公布的資料，二〇〇七年六月阿根廷的通貨膨脹率僅為百分之〇・四。但是經濟分析人士指出，在阿根廷一些省份，通貨膨脹率達到了百分之十三。

隨著外資的撤離，阿根廷政府為穩定匯率，遏制披索貶值，二〇〇八年四月，阿央行開始向市場上拋售美元。四月二十六日，阿根廷中央銀行發表公告稱，為應對阿根廷金融市場出現的美元搶購風潮，阿央行二十五日在市場上拋售了三億美元外匯儲備，創下該行近六年來單日拋售美元的最高紀錄。

阿根廷央行官員稱，阿政府經濟部長職位易人引起了民眾和投資者對經濟政策的擔憂，他們紛紛搶購美元，造成阿根廷貨幣披索對美元匯率跌至二〇〇三年一月以來最低水準。

由於事先準備不足，阿根廷一些銀行出現美元庫存不足的情況，更加劇了民眾的恐慌情緒。為此，阿根廷央行緊急入市干預，在二十五日外匯市場開市不到一個小時內就拋出一億美元外匯，此後又分批拋售美元以穩定匯率。截至當天匯市閉市，阿央行共拋售三億美元外匯。

阿根廷央行制定的目標是，短期內要將美元對披索匯率穩定在一比三・〇二左右。經濟學家警告說，目前阿根廷宏觀經濟基本面良好，但是政府經濟政策不明朗，尤其是遏制通貨膨脹措施不力。如果政府不能在短期內穩定市場，很可能加速披索貶值，在金融市場造成劇烈震盪，引發大量外資抽逃。

《第三章》

雪上加霜：次貸危機

PART3

一、誰引發了全球次貸危機

二〇〇七年三月爆發的美國次貸危機引發全球金融市場動盪加劇。花旗、貝爾斯登、美林、摩根、瑞銀等一大批著名金融機構，都因次級貸款發生巨額虧損，貝爾斯登被摩根大通以低價收購，成為危機發生以來第一家倒下的大型金融機構。全球股市出現大幅下跌和劇烈動盪，因次貸問題引發的金融市場危機還在加劇。據有關研究機構估計，次貸危機的損失可能超過七千億美元，同時，中國資本市場也受全球次貸危機影響發生動盪。因此，深刻認識美國次貸危機的形成機制，對中國防範次貸危機的風險，具有重要的戰略意義。

自二〇〇一年以來，在美聯儲低利率政策刺激之下，美國房地產業發展迅速，許多美國人投資購房，美國次級抵押貸款市場也因此進入了蓬勃發展期。與此同時，由於資金的充裕和金融創新產品的運用也降低了次級貸款業務的門檻。

為吸引顧客投資房產，次級抵押貸款產品是以最優惠的條件「粉墨登場」的，一些貸款人無需支付購房首付款、無須出示收入證明即可申請貸款。由於沒有固定利率，一些次級貸款產品剛推出時以低利率吸引客戶，在兩年內再逐漸上調利率。這種優惠條件為放貸機構搶佔市場份額和贏取暴利創造了有利的條件，同時也為次貸危機的暴發埋下了禍根。

美國在九一一恐怖事件發生之後，為了刺激經濟增長，連續十三次降低利率，房地產市場受到激勵開始迅速膨脹，炒房投資極為火熱，據統計，二〇〇三年至二〇〇六年，美國平均房價四年漲幅超過百分之五十。這種高額利益驅動一些收入不高、有不良信用記錄的人也申請貸款買房。由於房價猛漲，投資炒房者和銀行都從中獲得了豐厚的利潤，這就使次級貸款和次級債規模像滾雪球一樣迅速膨脹。

然而，到了二〇〇七年，美國房地產市場從拋物線的最高點開始下滑，累計下滑度超過百分之十。美聯儲理事莫斯可針對房價問題在三月七日發表聲明，說：「近期公佈的資料顯示美國房市仍存在下滑的風險。在二〇〇六年十二月出現平穩的跡象後，一月份新屋開工數量大幅下滑百分之十四，至近十年來最低水準。同時，待售房屋庫存也較二〇〇六年同期大幅增長。」

美國商務部也在三月二十六日發表報告說，二月全美新建房屋銷量下降百分之三．九，截至二月年均銷售新房八十四．八萬套，是二〇〇〇年六月以來最低。並且，二月美國中等價位新房售價上漲百分之二．八，漲到每套二十五萬美元。但同前一年相比，美國中等價位新房售價仍然降低了百分之〇．三。

房地產市場的降溫，使一些收入不太理想的次級抵押貸款客戶背上了沉重的貸款利率，淪為「房奴」。二十五歲的凱西．塞林在房產火熱時期，申請次級抵押貸款買房投資，他申請次級抵押貸款的過程異常輕鬆。貸款機構沒有要求其出示收入證明和任何抵押物。這樣，任職網站設計師的塞林在五個月裏貸款購買了七套房。他原以為在房價上漲後，就會獲得可觀的利潤，然而在房價下降時卻深陷還貸漩渦。他必須償還二百二十萬美元貸款。由於無力按期償還貸款，塞林購買的七套房中已經有三套被貸款機構收回。即使如此，塞林仍然難以負擔房貸，剩下的四套房屋很快也將被收回。在美國像凱西．塞林這樣的「房奴」不在少數。

美國經濟家擔憂地表示，隨著房市降溫，更多次級抵押貸款人會成為「房奴」，與塞林一樣，既無力償還貸款也無法靠變賣房產籌措資金。美國抵押銀行家協會在發表報告說，截至三月十三日有百分之十三的次級抵押貸款人拖欠還款。因為無法收回貸款，過去三個月裏，全美有三十家經營次級抵押貸款的企業關門倒閉。

房價下跌，致使炒房者利益鏈條斷裂，貸款不能按期償還，變賣房產又面臨損失，次級貸款風險開始爆發，大部分金融機構慘遭虧損或關閉。

二〇〇七年三月十三日，全美第二大次級抵押貸款機構——新世紀金融公司宣布瀕臨破產，紐約股市首次因次級抵押貸款市場危機而遭到重創，道瓊指數當天下跌了二百四十多點。四月二日，新世紀金融申請破產保護，成為美國地產業低迷時期最大的一宗抵押貸款機構破產案。

六月，美國第五大投資銀行貝爾斯登公司旗下兩支基金，傳出涉足次級抵押貸款債券市場出現虧損的消息。

七月十日，標普和穆迪兩家信用評級機構分別下調了六百一十二種和三百九十九種抵押貸款債券的信用等級，信貸危機使大量企業和基金被迫暫停發債。

八月七日，美國第十大貸款公司 American Home Mortgage Investment 申請破產保護。

八月九日，法國巴黎銀行宣布暫停旗下三支涉足美國房貸業務的基金交易。

八月九日～十三日，為了防止美國次級抵押貸款市場危機引發嚴重的金融市場動盪，美聯儲、歐洲央行、日本央行和澳大利亞央行等向市場注入資金。

九月二十一日，匯豐銀行的首席執行官紀勤表示，受美國次級債風波的影響，出現經營困難的局面，公司決定關閉在美國的次級按揭貸款部門，由此造成的損失大約為九．四五億美元。匯豐銀行是全球第四大銀行，市值超過二〇〇〇億美元，但在二〇〇七年上半年，銀行的壞賬達到了六十三．五億美元，比二〇〇六年同期的三十八．九億美元增長了百分之六十三。

紀勤說：「美國已有多家從事次級按揭貸款的銀行縮減業務、關閉或申請破產保護。次級債危機已經打擊了美國住房業，同時也是導致近九萬名銀行員工失業的主要原因。」

追溯次貸危機爆發的原因，不難發現，過度膨脹的房地產市場是誘發危機產生的主因。購房者不能支付按揭貸款，違約率的增大則緣於美國連續提高利率，增加了購房者的成本。而次級抵押貸款是金融機構貸給那些信用等級較差或償付能力較弱的購房者，貸款利率較一般抵押貸款至少高出二至三個百分點，在美聯儲將利率提高了四個百分點（從百分之一．二五連續十七次上調到百分之五．二五），次級貸款者在逆向選擇的情況下，違約率自然上升。

在美國購房者的按揭貸款中，雖然有一部分為固定利息貸款，但固定利息貸款通常設有一定的時間期限（往往為兩年），此後轉化為浮動利息貸款。

美國芝加哥商業交易所名譽主席、有「金融期貨之父」之稱的梅拉梅德說：「次級債危機爆發的根本原因有二。首先是次級房貸債券在發行過程中資訊不夠透明。當次級抵押貸款被打包成債券銷售給投資者時，債券投資者無法確切了解次級貸款申請人的真實支付能力。這種債務風險不斷積累，為危機的發生埋下隱患。其次是政府監管缺位。政府把對次級房貸債券這種金融衍生品的評估和監督責任完全拋給私人債券評級機構，給這些私人機構留下太多操作空間，然而這些機構採用的評級標準並不十分可靠。」

隨著美國次級債危機的影響不斷加深，風險也隨之不斷擴大。一些在金融機構工作的人士說「中國現在還看不到美國次級債危機平息的跡象。相反，這一危機在未來還將更為嚴重。」

巴克萊大中華區研究主管黃海洲說：「次級債危機，是美國自一九九八年長期資本管理公司危機以來，爆發在美國本土的最大的信用和流動性危機。美國次級債市場的動盪擴散到了普通公司債券市場，導致公司債券價格暴跌。」

美國次貸危機的暴發，為各國房地產投資者及金融機構敲響了警鐘。同樣，中國炒房者應「盛市思危」，例如，在二〇〇五年上海房地產價格大漲兩年多後，不少炒房者紛紛將資金投入。但隨後調控政策出臺，上海房價率先大跌，有的炒房者無奈地說「眼睜睜看著首付跌沒了。」

一位深涉次級債危機的美國金融機構香港公司人士預計說，中國銀行、建行、工行、交行、招行、中信銀行等六家銀行在次級債券危機中約損失四十九億元人民幣，其中，到二〇〇七年底，中國銀行的投資虧損將達到三十八．五億元，這一虧損將佔其二〇〇七年全年稅前利潤的百分之四．五。

另據專家估算，在美國次級債危機的影響下，中行虧損額最大，約為三十八．五億元。建行、工行、交行、招行及中信銀行，依次虧損為五．七六億元、一．二億元、二．五二億元、一．〇三億元、〇．一九億元。

而銀行內部的一位高級人士卻樂觀地認為，由於次級債市場與按揭抵押債券等債券市場的關聯性較高，中國銀行投資的按揭抵押債券、評級相對較高的公司債券以及其他長期組合，都由於次級債市場的動盪，受到了不同程度的影響，但總體而言，美國次級債危機給中國銀行等中資金融機構帶來的影響還是比較有限的。不過，據美國財政部統計，中國內地金融機構止於二〇〇六年六月的一個年度內，投資美國次級債高達一千零七十五億美元，較二〇〇五年同期增長了接近一倍，這個結果意味著中國投資者將在次級債市場損失慘重。

二、次貸危機——危險的「潘朵拉」魔盒

美國次貸危機，全稱就是美國房地產市場上的次級按揭貸款的危機。顧名思義，次級按揭貸款，是相對於給資信條件較好的按揭貸款而言的。因為相對來說，按揭貸款人沒有（或缺乏足夠的）收入／還款能力證明，或者其他負債較重，所以他們的資信條件較「次」，這類房地產的按揭貸款，就被稱為次級按揭貸款。

按理說，相對於給資信條件較好的按揭貸款人所能獲得的比較優惠的利率和還款方式，次級按揭貸款人在利率和還款方式上，應該要被迫支付更高的利率、並遵守更嚴格的還款方式。這本是個很自然的問題，卻由於受美國過去的六、七年以來信貸寬鬆、金融創新活躍、房地產和證券市場價格上漲的影響，沒有得到真正的實施。這樣一來，次級按揭貸款的還款風險就由潛在的變成了現實。

為了一己之利，美國的一些金融機構縱容次貸的過度擴張及其關聯的貸款打包和債券化規模，使得在一定條件下發生的次級按揭貸款違約事件規模擴大，到了引發危機的程度。因為次貸危機發生的條件，就是信貸環境改變、特別是房價停止上漲。眾所周知，次級按揭貸款人的資信用狀況本來就比較差，或缺乏足夠的收入證明，或還存在其他的負債，還不起房貸、違約是很容易發生的事。但在信貸環境寬鬆、或者房價上漲的情況下，放貸機構因貸款人違約收不回貸款，它們也可以

通過再融資，或者乾脆把抵押的房子收回來，再賣出去即可，不虧還賺。但在信貸環境改變、特別是房價下降的情況下，再融資、或者把抵押的房子收回來再賣就不那麼容易實現，或者辦不到，甚至虧損。在較大規模或集中地發生這類事件時，危機就出現了。

其實，早在二〇〇六年底，就開始出現美國次貸危機的苗頭了。只不過，從苗頭發生、問題累計到危機確認，特別是到貝爾斯登、美林證券、花旗銀行和匯豐銀行等國際金融機構對外宣布數以百億美元的次貸危機損失，花了半年多的時間。現在看來，由於次貸危機的涉及面廣、原因複雜、作用機制特殊，持續的時間會較長，產生的影響也比較大。具體來說，有以下三個方面的成因。

首先，由於在過去一段時間裏，美國金融監管當局、特別是美聯儲的貨幣政策由鬆變緊，這與次貸危機的發生有著極為密切的關係。中國知道，從二〇〇一年初美國聯邦基金利率下調五十個基點開始，美聯儲的貨幣政策開始了從加息轉變為減息的週期。此後的十三次降低利率之後，到二〇〇三年六月，聯邦基金利率降低到百分之一，達到過去四十六年以來的最低水準。寬鬆的貨幣政策環境，反映在房地產市場上，就是房貸利率也同期下降。三十年固定按揭貸款利率從二〇〇〇年底的百分之八．一下降到二〇〇三年的百分之五．八；一年可調息按揭貸款利率從二〇〇一年底的百分之七，下降到二〇〇三年的百分之三．八。這一階段持續的利率下降，是帶動二十一世紀以來的美國房產持續繁榮、次級房貸市場泡沫起來的重要因素。

由於房貸利率不斷下降，使得很多蘊涵高風險的金融創新產品在房產市場上有了產生的可能性和擴張的機會。表現之一，就是浮動利率貸款和只支付利息貸款大行其道，佔總按揭貸款的發放比例迅速上升。與固定利率相比，這些創新形式的金融貸款只要求購房者每月擔負較低的、靈活的還款額度。這樣就從表面上減輕了購房者的壓力，也支撐了過去連續多年的繁榮局面。從二〇〇四年六月起，美聯儲的低利率政策開始了逆轉；到二〇〇五年六月，經過連續十三次調高利率，聯邦基金利率從百分之一提高到百分之四．二五。到二〇〇六年八月，聯邦基金利率上升到百分之五．二五，標誌著這輪擴張性政策完全逆轉。連續升息提高了房屋借貸的成本，開始發揮抑制需求和降溫市場的作用，促發了房價下跌，以及按揭違約風險的大量增加。

其次，與人們積極、樂觀的投資情緒也有很大的關係。大家知道，進入二十一世紀，世界經濟金融的全球化趨勢加大，全球範圍利率長期下降、美元貶值、以及資產價格上升，在全世界範圍內迅速擴張，激發追求高回報、忽視高風險的金融品種和投資行為的流行。作為購買原始貸款人的按揭貸款、並轉手賣給投資者的貸款打包證券化投資品種，次級房貸衍生產品客觀上有著投資回報的空間。在一個低利率的環境中，它能使投資者獲得較高的回報率，這吸引了越來越多的投資者。美國金融市場的影響力和投資市場的開放性，吸引了不僅來自美國、而且來自歐亞其他地區的投資者，從而使得需求更加興旺。

面對如此巨大的投資需求，眾多房貸機構都降低了貸款條件，以提供更多的次級房貸產品。這在客觀上埋下了危機的隱患。事實上，不僅是美國，包括歐亞、乃至中國在內的全球主要商業銀行和投資銀行，均參與了美國次級房貸衍生產品的投資，金額巨大，使得危機發生後影響波及全球金融系統。

再次，一些美國銀行以及金融機構的違規操作也是不可忽略的重要因素。在美國次級房貸的這一輪繁榮中，部分銀行和金融機構為一己之利，利用房貸證券化可將風險轉移到投資者身上的機會，有意、無意地降低貸款信用門檻，導致銀行、金融和投資市場的系統風險的增大。在過去幾年，美國住房貸款一度出現首付率逐年下降的趨勢。歷史上標準的房貸首付額度是百分之二十，也一度降到了零，甚至出現了負首付。房貸中的專業人員評估，在有的金融機構那裏，也變成了電腦自動化評估，而這種自動化評估的可靠性尚未經過驗證。

有的金融機構，還故意將高風險的按揭貸款，「靜悄悄」地打包到證券化產品中去，向投資者推銷這些有問題的按揭貸款證券。突出的表現，是在發行按揭證券化產品時，不向投資者披露房主不僅難以支付高額可調息按揭付款、而且購房者按揭貸款是零首付的情況。而評級市場的不透明和評級機構的利益衝突，又使得這些嚴重的高風險資產得以順利進入投資市場。

在美國，有的經濟學家將這些問題定義為「說謊人的貸款」，而在這些交易中，銀行和金融充當了「不傻的傻瓜」的角色。按美國投資家吉姆．羅傑斯的話說，「人們可以不付任何定金和頭款、甚至在實際上沒有錢的情況下買房子，這在世界歷史上是唯一的一次」，「這是中國住房市場中有過的最壞的泡沫，也是中國需要清理的最壞的泡沫」。

在美國次級貸款市場佔七成份額的房利美和房迪美公司，由政府主宰，將貸款打包成底端證券，承諾投資者能夠獲得本金和利率。隨著這兩家公司的醜聞爆出，整個次貸市場開始爭搶這兩家公司所購貸款，整個過程中，新的市場參與者出於逐利目的則過分追求高風險貸款。

當房利美和房迪美還佔次貸市場主導地位時，他們通常會制定明確的放貸標準，嚴格規定哪些類型的貸款可以發放。時至今日，由於全球成千上萬高風險的對沖基金、養老金基金以及其他基金的介入，原有的放貸標準在高額利率面前成為一紙空文，新的市場參與者不斷鼓勵放貸機構嘗試不同貸款類型。

許多放貸機構甚至不要求次級貸款借款人提供包括稅收表格在內的財務資質證明，做房屋價值評估時，放貸機構也更多依賴機械的電腦程式而不是評估師的結論，這樣，潛在的風險就深埋於次級貸款市場中了。

因為次貸危機，美國就業人數迅速遞減，減少了將近二十五萬。由於就業人數的下降從而波及到零售業、交通業和金融業，甚至專業服務業。失業率迅速增長，從二〇〇七年的百分之四．四提高到二〇〇八年三月的百分之五．一。就在股價和房價急劇下降的同時，油價的飆升又在這場風暴的傷口上再次撒了一把鹽，致使消費者更加無力購買，零售業銷售因此處在了歷史的最低谷。製造業也下降到近五年來的最低水準。

這一系列的「食物鏈」連續斷裂讓各個行業都處在危險而艱難的境地，民眾更是苦不堪言。根據美國勞工統計署的統計，美國經濟在二〇〇八年三月份損失了九萬八千個私人部門的工作，其中一半是在製造業。由於私人住房需求的減少，導致美國建築業投資也呈下降趨勢，二〇〇八年一月份降低了百分之一．七。此外，據美國經濟分析署的分析，二〇〇七年第四季的美國GDP僅增長了百分之〇．六，而第三季是百分之四．九。第四季實際GDP的下降反映了投資和出口的下降，以及聯邦政府開支的減少。由此可以看出，從二〇〇七年第四季開始，美國的經濟增長非常緩慢。

這場以美國為發源地的次貸危機，同時也波及到了世界的其他國家和地方，產生了兩大嚴重後果。首先是由此而產生的金融危機。在金融領域，一大批原本屬於銀行經營的房屋抵押貸款被打包轉讓給了證券市場，在這一過程中，他們卻大大地低估了這次的風險。宏觀經濟轉冷以後，許多買房家庭付不起貸款利息的時候，風險才大規模暴露出來，接著就產生了一系列連鎖反應。這次次貸危機也給了人們一個最基本教訓，即便美國這個世界上最發達的金融市場，如果一個金融產品的交易鏈條拉得太長，其中由道德風險產生的金融風險也會非常難以控制。

其次這場經濟災難的後果是導致美國經濟增長機制的停頓，它使美國經濟增長放緩乃至衰退。在過去的二十年，美國經濟的主要增長動力來自居民消費，而居民消費的動力來自家庭資產升值的財富效應以及非常容易得到的消費貸款。美國家庭的資產（主要是房屋）升值以後，該家庭隨即可以從銀行以該資產為抵押獲得消費貸款。次貸危機導致部分房屋購買者違約，他們的房屋被迫送至市場銷售，其後果是壓低了房屋市價，導致信譽良好而沒有違約的房屋所有者也難以得到新的消費貸款，最終導致美國經濟消費增長下滑。

次貸危機引發了美國和全球範圍的又一次信用危機，而從金融信用和信任角度來看，它被有的經濟學者視為「美國可能面臨過去七十六年以來最嚴重的金融衝擊」。要消除這場危機，尚需要足夠的時間。

次貸危機就像潘朵拉的魔法盒——一旦打開它，其後果就將不堪設想。

三、次貸危機對中國可能產生的影響

二〇〇七年爆發的美國次貸危機在二〇〇八年以來並沒有出現一絲緩和的跡象。美國部分金融機構經營陷入困境的局面，直接引發了全球金融市場的劇烈動盪，次貸危機向全球範圍內擴散的速度也開始加快。為了緩解市場危機，一些國家央行通過注資、降息等手段向金融系統緊急「輸血」，一場全球範圍的救贖行動正在上演。在這一背景下，此次危機越來越多地受到人們的關注。關於「次貸」形成的背景、表現和原因、損失及影響，以及一些國家應對危機的政策干預和效果評價等問題，成了一個全球性的熱點話題。

美國的次貸危機，導致了全球金融市場的動盪和流動性危機。在這一危機中，高度市場化的金融系統相互銜接產生了特殊的風險傳導路徑，即低利率環境下的快速信貸擴張，加上獨特的利率結構設計使得次貸市場在房價下跌和持續加息後出現償付危機，按揭貸款的證券化和衍生工具的快速發展，加大了與次貸有關的金融資產價格下跌風險的傳染性與衝擊力，而金融市場國際一體化程度的不斷深化又加快了金融動盪從一國向另一國傳遞的速度。在信貸市場發生流動性緊縮的情況下，次貸危機最終演變成了一場席捲全球的金融風波。

但是，次貸危機不同與那些傳統的金融危機，次貸危機中風險的承擔者是全球化的，所造成的損失是不確定的。次貸的證券化分布以及證券化過程中的流動性問題，使得經濟金融發展中最擔心的不確定性，通過次貸危機集中展現出來。也正是由於上述不確定性造成了次貸損失的難以計量和對市場的巨大衝擊。

聯合國全球經濟監測部的洪祝平曾經表示，由次貸危機引發的美國經濟衰退將會通過貿易、金融和能源、農產品在內的商品市場三個管道對包括中國、印度、俄羅斯和巴西「金磚四國」在內的發展中國家產生一定的影響。對於中國來說，由於美國是亞洲國家和地區的主要出口地，出口在中國經濟中所佔的比重比較大，因此美國經濟衰退、消費疲軟將對中國出口產生影響。但對金融領域而言，印度可能遭受的衝擊最大，言外之意是中國金融領域受到衝擊的可能性會小很多。同樣，央行行長周小川二〇〇八年四月十二日在華盛頓參加國際會議時也表示，從目前來看，美國次貸危機對中國經濟的負面影響比原來預期的要小。其實，這也是許多人的觀點。

雖然中國仍然存在一定的資本管制，次貸危機通過金融管道對中國經濟的穩定與健康的直接影響比較有限，對中國經濟的短期直接影響總體上不會太大。但在經濟全球化的今天，中國與美國、全球經濟之間的聯繫日益密切，因此，次貸危機對中國經濟長期發展中的間接影響不可低估。那麼，這次被羅傑斯稱為信貸史上「最大泡沫」的美國次貸危機，對中國金融領域究竟有何影響？影響有多大？未來趨勢又會朝著什麼方向發展呢？

一、直接影響：比較有限但不能輕視

1. 國內金融機構損失有限

摩根史坦利亞洲區主席斯蒂芬·羅奇表示，由於中國經濟增長強勁，美國次級住房抵押貸款市場危機對中國影響有限。花旗銀行經濟學家黃益平也表示，次貸危機對中國沒有直接影響。同樣，國家統計局總經濟師鄭京平二〇〇七年八月十九日認為，美國次級債危機對中國經濟的影響是有限的。中國人民銀行行長助理易綱在二〇〇七年八月也發表評論說，引起美國次貸危機的直接原因是美國利率的上升和住房市場的持續降溫，但美國次貸危機對中國經濟的直接影響不大，因為目前中國銀行業整體信貸資產品質還是比較好的。北大教授林毅夫甚至說，次貸危機對中國幾乎沒有任何直接的影響。

雖然國內一些金融機構購買了部分涉及次貸的金融產品，但也因為中國國內監管部門對金融機構從事境外信用衍生品交易管制仍然比較嚴格，這些銀行的投資規模並不大。儘管還沒有明確的虧損資料，但這些銀行的管理層普遍表示，由於涉及次貸的資金金額比重較小，帶來的損失對公司整體運營而言，影響輕微，少量的損失也在銀行可承受的範圍內。

2. 國內金融市場動盪加劇

由於發達國家金融市場還在持續動盪，並且國內外金融市場的聯動性也不斷增強，必然會對中國國內金融市場產生消極的傳導作用。一方面，會直接加劇國內金融市場的動盪；另一方面，外部市場的持續動盪會從心理層面影響經濟主體對中國市場的長期預期。以二〇〇八年年初為例，部分國際知名大型金融機構不斷暴露的次貸巨虧引發了新一輪全球性的股災。一月份，全球股市有五·二兆美元市值被蒸發，其中，發達國家市場跌幅為百分之七·八三，新興市場平均跌幅為百分之十二·四四，中國A股以百分之二十一·四的跌幅位居全球跌幅的前列。持續動盪所導致的不確定性會影響到市場的資金流向，加之香港市場與內地市場的互動關係日益密切，香港市場的持續動盪很可能對內地市場形成實質性的壓力。在直接融資比例不斷提高的情況下，國內金融市場的動盪很可能會引起國內資產價格的調整，從而進一步影響國內金融市場的穩定。

二、間接影響：不可低估

1. 出口增長可能放緩

在拉動中國經濟增長的「三駕馬車」中，出口佔據著十分重要的位置。從經濟總量上看，出口在GDP 中的比重不斷升高，二〇〇六年超過三分之一，二〇〇七年雖然增速有所回落，仍增長了百分之二十五．七。從就業上看，外貿領域企業的就業人數超過八千萬人，其中，加工貿易領域就業近四千萬人。二〇〇一年以來，在所有的對外出口中，中國對美國出口比重一直保持在百分之二十一以上，出口增長速度也很快。由於外貿對目前中國經濟增長具有非常重要的作用，而美國又是中國最大的貿易順差來源之一，因而美國經濟放緩和全球信貸緊縮，將使中國整體外部環境趨緊。

美國在爆發次貸危機之後，經濟一直存在著較大的下行風險，消費者信心也急速下滑。儘管中國出口結構的升級和出口市場的多元化可以在一定程度上減輕美國需求變化對出口的影響，但事實上，中國出口增速從未與美國經濟增長脫節。只要美國經濟出現衰退，中國出口就有可能明顯放緩。二〇〇七年第四季的資料也顯示，中國的出口增速較前三季下降了六個百分點，低於全年的平均水準。因此，次貸危機可能會對中國未來的出口產生不利的影響，而對出口的影響一方面會直接作用於中國的經濟增長，另一方面會通過減少出口導向型企業的投資需求而最終作用於整個宏觀經濟。

2.貨幣政策面臨兩難抉擇

如今，整個全球經濟都極為複雜多變，嚴峻挑戰著中國的貨幣政策。一方面，美歐等主要經濟體開始出現信貸萎縮、企業獲利下降等現象，經濟增長放緩、甚至出現衰退的可能性加大。另一方面，全球的房地產、股票等價格震盪加劇，以美元計價的國際市場糧食、黃金、石油等大宗商品價格持續上漲，全球通貨膨脹壓力加大。

中國的股票市場，在二〇〇七年直線上升，一月末上證指數只有二千七百八十六點，到八月二十三日，短短半年多的時間，上證指數就突破五千點大關，十月十五日又站上了六千點的歷史高位，十月十六日達到六千一百二十四點，再創歷史新高。但此後，股指一路走低，截至二〇〇八年四月十一日，上證指數為三千四百九十三點，下跌二千五百多點，跌幅超過百分之四十，是今年以來全球跌幅最大的證券市場。專家認為，在本次大調整中，至少有百分之四十與美國次貸危機、世界經濟不確定性增加有關，即至少有一千點跌幅與美國次貸危機的直接或間接影響有關。隨著股指的大幅下挫，滬深股市總市值也急劇縮水。二〇〇七年十一月五日，隨著中國石油的上市，滬深股市總市值一度達到三十三．六兆元，但隨著股指一路下滑，目前兩市總市值約為二十三兆元，縮水十兆元，蒸發速度之快為世界罕見。半年來，大陸股指巨幅下挫，一舉推翻了此前有人認為的「中國股市受全球及美國股市影響並不大，甚至存在背離現象」的觀點，讓社會各界深切感受到次貸危機引發的全球性金融危機對大陸資本市場的影響。實際上，有研究表明，二〇〇三年以後中國大陸股市與世界股市關聯度已經達到了百分之六十左右。

所以，中國不但要面對美國降息的壓力，而且還要應對國內通貨膨脹的壓力，這些都使貨幣政策面臨著兩難的抉擇。

3. 國際收支不平衡可能加劇

全球經濟在美國次貸危機爆發以後，一直都存在著潛在的風險。一方面，在發達國家經濟放緩、中國經濟持續增長、美元持續貶值和人民幣升值預期不變的情況下，資本淨流入規模加大。隨著次貸危機的不斷惡化，美國可能採取放鬆銀根、財政補貼等多種方式來防止經濟衰退，而這些政策可能在今後一段時間內加劇全球的流動性問題，國際資本可能加速流向中國尋找避風港。與此同時，國際金融市場的持續動盪、保守勢力的抬頭、中國企業自身競爭力不足等因素可能會對中國的資本流出產生影響，導致資本淨流入保持在較高的水準上，從而加劇中國國際收支不平衡的局面。另一方面，由於發達國家的金融優勢，國際金融市場的風險可能向發展中國家轉嫁。隨著中國對外開放的程度越來越高，境外市場的動盪可能會影響到跨境資金流動的規模和速度，加大資金調節的難度，而且一旦出現全球性的金融危機，還可能會加大中國國際收支波動的風險。

4. 人民幣升值預期可能加大

為了減少次貸危機所造成的負面影響，美國可能會在經濟增長乏力的情況下，採取一些寬鬆的貨幣政策和弱勢美元的匯率政策，但是，這些都可能加劇人民幣升值的預期。一方面，在美國採取寬鬆貨幣政策的同時，中國趨緊的貨幣政策會加大人民幣的升值壓力。近幾年，在國際收支不平衡和流動性偏多的情況下，為了緩解國際游資投機人民幣的壓力，中國央行傾向於把人民幣存款利率與美元存款利率保持一定的距離。

自次貸危機爆發後，美國為應對次貸危機的負面影響，採取了減息等貨幣政策措施。二〇〇八年一月二十二日、一月三十日和三月十八日，美聯儲分別宣布，降低聯邦基金利率七十五個、五十個和七十五個基點，減息幅度非常大。目前，中美利差已經形成了倒掛。如果中美貨幣政策繼續反向而行，擴大的利差將增大熱錢流入的動力，人民幣將面臨更大的升值壓力，央行的對沖也將變得更加困難。另一方面，弱勢美元政策在不斷向全球輸出流動性的同時，會直接影響人民幣對非美元貨幣的貶值。自二〇〇五年人民幣匯率形成機制改革以來至二〇〇七年底，人民幣對美元匯率累計升值百分之十三・三一，對歐元匯率累計貶值百分之六・一二，對日圓匯率累計升值百分之十四・〇四。人民幣對美元升值，對大部分非美元貨幣貶值的結構性差異一直伴隨著匯改，並在最近幾個月的國際金融震盪中更趨明顯。在這種情況下，非美元貨幣地區對人民幣匯率制度改革的要求可能會加大，不對稱的匯率結構體系給人民幣升值帶來了新的壓力。

5. 境外投資風險加大

中國企業若是從「走出去」的角度來看，美國次貸危機對他們的影響可以分為有利和不利兩個方面。有利的是，次貸危機有助於中國金融機構繞過市場准入門檻和並購壁壘，以相對合理的成本擴大在美國的金融投資，通過收購、參股和注資等手段加快實現國際化布局，在努力提升自身發展水準的同時為「走出去」企業提供高效便捷的金融支持。不利的是，目前國際金融市場的動盪和貨幣緊縮，無疑加大中國企業走出去的融資風險和投資經營風險。而且，隨著次貸危機的不斷深入，投資者的風險厭惡和離場情緒會引起更高等級的抵押支援證券的定價重估，從而危及境內金融機構海外投資的安全性和收益性。

如今，次貸危機還沒有結束，它對中國經濟有何影響還需作進一步的分析和觀察。然而，可以明確的是，在現階段必須高度重視次貸危機對美國經濟和全球經濟的進一步影響，防止外部環境惡化作用於國內整體經濟運行。尤其是要重視觀察前期宏觀調控政策的累積效應，結合週邊和內部情況的變化適時作出靈活反應，熨平經濟波動，保持經濟平穩運行。

三、啟示：防患於未然

根據目前情況，美國次貸危機不僅對美國、世界的金融、經濟發展產生了重大衝擊，也已經對中國經濟、金融運行產生了實質性的影響。正如經濟學家樊綱近日在博鼇論壇上所指出的那樣，美國次貸危機已經對中國外貿和資金層面產生了重大影響。雖然目前缺少嚴密經濟分析的必要資料，但通過觀察和應用簡單資料直接判斷，中國認為，一年來美國次貸危機產生的實際影響要比當初預測的要嚴重得多。到目前為止，次貸危機還沒有結束，甚至可以說對中國經濟、金融的後續影響才剛剛開始，具體的影響還有待作進一步的觀察和分析。但有兩點可以明確：一方面要防患於未然，重視和觀察由次貸危機引發的美國和世界金融經濟波動的擴散方向、範圍和程度，以及對中國金融和經濟影響的可能途徑及其後果，提前做好前瞻性的應急準備，把次貸危機的不利影響降到最小程度；另一方面，也要做好對過去分析、預測和政策等各方面的回顧、總結，分析和查找過去工作的成績和不足，為今後更好地做好金融風險的防範工作提供寶貴的經驗支持。

四、次貸危機下中國將面臨怎樣的挑戰和機遇

古語云：「禍兮福所伏」。利空出盡就是利好來臨之時。自二〇〇七年夏季美國次貸危機爆發以來，全球金融市場和實體經濟均充斥著悲觀情緒。次貸危機的確是發達國家金融市場二戰以來最嚴重的金融危機，然而即使最嚴重的危機也有結束之時。明智的投資者在看問題方面通常具有前瞻性，即先市場一步落子布局。毫無疑問，次貸危機已經造成全球範圍內的資產價格重估，發達國家資產價格泡沫被充分擠壓，從而提供了難得的投資機遇。與此同時，與次貸危機如影隨形的市場不確定性並未消弭，市場底部很難看清楚。因此，次貸危機的爆發，為那些在危機中沒有傷筋動骨的新興市場國家機構投資者提供了嶄新的機遇和風險。如何克服次貸危機等外部因素帶來的挑戰，充分把握危機提供的機會，需要投資者乃至中國政府進行一系列內外部重大調整。

次貸危機以及由此引發的世界經濟環境的變化，已經把中國徹底地推置到經濟發展方式必須轉變的十字路口。而且世界經濟環境的變化給中國宏觀經濟的穩定與發展增加了不確定性，也給中國政府的宏觀調控增加了新的困難。中國經濟面臨著重大的挑戰。

第一、次貸危機可能會通過收入效應以及價格效應來衝擊中國的出口行業。所謂收入效應是指，次貸危機造成美國房地產價格和股票價格大幅下跌，導致美國家庭財富縮水，這將改變近年來美國消費的財富驅動型格局，削弱美國居民對中國出口商品的消費需求。所謂價格效應是指，次貸

危機導致的美元貶值提高了中國出口商品相對於美國國內替代品的價格，從而造成美國居民對中國出口商品的需求相對下降。此外，次貸危機還可能造成發達國家貿易保護主義傾向抬頭。

第二、美元貶值損害了中國外匯儲備的購買力，並加劇了中國國內通脹壓力。美聯儲採取連續調低聯邦基金利率的措施來應對次債危機，導致美元相對於其他主要貨幣大幅貶值。美元相對於人民幣快速貶值，造成中國外匯儲備國際購買力的顯著縮水。由於美元是全球能源和初級產品最重要的計價貨幣，美元大幅貶值直接導致全球能源和初級產品價格飆升。由於價格上升的幅度超過了人民幣相對於美元的升值幅度，這客觀上向中國宏觀經濟注入了外生性通脹壓力。

第三、次貸危機改變了投資者的風險偏好，加劇了短期國際資本流動的波動性，從而可能放大或者刺破中國的資產價格泡沫。從二〇〇七年十月到二〇〇八年四月，中國A股市場指數已經下跌了百分之四十，這在很大程度上與次貸危機爆發後熱錢撤出A股市場有關。

第四、美聯儲步入降息週期，對中國利用貨幣政策對抗通貨膨脹的宏觀調控形成掣肘。如果中國人民銀行大幅調高人民幣存貸款利率，這將加劇中美息差，引致更大規模熱錢流入，從而可能加劇流動性過剩和通貨膨脹的格局。

與此同時，次貸危機也給中國經濟帶來了難得的機遇。

第一、在次貸危機下，美元大幅度貶值，美元資產的吸引力也不斷下降，這為人民幣及中國資本市場的國際化提供了難得的契機。在全球流動性匱乏而中國流動性充裕的背景下，允許外國金融機構和著名企業到中國資本市場上發行以人民幣計價的股票和債券，也是擴大中國資本市場廣度、深度和國際影響力的明智之舉。

第二、全球資本市場在次貸危機下不得不進行價值重估，使得眾多跨國金融機構大幅虧損，從而為中國機構投資者提供了開展海外投資與兼併收購的良機。在危機衝擊下，發達國政府也改變了過去對新興市場國家股權投資一貫持有的懷疑與抵制態度。

第三、在次貸危機中，歐洲金融部門的次貸損失雖然比美國要小，但是法國等金融機構卻在金融市場其他領域遭遇重大損失，日子並不比美國好過多少。在歐美金融機構面臨的這種形勢下，從一定程度上緩解了歐美市場的緊張，主權基金一度被寄予厚望。由於中國主權財富基金此前較少涉足次級抵押貸款支持金融產品，因此次貸危機對主權財富基金的負面衝擊有限，卻為中國主權財富基金提供了難得的投資機會。這也就是中國機遇的另一個層面。

第四、次貸危機為中國經濟提供了實施結構性調整的外部機遇，有助於促進中國政府改變出口導向發展戰略，以及緩解目前的國際收支失衡。各方面因素表明，出口導向發展戰略已經不可持續，然而，向內外平衡發展戰略的轉型意味著既得利益的重新分配，必然遭遇利益集團的強烈抵制。次貸危機的爆發則使得調整變得緊迫而必然，對外資外貿政策的調整有助於緩解當前國際收支雙順差的格局，促進資源更加合理地分配以及增強經濟增長的可持續性。

邁入二十一世紀以後，隨著東亞國家外匯儲備的累積，以及全球原油價格從一九九九年的每桶十美元上漲到當前的每桶一百一十美元，用東亞國家和石油輸出國的外匯儲備構築的主權財富基金的規模迅速膨脹。根據 SWF Institute 的統計，截至二〇〇七年底，全球外匯儲備總量約為六・八兆美元。而 International Financial Service London 的估算表明，當前全球主權財富基金管理資產的規模約為三・三兆美元。這一規模超過了全球對沖基金與私人股權基金管理資產的規模，仍低於全球二十家最大企業的市值總和。然而，二〇一五年全球主權財富基金管理資產規模將超過十兆美元。

Dealogic 統計顯示，二〇〇七年全球主權基金投資總額達到創紀錄的四百八十五億美元，而二〇〇八年頭兩個月就高達二百四十四億美元。在自二〇〇七年一月以來主權財富基金投資的七百二十九億美元中，有六百零七億美元進入金融領域。而在這十四個月全球主權財富基金的跨國投資中，新加坡的兩支主權財富基金佔據了絕對主動，其投資佔到全球主權財富基金投資總額的百分之五十七。新加坡政府投資公司（GIC）和淡馬錫控股（Temasek）自二〇〇七年一月以來的海外投資總額已達到四百一十七億美元，遠遠超出了阿聯阿布扎比投資局（ADIA）的一百零七億美元，以及中國中投公司（CIC）的八十億美元。表①總結了次貸危機爆發以來全球主權財富基金對華爾街金融機構的投資概況。從二〇〇七年三月到二〇〇八年四月初，共有八家主權財富基金對六家華爾街金融機構進行了十一筆投資，投資金額合計為四百四十九億美元。投資持股比例均在百分之十以下，這是為了規避美國外國投資委員會（Committee of foreign investment to United States, Cfius）的審查門檻。投資類型包括普通股、新增普通股和可轉換債券等，其中又以可轉換債券為主。

總而言之，次貸危機不僅給中國金融機構帶來了在全球金融市場加快發展的機遇，同時也警示相關的風險。首先是中國資產證券化進程剛起步不久，如何控制風險、加強監管、保證市場秩序，是一個很重要的問題。美國次債危機的警示意義就在於要從源頭上控制風險，保證市場訊息的公開對稱，保持有效的監管力度，這是對中國警示意義的第一個層面。另一個方面來看，中國金融機構參與全球金融市場，同樣存在涉足次貸市場的風險，並且也有在其他金融領域遭受損失的風險，不管是美國還是日歐的金融機構教訓都十分深刻，這一點無疑警示中國金融機構拓展國際市場首先需要健全風險控制制度。

表① 是次貸危機爆發後主權財富基金對華爾街金融機構的注資

二〇〇七年三月~二〇〇**八年四月**

金融機構	主權財富基金	持股比例%	投資金額MUSD	投資類型
花旗集團	阿布扎比投資局	4.9	7500	新可轉換單位
花旗集團	新加坡政府投資公司	3.7	6880	新可轉換單位
花旗集團	科威特投資局	1.6	3000	新可轉換單位
美林	科威特投資局	3.0	2000	新可轉換單位
美林	韓國投資公司	3.0	2000	新可轉換單位
美林	淡馬錫控股	9.4	4400	新普通股
摩根史坦利	中投公司	9.9	5000	新可轉換單位
巴克萊	淡馬錫	1.8	2005	普通股
瑞信	卡塔爾投資局	1.0	603	普通股
瑞銀	新加坡政府投資公司	9.8	9750	新可轉換單位
瑞銀	沙烏地阿拉伯貨幣局	2.0	1800	新可轉換單位
投資合計			44938	

資料來源：Sovereign Wealth Fund Institute。資料截至二〇〇八年四月一日。

五、防止次貸危機：中國的金融和對策

如今，中國金融正面臨著對外開放的壓力。人民幣匯率如何自由化；如何評估中國經濟崛起後人民幣在國際金融格局中的地位與作用；如何放鬆國際資本流動的管制，使中國經濟既不會受到國際資本流動的衝擊發生金融危機，又可以逐步實現人民幣自由兌換；如何積極穩妥地開放中國的銀行業、證券業和保險業，既不能因過度、過早開放威脅到國家金融安全，也不能因緩慢開放，失去在經濟全球化和開放過程中獲得的經濟與金融發展機遇。因此，中國的金融開放問題實質上正面臨著關鍵的戰略選擇。

一、要想防止次貸危機就必須先防止泡沫經濟危機，保持 GDP 的健康增長

通過新興市場經濟轉軌的經驗，中國可以看出，金融開放存在著相互關聯的理論模式。它包括 GDP 增長、國內信貸投放、匯率和國際資本流動、金融市場開放四個方面的開放關係。金融開放還可細分為銀行業的開放、資本市場的開放和保險業的開放。在這一模式中經濟增長是根本的，任何一個新興經濟體由於勞動力價格低廉，本幣價格相對偏低，以出口貿易為導向型的經濟都會出現一個經濟快速增長期。隨著經濟增長加快，貿易程度的提高，金融國際化的需求自然產生，要求放

鬆金融管制，開放本國銀行和資本市場，改革匯率制度和允許國際資本自由流動的金融開放進程加快。金融開放進程加快，必然要求實施金融自由化的改革，當金融體系存在脆弱性時，就會發生金融危機。亞洲金融危機的經驗表明，在經濟全球化和國際化的進程中，金融領域的開放會出現失衡現象，光有金融開放是不夠的，還必須注意防範金融開放的風險，但防範金融風險不是不開放，關鍵是在開放的過程中如何做好金融調整。

中國都知道，日本、韓國和印尼的經濟在經歷高速增長之後，於上世紀後期均出現了「泡沫經濟」的破滅。其中，日本經濟在經歷了高速成長之後，於上世紀八〇年代中期出現「泡沫經濟」。一九八五年「廣場協定」後，日圓對美元和大多數歐洲貨幣升值，日本擔心作為經濟增長主要助推器的出口受到影響，感到需要替代經濟增長的引擎，擴大政府開支，把貨幣政策作為經濟政策調整的主要手段。從一九八七年到一九九〇年，日本的貨幣供應量每年呈雙位數增長，持續了將近十年的信貸倍增計畫，大量的貨幣資金流向股市和房地產市場，形成資產價格型的通貨膨脹。從一九五五年到一九九〇年，日本房地產價值增長了七十五倍。東京土地價格在一九五五年至一九八七年保持了年均增長百分之十六的速度，如皇居的土地價格相當於美國整個加州的土地價格；日本股市也扶搖直上，從一九五五年到一九九〇年，股市水準漲了一百倍，日本電報電話公司（NTT）的股票市值相當於德國整個股票市場的市值。但是，「泡沫經濟」破滅之後，日經指數從三萬八千九百一十六點下跌到一九九八年十月的一萬二千八百八十點，房地產價格目前只相當於高峰時期的百分之二十五。

想要知道一個國家經濟崛起的高度，必須把 GDP 增長、信貸政策、匯率制度改革、發生國際資本流動管制和金融業的開放作為整體聯繫起來進行分析。在這一理論模式中，匯率改革是起軸心作用的，如果實行相對穩定的匯率制度，勞動密集廉價的出口導向型經濟可能得到維持，但企業的競爭力和產能過剩問題可能會成為長期的經濟隱患，當世界貿易需求變化時，宏觀經濟將面臨需求不足引起經濟衰退風險。如果實行自由化的浮動匯率制度，允許國際資本自由流動，新興市場一定會面臨外資的大量流入，會推動資產價格上漲的泡沫經濟的形成，引發金融危機的風險。因此，對發展中國家而言，開放銀行業、證券業後出現的金融危機風險既是受金融全球化、自由化衝擊所顯露出來的風險，更應看到它是發展中國家長期積累起來的經濟風險在金融開放時的集中暴露，並影響經濟的崛起。對正在崛起的中國經濟而言，如何選擇好金融開放的宏觀政策在經濟崛起過程中具有非常重要的作用，中國的經濟增長如果沒有金融開放的配合，最終會失去崛起的歷史機遇。有學者研究表明，一四五〇年晚明由於中國缺乏發達的貨幣信用制度配合，雖然一度成為世界貿易的主體，擁有世界白銀儲備的一半，但還是失去了作為世界強國崛起的機會；十九世紀亞歷山大皇帝畏懼改革開放的議論，放棄了俄國崛起的機會；近代中國「戊戌維新」的不徹底也使中國一下子拉大了與西方國家的經濟發展距離，使得鄰近的日本在 GDP 總量上超過中國。

用什麼方式來保持經濟的增長速度，可以說是金融開放首先要遇到的政策選擇。日本「廣場協議」後用信貸倍增計畫來應對美國要求日圓升值所帶來的壓力看來是錯了。同樣，韓國的投資膨脹帶來的惡果也說明經濟增長快不一定就能避免危機。亞洲金融危機的經驗證明，用高經濟增長來對付金融國際化和國際資本流入，只會帶來泡沫經濟，導致金融危機。中國的經濟增長有不同於日本和東亞國家的特徵，帶有計劃經濟增長的色彩，各地方政府以 GDP 增長指標推動經濟發展已持續二十多年的時間，經濟發展中所帶的泡沫成分應引起中國的高度重視。宏觀經濟中出現的煤、電、油緊張，信貸增長過快，收入分配差距拉大都反映了中國經濟增長的不平衡性。長期發展下去，會帶來經濟危機的隱患。應對金融開放可能帶來金融危機的最好辦法是調整經濟增長的思路，樹立科學的發展觀，現在需要在經濟增長方式上實現兩個轉變：一是要改變投資驅動的GDP增長模式，提高資本收益率（Per Capital Income Gains）。有學者拿中國和印度的經濟進行了對比，從一九八〇年以來，印度的資本收益率已經從一千一百七十八美元提高到三千零五十一美元（按購買力平價計算），GDP增長的百分之四十來自於生產力水準的提高，而不是靠增加資本和勞動力，說明經濟增長更健康。

中國的經濟增長主要是依靠投資來拉動的，中央和地方圍繞GDP指標分配投資規模，確保經濟增長和就業，虛胖的經濟增長隱患將是中國經濟崛起的最大風險。二是要逐步改變出口導向型的經濟增長結構，擴大內需。中國經濟目前應進入轉軌階段，放棄出口導向型的經濟增長戰略，取消各種鼓勵外國直接投資和出口的優惠政策，使中國經濟真正按照內需的要求進行循環。亞洲金融危機的教訓告訴中國，金融領域存在的「黑洞」是開放後銀行證券出現危機的直接原因。因此，把金融調整作為銀行業、證券業開放前的重要工作來做，是防範開放後發生金融危機的最好方法。對中國金融開放而言，金融調整的重要性比金融創新更重要，要用宏觀財政政策和制度創新解決金融體系的外部和內部問題。東亞國家在經濟發展中的這一失誤就是沒有很好地利用財政政策進行金融調整。一般說來，當銀行出現大量不良資產時，靠自身盈利是彌補不了的，需要從每年的GDP中拿出百分之十～百分之十五用於解決壞賬問題。中國銀行業的金融調整採用中央銀行利用外匯資金注資和引進國際戰略投資者的方式邁出了第一步，但作為上市銀行能否真正實現機制轉換則是關鍵的一步，消除「體制病」的拖累，可能是中國國有商業銀行改革遇到的真正問題。

在進行金融開放之前，應盡可能早地採用金融國際標準，促進本國金融機構的健全機制。亞洲國家在一九九七年金融危機後，針對金融風險形成原因都進行了一些基礎性的改革，這些改革主要圍繞著金融監管進行，包括實行巴塞爾協議規定的資本充足要求，採用國際會計準則，提高金融機構和企業的透明度，改進公司治理和開放資本市場。在思考金融開放的風險時，關注銀行、證券公司和保險公司的風險管理能力固然重要，但不要忽視金融監管部門的風險監管能力和風險監管方式問題。中國金融監管主要是審批制，金融法律法規偏重於審批條件、審批程序和審批部門許可權的規定，只「生」不「養」，「一刀切」和「切一刀」是這種行政管理弊端的形象描述，金融監管的落後，必然導致金融發展水準的落後。因此，當前改革金融監管體制的核心是改革審批制，實行金融准入標準和風險監管，既是中國金融開放前的重要工作，也是金融轉軌的客觀要求。從金融審批制過渡到市場化的金融准入制監管，關鍵是要改變目前金融過度監管問題，以提高透明度來約束金融監管的隨意性，制定金融機構和金融產品的准入條件與准入標準、金融機構運行的風險監控指引與監管要求，形成金融機構和金融產品的市場化退出機制。

二、人民幣匯率制度的選擇是金融對外開放選擇的軸心

關於人民幣匯率問題，美國的指責可以歸納為：中國宣布人民幣對美元升值並採取盯住「一籃

子貨幣」，實行管理浮動的匯率制度改革，實際並沒有這樣執行。人民幣對美元升值僅百分之五左右，升值的步伐太慢，仍然是盯住美元為主；同時中國仍保持對外匯市場的巨大干預，中國的匯率制度仍然保持了很嚴格的與美元掛鉤的管理匯率制度，匯率變化也很小，人民幣被嚴重低估沒有走到盡頭的跡象。相反，中國的外匯儲備持續增加，已經超過一兆美元。中國全球經常項目盈餘去年成倍增加，達到調整後 GDP 總值的百分之七。

中國不靈活的匯率政策，在一定程度上限制了中國貨幣政策的獨立性，也影響了宏觀經濟的穩定，是中國不得不面對的一個國內和國際性的問題。人民幣低估促進貿易盈餘，在一些年份裏還形成了巨大的證券組合性的資本流入。中央銀行無謂地增加儲備，同時限制銀行的信貸創造。美國應該對人民幣匯率和中國資本流動管制提出改革建議：中國應將人民幣對一籃子貨幣升值百分之十～百分之十五，其實施方法可以是主管部門重新估值的方式，也可以是通過市場力量推動升值方式；中國應大幅度放開匯率浮動區間或者是每日浮動限制的幅度，增加貨幣政策的獨立性，使人民幣更進一步地升值和增加管理靈活性方面的經驗；為了抵消人民幣升值帶來的一些影響，中國應立刻實行財政擴張政策；中國應該保持較大的資本流動控制直到銀行的管理能力進一步增強為止。並且，美國對人民幣匯率問題的指責，已經成為中美之間外交關係的重要內容之一。縱觀美國百年外交的歷史，貿易、軍事和金融是美國外交的核心內容，其宗旨是維護美國的經濟利益。在當前中美軍事衝突很小的情況下，貿易和金融的博弈則顯得十分重要。弄清楚中美之間關於人民幣匯率問題爭論的出發點、爭論的差異，才能明確建立二十一世紀中美金融關係的對策。

二十世紀是美國經濟崛起的世紀，在上個一百年中美國制定了有利於美國的國際貨幣體系。美國對人民幣匯率問題的指責，是從舊有的國際貨幣體系出發，以接受華盛頓共識為基礎而得出的看法，其合理性是值得探討的。美國並不是從一開始就信奉自由匯率制度和國際資本自由流動的國家，從一八七〇年至一九一四年美國作為英國世界經濟霸權體系的一部分，實行的是金本位的國際貨幣體系，貨幣在國家與國家之間的流動是金幣的買賣，兌換比例也是固定的。在這其間雖然發生了一八九〇年因阿根廷革命引發的霸林危機和一九〇七年的美國金融恐慌，但經過法國中央銀行和俄國中央銀行給英格蘭銀行提供的黃金借貸，平息了金融風潮，國際貨幣制度基本處於穩定狀態，到一九一五年底，英鎊對美元貶值大約百分之三，英鎊與美元掛鉤的固定匯率為一：四．七六美元。

第二次世界大戰之後，曾經以金本位制度為核心的國際貨幣體系徹底崩潰，按照美國的懷特方案建立了以美元為中心的國際貨幣體系，該體系一開始是固定匯率制度，各國貨幣與美元掛鉤，美元與黃金掛鉤。後來美元氾濫了，國際間的匯率實行有管理的浮動，但基本上國際貨幣匯率制度還是穩定的。從一九七三年開始，國際貨幣制度拋棄布雷頓森林體系的安排，各國開始實施浮動匯率，其中歐洲各國大體上在一九九〇年前後實現完全自由浮動和國際資本的自由流動，因此，國際資本市場真正實行浮動匯率只不過是最近三十年的事情，尤其是在二十世紀八〇年代後期貨幣市場國際化後，國際貨幣匯率才達到充分的自由化程度。

其實，中國在面對美國要求人民幣升值和匯率自由浮動的壓力時，實行著兩種解決途徑：一種是美國安排的途徑，按照舊有的國際貨幣體系實行浮動匯率，實行國際資本的自由流動。這是上世紀八〇年代日本，九〇年代後期東亞國家走過的金融國際化道路，其結果是貨幣升值——國際游資大量湧入——資產價格上漲的泡沫經濟——金融危機。另一種是根據國際貨幣體系改革的發展趨勢，在探討國際貨幣基金改革方案的基礎上建立二十一世紀的國際貨幣新秩序，既承認金融全球化的必要性，同時也尊重不同國家金融發展的多樣化需要。

在相當長的時間內，對人民幣匯率調整都應該是通過有管理的官方來進行，並在此條件下加快國際資本的自由流動，人民幣匯率的形成則是由官方根據國際資本流動的狀況適時進行調整。提出人民幣匯率官方調整加國際資本自由流動的模式，目的是避免人民幣在中國經濟崛起的過程中出現博弈性升值。其好處有以下四點：

第一、通過官方來調整人民幣匯率，能夠直接隔離國際貨幣市場匯率急劇變化對國內銀行、股市和保險資產的影響。從目前的實際狀況看，中國金融機構的國際化水準和競爭能力還不高，管理國際性貨幣資產的能力有限，如果人民幣匯率自由化的進程過快，將會引發國內金融機構的資產流失，如外資金融機構挖中資銀行、證券公司和保險公司的黃金客戶。但有人民幣匯率由官方調整這一條，就可以有效防止國際資本與境內人民幣轉換對匯率的預期和衝擊，維護境內金融資產的穩定。

第二、通過官方來調整人民幣匯率，能在一定程度上減少外匯管理制度改革面臨的不確定性，減少國際資本流動帶來的風險。亞洲金融危機的教訓在於新興市場國家在國際資本流動和匯率管制方面實行同步自由化的政策，當國際資本大幅流入和流出時，匯率的形成實由國際資本來決定。因此，在匯率和國際資本自由化的過程中，不能將兩者同時都放。否則，就會造成失控，最終會因貨幣危機引發信用危機和金融危機。

第三、通過官方來調整人民幣匯率，能夠使中國在金融國際化的過程中為人民幣成為「硬通貨」贏得時間和空間。據美國和世界銀行的估算，按購買力平價計算，中國的 GDP 總值相當於十二兆美元，已經與美國的 GDP 總值接近。不管這種估算是否準確，但中國的產出能力和廉價的產品供應，是中國經濟崛起和人民幣能夠成為「硬通貨」的基礎。如果在這一過程中，人民幣匯率過於頻繁的波動，財富的流失和人民幣成為「硬通貨」的機會就有可能失去。據亞洲開發銀行的研究報告，亞洲國家與美國相比人均國民收入比例在金融危機前後的變化，就反映了貨幣貶值對經濟崛起的影響。從長遠看，保持人民幣匯率的官方調整將有利於保持人民幣的堅挺，即使在升值的調整週期中，也能維護其堅挺的特徵，這無疑是中國經濟能夠順利崛起的重要因素。

第四、通過官方自主有序地調整人民幣匯率，能夠提高人民幣升值因素對貿易影響的預期，防止因貿易收支的大起大落引發金融危機。據美國學者的統計，美國二〇〇六年的貿易逆差達到八千五百億美元，已經連續四年貿易逆差已超過一千億美元的速度增加。與此同時，中國作為世界工廠的地位越來越明顯，二〇〇六年中國的外匯儲備超過一兆美元。由於人民幣匯率的原因，中國給美國提供了廉價的物品供美國的國民消費，同時也有利於美國減緩通貨膨脹的壓力。中國的外匯儲備主要投資於美國的國債，利率只有百分之一左右，實質上是給美國增加了低成本的國際資本流入，有利於美國的國際收支平衡。

三、防範和應對金融危機發生的宏觀經濟政策措施。

通常來說，那些在經濟全球化和國際化的過程中出現金融危機的新興市場經濟國家，很大程度上是因為自身的經濟結構存在問題，而在宏觀經濟政策上又缺乏正確的應對措施，以至於在危機前沒有做好結構調整工作，醞釀了金融危機的形成；危機發生後又沒有及時的政策措施出臺，甚至採用了一些錯誤的對策，加劇了金融危機的影響程度。國外學者對亞洲金融危機的政策、措施和教訓作過一些分析和總結，有些是值得中國參考的：

第一、要密切注意貿易平衡問題。在一九九七年中期，當預期東亞經濟還會繼續增長時，有關為縮小經常帳戶赤字而需要財政緊縮的爭論還是相對的。到大多數東亞國家國內需求崩潰和匯率嚴重貶值時，儘管沒有財政政策的作用，也形成一股強大力量迫使經常帳戶出現問題。

第二、對金融風險的估計一定要充分。亞洲金融危機時，無論是國際貨幣基金組織，還是危機國政府所制定的宏觀政策目標都需要作重大修改，暴露了對宏觀經濟過分樂觀的看法，沒有充分地認識到調整政策的需要。作為經驗教訓，中國應把金融風險的防範列為長期性經濟結構調整政策的中心內容。

第三、要把結構改革做為重中之重，尤其是金融部門的改革。這樣，在處理金融危機時，可以消除經濟及金融的不穩定因素，因為金融部門的不健全是引起外國投資者喪失信心的主要原因。

第四、通過東亞國家的經驗，中國可以看出，應對金融危機，不一定要實行緊縮的財政政策。儘管實行一些財政緊縮的措施也許有合理的原因。一方面面對國內金融系統重組的過程需要一定的財政支付。但是，這種緊縮的需要是否過於超前，特別是面對衰退的情況下是否應該採取緊縮措施仍然存在爭議；另一方面則是財政政策的信號作用，如果某些財政緊縮措施有助於恢復投資者信心，適度放鬆財政限制的作用可能會超過對國內需要的負面影響。如果這樣，對財政主管部門而言，財政信號被錯位地理解，實際上會加劇負面影響。

第五、在應對金融危機時，務必實施靈活的財政政策。用財政政策執行過程與最終結果相比，可以看出財政政策目標不能精確計量。最好的做法是，隨著經濟衰退的程度逐步清晰，通過成功地放鬆實際財政政策目標來識別兩者間的差距。越強調週期性財政政策目標的重要，就越需要融資方面能有一些靈活性。通過國際援助提供大量的短期外部融資，似乎是一種能滿足這種目的的靈活融資形式。

第六、果斷及時地實施宏觀經濟調整政策。從亞洲金融危機的教訓來看，可以明顯看出調整政策不及時所帶來的危害。即使在一九九八年五月，韓國和泰國的援助方案相對較好，也推遲了好幾個月。印尼的情況則是政治上面臨嚴重的不穩定使援助計畫實施被耽誤，主要原因一方面是政府和經濟主管官員發生變化，對國際動盪影響擔心。另一方面是因為國際貨幣基金組織和政府間宣布宏觀經濟調整計畫的時間過遲，使受援國政府沒有完全承諾實施調整計畫的各項措施，輕視了危機的嚴重性。

第七、在亞洲金融危機過程中，東亞各國實施的財政政策方面的內容，尤其是修改後的方案過於嚴格，應該認識到這些國家出現問題的主要原因並不在財政方面。但中國的財政方面存在的問題也很多，潛在財政風險，不容忽視。

第八、要適當積累一些處理金融風險的經驗，培養應對金融危機的專門人才和制定化解金融機構風險的應對方案。東亞國家，尤其是泰國和印尼，由於在處理國內銀行危機方面缺乏經驗，導致在處理銀行倒閉時機和對存款人提供擔保保證方面出現失誤。

第九、要制定應對金融危機的宏觀貨幣政策，但是必須在分析本國匯率制度、外匯儲備和企業對外融資結構的基礎上進行。提高利率和實行緊縮的貨幣政策是支持匯率，重建信心的一種工具，儘管這種需要一般會比較短暫。減輕國內利率負擔，對有大量外債的企業沒有多大幫助。因為高利率和貨幣緊縮的結果會使匯率嚴重惡化，使得按本國貨幣計算的外債急劇增加。

第十、制定一個穩定的匯率機制，在應付金融危機時具有關鍵性的作用。匯率急驟貶值，特別是在印尼的情形，會使實施宏觀經濟調整措施面臨許多困難。因為東亞經濟沒有高通膨的傳統和預期，貨幣名義上的升值將會減輕真實貶值的幅度，大多數國家在相當長的時間內都堅持這一做法。韓國和泰國就已經出現名義匯率的反彈。通過引入貨幣委員會加速名義貨幣升值的企圖是具有風險的賭博行為，可能會使事情更加惡化。特別是在資本帳戶不健全的情況下，政治的不穩定也是一種推動力量，如果在貨幣委員會下面沒有中央銀行，處理銀行問題就更加困難。

六、次貸危機給中國樓市敲響警鐘

當前，一場愈演愈烈的美國次級房貸危機正一步步向全球金融市場進行蔓延，受經濟放緩波及的地區也越來越廣，美國各地樓價紛紛下跌，很多城市房屋空置率都升至一九五六年有紀錄以來的新高。美國大部分消費者都「勒緊褲帶」，商戶生意減少，有關經濟分析師認為當前與上世紀九○年代初的衰退情況相似。由美國次級債危機引發的全球金融市場劇烈動盪給中國帶來的警示遠非直接投資損失所能涵蓋，更是拉響了紅色金融警報。

雖然此次風波沒有波及中國金融市場，但是足以對日益對外開放的中國金融業敲響警鐘。以深圳為例，在此前專家估計深圳樓市投資比例在百分之三十左右的基礎上，一位元代理公司人士則稱，以他近年來經手代理的樓盤來看，這一比例最少達到了百分之五十。投資炒樓的高額利潤，已經讓越來越多的熱錢滾向樓市，這其中就積澱了大量銀行貸款。中國社會科學院國際投資研究中心研究員曹建海則認為，中國資產市場即便是在傳統的融資管道下，也已顯示了較之美國有過之而無不及的投機狂潮。在政府高價拍賣土地、開發商操縱房價、銀行放貸審查鬆弛、稅收調控不力的多種因素合力的作用下，中國城市房地產出現了全球絕無僅有的連續上漲局面。

樓市的一路直線上揚，使得那些貸款投資者們不得不提高警惕，尤其是中國現已進入加息週期。美國次級債危機爆發前也絲毫沒有先兆，房地產銷售在前幾年還是欣欣向榮，突然之間危機就擴散開。市場信心一旦喪失，泡沫頃刻間破裂，房價迅速下跌，進而影響整個金融資本市場。

在本輪來勢兇猛的美國次級房貸債券危機中，雖然中國金融市場沒有受到太大的影響，二〇〇七年八月十日，股市僅回調四．六八點，同時，國內銀行、基金也大多未涉及美國次級債券買賣，因而逃過一劫。但是，業內專家提醒，儘管美國次級房貸風波未殃及中國，但對日益開放的中國金融業以及資產投機氣氛漸濃的股市樓市來說，亦具有借鑒作用。

在美國次級房貸債券危機爆發之後，包括中行、建行、工行、交行、招行及中信在內的六家中國上市銀行均在此次危機中遭受虧損的消息不脛而走。隨後，這些銀行或否認持有相關債券，或澄清並未造成巨虧。談及此次美國次級債券危機對中國金融與資本市場可能造成的影響，北京大學經濟學院教授曹和平認為，就眼下的情況來看，對實際變數的影響基本沒有。「因為中國資本市場是在二〇〇四年十月以後才成長起來的，現在的金融產品、股市中的基金產品與美國股市上的金融產品並不相通。不管美國投資怎麼變化，目前中國連產品都沒有，更談不上影響。」

由住房空置率引發的討論只是表象。真正的危機是：超越社會必要勞動時間的住房需求，雖然構成現時經濟增長的引擎，卻對中國的長遠發展構成巨大威脅，最終將使所有參與者皆為輸家。

如今，中國兩難處境的樓市政策並沒有什麼實質性的改觀：調控樓市價格傷了經濟，放任價格傷了民情。尷尬政策的背後是尷尬的認知，尷尬認知的背後是難於啟齒的利益。各種局部利益的交互作用，終於釀成中國樓市的真正危機。

一、樓市政策在「任期利益」的衝擊下搖擺

曾經有人用「排山倒海」來形容中國二〇〇五年房地產調控政策的出臺，「國八條」、七部委聯合出臺穩定房價意見、房貸利率上調、預開徵二手房交易所得稅、央行建議取消商品房預售制的報告等等，無疑颳起了一股股旋風，可是能夠撬動價格走向的也就是少數幾個城市。發展還是硬道理。二〇〇六年底中央政府又吹起了住房消費年的暖風，建設部的官員也頻頻表態看好二〇〇六年的發展形勢。開發商則一如既往的高調，上海綠地甚至宣稱年銷售額要超過五十億元的銷售額，地方政府更是看多樓市。就是那些罵聲不斷的購房者和持幣待購者，也指望市場有個明確的信號，以便財富早日增值。

面對如今尷尬的樓市，人們不禁會聯想到二十世紀九〇年代中央政府的銀行呆壞賬治理。當年治理銀行呆壞賬，國務院總理曾經親自擔任行長，可謂前所未有的力度。但是所有的努力，最後終於還是被體制的慣性消匿。從一九九三年到二〇〇三年，十年呆壞賬從五千億元，一下子上升到了五兆元。現在樓市出了亂子，引發了體制性腐敗和民憤，還危及中國的長久競爭力。關注民生民意的中央政府高調宣誓調控，政策卻在尷尬徘徊。若干跡象表明，巨大慣性的作用和話語權的偏移，城市官員強烈的「任期利益」，很有可能使中央政府的調控半途而廢。上海樓市是最好的風向標。因為價格漲得最猛，上海市場格外受到中央政府的關注。與「政治問題經濟解決」恰成對照，二〇〇五年的上海樓市則是「經濟問題政治解決」的範例。當著中央政府的問責制開始指向明確的時候，二〇〇五年三月份，上海市順應中央對房地產市場宏觀調控的要求，提出了年內新開工配套商

品房、中低價普通商品房各一千萬平方公尺的目標。一個持續瘋長五年的樓市，終於出現拐點，租賃市場和二手房市場率先下行，跟著帶動新樓盤上市價格跟著下滑。

可是，對於這個基本面上海市政府的態度是比較曖昧的。上海市政府所屬綠地董事長張玉良就不認為新樓價格下降。而且市政府對在壓力下出臺的調控策略，從來就不缺乏懷疑和修正的勇氣。上海市副市長楊雄曾明確表示，政府仍對樓市持續健康發展有信心，為此，「兩個一千萬」的建設應該隨著樓市的變化作適當的調整，將適當控制節奏。「『兩個一千萬』如無特殊要求，將不再提及」，這樣的口徑正通過上海政府有關部門向市場傳遞。

樓市已經成為一個城市經濟增長的重要引擎，任何不利於這個引擎發生作用的東西，都需更改與重估。如果說上海樓市價格看跌，無疑會挫傷投資偏好，這是上海市經濟所不能忍受的。這裏包含著中國樓市的真正危機。

二、中國樓市的危機：住房需求超越國力

其實，中國樓市的深層危機，並不是樓市價格的高低，甚至也不是樓市價格的分享機制，而是在眾多利益集團追逐短期利益的作用下，住房需求膨脹超越了國力。

住房需求，是人們基本居住的消費需求，屬於社會必要勞動時間範疇，是一個與經濟發展水準動態高度相關的變數，並不出自政府的恩愛或是民眾願望的強烈程度。經濟學和社會學並沒有給出一個經驗數字或基準，人們於是有了不同的判斷標準。有人抓住了住房價格與家庭年收入比，

從中國奇高的比例（十四分之十二）與國際上的（六分之三）對比中，得出中國樓市嚴重泡沫化的結論；有人抓住了歷史上國民人均收入與房價的對比，突出了中國樓市的泡沫；有人則簡單對比上海、東京、首爾、臺灣、香港等三小時經濟圈中的樓市價格，得出中國樓市極具投資價值的判斷；有人則抓住中國人多地少的現實，堅持價格還有更高上升空間的判斷。

在現在這個生產要素全球化配置的時代，固定地把中國房價與歷史上發達國家（或地區）收入相近似的水準相比是不合適的。要比就比現在的水準，因為由住房資產衍生的住房消費價格，直接記入生產要素成本。構成一國和一個地區競爭力主幹的只能是在區際和國際間流動的產品和服務。全球化流動的產品和服務，並不因為你是來自發展中國家，消費者就願意為你的高價格埋單。性價比上不去，你的產品和服務就沒市場。從生產要素全球一體化配置的視角來看樓市價格，就有了一種觀察中國樓市的大視野。住房總量什麼時候都是一個對比的重要層面。香港與日本的人均 GDP 都超過三．四萬美元，而香港和東京的人均住房面積只有七．一平方米和十五．八平方米。中國人均 GDP 剛超過一千美元，而城鎮居民住房面積則達到了二十五平方米，上海也超過了二十平方米。二〇〇四年，大幅上漲後的上海房價僅為臺北的四分之一，香港的六分之一，東京的八分之一。如果這個分析成立，那麼結論是顯然的：中國樓市價格還不夠高！在今天的市場化條件下，能夠限制住房需求膨脹的直接手段就是價格。

此外，推進節能型住房設計標準以及借助貸款利率、貸款比例、增值稅、所得稅等經濟槓桿，也不失為有效的選擇。關鍵是政府要有所作為。當然總體面積標準有片面性，因為還只有面積指標沒有品質指標。香港與東京的房子合用，冷水熱水都能達到標準，住起來比較適宜，而中國的房子在這方面卻很少過關。許多香港與東京的房子，開間都小而且低矮，屬於節能型的設計。而中國城市住房卻是越建開間越大、樓層越高，屬於耗能多的房型。據世界銀行二〇〇二年報告分析，中國每創造一美元 GDP 所消耗的能源是西方七個發達國家的五．九倍，是美國的四．三倍、法國的七．七倍和日本的十一．五倍。中國的能源利用率僅為美國的百分之二十六．九和日本的百分之十一．五。

面對這些令人驚醒的指標，不能不承認危言聳聽者的理性。難怪聯合國環境獎得主、美國地球政策研究所所長萊斯特．布朗說，中國能源過度消耗的經濟增長將是世界性的災難，「中國正在幫中國認識到舊的經濟增長模式氣數將盡」。是的，中國該問，中國耗能型的住房建設的氣數是否將盡？超越基本住房需求的住房狂熱，已經成為中國經濟的引擎。當一國居民把財富都凝聚在住房上的時候，這個國家的居民就危險了。因為，靠這種方式積累的財富，只會給世界上其他國家創造重要市場，卻不會給自己的長久競爭力增添什麼籌碼！這個畸形的增長引擎終將因為本末倒置而受到懲罰。

中國的懲罰其實已經開始了，城市環境的破壞、勞動力成本優勢的喪失，耗能型生活方式的確立，這些都會很快在中國城市和國家的持續競爭力上表現出來。可惜，做莊者是受「任期利益」左右的城市官員，他們無暇顧及長遠。一個最為明顯的例子是印度 FDI 的快速增長而且質素明顯高於中國。據國際上最近的一項針對跨國公司高管的調查顯示，看好印度的投資者佔百分之四十二，看好中國的僅佔百分之十七。進入印度海外投資中的百分之三十九可能流向資訊科技產業，而中國的這一比例僅為百分之五。相應地，進入中國海外投資中的百分之四十八可能流向製造業，而印度的這一比例僅為百分之三。從微笑曲線來看，FDI的中國處於價值鏈的下端，而印度卻明顯處於價值鏈的上端。

顯然，超越社會必要勞動時間的住房需求，雖然構成現時局部經濟增長的引擎，卻對中國的長遠發展構成巨大威脅，將吞食中國公司的長久競爭力。找錯支點的中國樓市，將使所有參與者皆為輸家。中國不能等到萬劫不復的懲罰來臨那一天才幡然醒悟。

中國社會科學院國際投資研究中心研究員曹建海認為，中國的住房信貸和股市監管，可能是全世界管理技術最簡單和最粗陋的，其對金融風險的承受和化解能力，要遠遠低於建立在分層控制體系基礎之上的美國金融市場。如果聯想到銀行部門正在力主推行的按揭資產證券化等金融衍生產品和工具，實際上是把銀行的部門風險向整個金融市場進行擴散，這是十分不負責任的危險舉動。

毋庸諱言，中國金融機構在貸款的時候存在著資訊還不暢通、連環貸款、連環抵押等問題，應該從次級抵押債的問題上汲取教訓，必須採取對策，對房地產市場作一些必要的力量平衡。著名經濟學家吳敬璉指出，全世界的金融體系都存在流動性過剩的問題，而中國比別的國家更加嚴重。資產泡沫這個問題存在已久，次級債危機無非是該問題的一種後果。現在最重要的就是要反思自身金融市場存在的風險，盡快彌補中國金融體系漏洞。

七、次貸危機對歐美亞股市的衝擊

發生在大洋彼岸的美國次貸危機如今已是愈演愈烈，在金融全球化日益深化的今天，歐洲股市及亞洲股市都很難置身事外。美股的大跌，也讓歐洲股市和亞太市場等其他海外市場「聞風而動」，出現了整體的下跌之勢。

一系列不利的資料消息不僅打壓了美國股市，更加大了投資者對美國經濟有可能陷入衰退的擔心。再進一步，次貸危機的後續影響顯現，亞歐各大金融公司擔憂次貸危機蔓延將可能影響全球經濟增長。二〇〇七年八月二十八日亞歐股市也呈下跌勢頭，摩根史坦利資本國際全球指數也下跌了百分之一・九至一千五百一十九・八四點。

歐洲股市二〇〇七年八月二十八日結束了連續七個交易日的上漲，收盤出現較大跌幅。英國富時一〇〇指數跌百分之一・九，至六千一百零二・二〇點，結束了連續三個交易日的上漲。巴克萊集團股價當日下跌百分之三・六，《金融時報》此前報導稱，該集團與德國銀行 Sachsen LB 的業務關係可能令其面臨數億美元的損失。金融類股受到了次貸問題打壓。法國 CAC—40 指數跌百分之二・一，至五千四百七十四・一七點；德國 DAX30 指數跌百分之〇・七，至七千四百三十・二四點。其他銀行類股中，法國巴黎銀行跌百分之三・四，法國興業銀行跌百分之二・九，德意志銀行跌百分之一・七。

自美國次貸危機浮出水面後，美股暴跌的殺傷力已經沒有那麼強大。不過，從美國股市二〇〇七年八月二十八日的暴跌中可以隱約感覺到，次貸危機所產生的後續影響正在一步步地清晰明瞭。當日歐洲各國股市均出現不同程度下挫。亞太股市受美股影響，紛紛如驚弓之鳥，二〇〇七年八月二十九日日經二二五指數收盤跌二百七十四・六六點，至一萬六千零一十二・八三點；香港恆生指數跌三百四十三・一六點，至二萬三千零二十・六〇點。全球金融市場想擺脫次貸陰影還有待時日。

當地時間二〇〇七年八月二十八日，美國股市出現三周以來最大跌幅。道瓊工業股票平均價格指數當日猛跌二百八十・二八點，收於一萬三千零四十一・八五點，跌幅百分之二・一，三十支成份股中有二十九支下跌；以技術股為主的那斯達克綜合指數跌六十・六一點，至二千五百・六四點，跌幅百分之二・四。目前該指數已不到二〇〇〇年三月十日創下的歷史最高收盤水準五千零四十八・六二點的一半；標準普爾五〇〇指數跌三十四・四三點，至一千四百三十二・三六點，跌幅百分之二・三；紐約證交所綜合指數跌二百三十九・〇一點，至九千二百八十九・九二點，跌幅百分之二・五。在交易所中，股價下跌公司與股價上漲公司的數量之比為二十比一，是自二〇〇七年二月二十七日以來的最大跌勢。

但二〇〇七年十月二十二日，對於全球金融市場的投資人來說絕對可算是「黑色」的一天。受一系列負面消息刺激，一直困擾全球的「次貸綜合症」再度發威，投資者越來越擔心，這一影響廣泛的危機可能嚴重拖累美國乃至世界經濟的增長。一時間，股匯市都「空」氣瀰漫。

繼美股二〇〇七年十月十九日暴跌之後，亞太股市集體跳水，所有區內股市幾乎無一倖免。日經指數猛跌百分之二・二，創二〇〇七年八月十七日以來最大跌幅。中國香港股市更是狂瀉一千零九十一點，跌幅高達百分之三・七。連一向對海外市場免疫的中國內地股市也大跌百分之二以上。隨後開盤的歐洲三大股市都低開百分之一以上，而美國股指期貨也在昨天倫敦交易時段繼續走低，預示美股週一開盤可能延續跌勢。

在匯市，美元則成了最大的做空對象。美國經濟不景氣和美聯儲預期中的進一步降息，均打擊了投資人對美元的興趣，而上週末的 G7 財長會議則依然漠視美元的持續疲軟。

二〇〇七年十月十九日，在一九八七年「黑色星期一」股災二十周年的祭日，美股三大指數全線暴跌，道指狂瀉三百六十七點，跌幅百分之二・六，那指和標普五百指數也都大跌百分之二・六。當天，美國大型銀行之一的瓦喬維亞銀行披露了因次貸危機而蒙受的巨額損失，而製造業巨頭卡特彼勒等則對美國經濟未來可能陷入衰退表示擔憂，這些消息都重新勾起了投資人對於次貸危機可能引發更嚴重後果的憂慮。

這樣的悲觀基調也延續到了二〇〇七年十月二十二日的亞太市場，主要股市紛紛大幅跳空低開，繼二〇〇七年十月十九日的大跌後，再度上演「跳水」比賽。個股中，對次貸危機最為敏感的金融股以及以美國為主要市場的亞洲出口股成為「重災區」。

在較早結束交易的日本股市，日經指數在二〇〇七年十月十九日大跌百分之一・七之後繼續下行，收盤再跌三百七十六點，跌幅百分之二・二，為兩個月來最大跌幅，報一萬六千四百三十八點。東證指數也大跌百分之一・八，至一千五百六十三點的九月二十一日來最低水準。任天堂帶領出口商下跌，因市場擔憂美國經濟景氣下降，同時，對美元升至六周高點的日圓也對出口股帶來負面打擊。任天堂收跌百分之二．九，連跌第五天；本田跌百分之二．一；豐田跌百分之二．一，至二〇〇六年八月七日來最低。

韓國股市收盤也大跌百分之三．四，報一千九百零四點，跌幅為八月十六日以來最大。三星電子等出口股領跌，該股收跌百分之三．三；浦項鋼鐵跌百分之三．三；現代重工跌百分之四．五。

澳大利亞股市二〇〇七年十月二十二日也創下兩個月來的最大跌幅，基準的標普／澳證兩百指數收跌百分之一．九，至六千五百七十七點。麥格理銀行下跌百分之四．一，該行旗下一支基金淨值七月份下跌百分之二十七，主要受到美國次貸危機影響。澳大利亞聯邦銀行下跌百分之一。

香港股市二〇〇七年十月二十二日暴跌一千零九十一點，為七年多以來最大絕對跌幅，恆指收跌百分之三．七，報二萬八千三百七十四點。恆生國企指數大跌百分之四．六，報一萬八千八百零九點。個股中，匯豐控股出現近四年來最大跌幅。

其他地區股市中，中國股市連續第四天走低，臺灣股市收跌百分之二．六，創兩個月來最大跌幅，新加坡股市大跌百分之二．五，印度股市跌百分之三．七，菲律賓股市跌百分之三．八。唯一例外的只有前期已連續大跌的印度股市，股指在尾盤微漲百分之〇．一。

歐洲股市二〇〇七年十月二十二日早盤繼續大跌，主要股指均大幅跳空低開，跌幅超過百分之一。英國石油和道達爾等能源股隨國際油價回調而下跌。而全球最大礦業公司必和必拓也因為銅價走低而一度下跌百分之三以上。截至北京時間十八時，巴黎、倫敦及法蘭克福三地基準股指分別下跌百分之一．七，百分之一．二及百分之一．三。

以美國標準普爾五百指數為標的股指期貨二〇〇七年十月二十二日倫敦時段也出現下跌，倫敦時間上午九時，該期貨下跌百分之〇・三左右，預示美股當天開盤可能繼續走低。

隨著投資人對美國經濟前景的擔憂加劇，美元再度遭到瘋狂拋售。二〇〇七年十月二十二日亞洲交易時段，美元對歐元再度刷新歷史低點，而對日圓則跌至六周低點。

分析師指出，G7 財長會議在最近一次會議後的聲明中沒有明顯提及美元疲軟，令市場感到失望，而近期出臺的利空公司消息和經濟資料也打擊了投資美元的熱情。受此影響，歐元對美元二〇〇七年十月二十二日亞洲盤一度升至一・四三四九的歷史新高，截至北京時間二〇〇七年十月二十二日十八時，歐元對美元報一・四二七八。美元對日圓二〇〇七年十月二十二日也一度跌至一百一十三・二六的六周低點，最新報一百一十三・七〇。

巴克萊資本的分析師認為，G7 聲明沒有提及美元弱勢，這可能給美元貶值「開綠燈」。該行預計，隨著全球股市下跌，日圓可能進一步升值，預計二〇〇七年年底前美元對日圓會跌至一百一十二甚至一百零九。

根據一籃子貿易夥伴貨幣編制的美元指數二〇〇七年十月二十二日亞洲盤也一度觸及七十七・〇九的歷史新低，最新報七十七・四七，稍有反彈。

受美元不斷暴跌、油價大幅攀升、市場對次貸危機的憂慮加重以及通用公布其嚴重虧損資料等利空因素影響下，當地時間二〇〇七年十一月七日，紐約股市三大股指又一次全線大跌，而且跌幅均超過百分之二，本次大跌使主要股指降至六個多星期以來的最低水準。

紐約股市道瓊三十種工業股票平均價格指數當天比前一交易日下跌三百六十・九二點，收於一萬三千三百・〇二點，跌幅為百分之二・六四；那斯達克綜合指數下跌七十六・四二點，收於二千七百四十八・七六點，跌幅為百分之二・七；標準普爾五百種股票指數下跌四十四・六五點，收於一千四百七十五・六二點，跌幅為百分之二・九四。

其中，道瓊工業股票平均價格指數三十支成份股全線下跌，通用汽車和美國運通成為領跌帶頭股。

由於投資者對美國次級抵押貸款市場乃至整個信貸市場擔憂加劇。美國、歐洲及亞太地區主要股市全線暴跌，拉美主要股市也是全線暴跌。

直到今年年初美國最大銀行花旗集團公佈，受累於近一百八十億美元的次貸相關資產沖減，該行在去年第四季巨虧九十八・三億美元，為花旗有史以來最大的季度虧損，也超過了此前市場最悲觀的預期。

花旗遭遇史上罕見虧損，加上美國出臺的去年十二月份零售銷售降幅大大超出預期，使得投資人對美國金融業和整體經濟的前景愈加擔憂。受此影響，二〇〇八年一月十六日開盤後，美國三大股指全線大跌。道指開盤即下跌一百餘點。截至北京時間二〇〇八年一月十五日二十三時四十八分，道指跌兩百零七點，跌幅百分之一・六；標普五百指數及那指均下跌超過百分之二。

歐洲三大股市盤中不斷擴大跌幅，截至北京時間二〇〇八年一月十五日二十三時四十八分，巴黎股市下挫百分之二・八，倫敦股市跌百分之二・八，法蘭克福股市跌百分之一・七。先於美歐股市結束交易的亞太市場十五日也普遍大挫。日經指數收盤大跌百分之〇・九八，自二〇〇五年十一月以來首度跌破一萬四千點整數關。中國香港股市也大跌百分之二・三八，恆指跌破二萬六千點，為去年九月來最低收盤價。新加坡股市大跌百分之二，是五個月來最低點。韓國、印度、印尼等股市跌幅也都超過百分之一。

接二連三的利空消息，也強化了市場對於美國將持續降息以刺激經濟的預期。因此，美元匯價二〇〇八年一月十五日繼續走低。其中，美元對日圓一度大跌百分之一以上，至兩年半以來低點。歐元對美元也一舉突破一．四九，直逼去年十一月創下的歷史高點。

為了彌補資金缺口，花旗昨天還宣布了第二輪融資方案，計畫通過出售可轉換優先股的方式，向新加坡政府投資公司、科威特投資局以及沙特王子阿爾瓦立德等海內外投資人融資共計一百四十五億美元。即將在二〇〇八年一月十七日發布季報的美林也在同一天宣布，計畫向科威特投資局和日本瑞穗金融集團等機構融資六十六億美元。

雖然，次貸危機已經過去一年多的時間了，但由於次貸危機的影響還沒法估計，所以其陰影依然存在，市場仍然難以得到全面的好轉。「現在一切才剛剛開始」。

八、全球金融的大混戰

美國次級抵押貸款風暴正向全球金融業加速蔓延。二〇〇七年八月十五日又有多家大型金融機構宣布因為次級抵押貸款危機而蒙受巨大損失。「百年老店」貝爾斯登的轟然倒塌，令中國對次貸危機之於華爾街金融機構的「殺傷力」有了更深刻的理解。因為次貸危機引發的信貸風暴，花旗、美林以及瑞銀等歐美金融巨頭近幾個季度以來被迫作出了數以千億美元計的資產沖減，各家機構也不得不一次又一次地向包括主權基金在內的外部投資人伸出求救之手。

自二〇〇七年底以來，美國抵押貸款市場繼續以出乎市場預期的速度惡化。次級抵押貸款的利率要高於普通抵押貸款的利率，以此彌補貸款方所承擔的更大違約風險。美國房地產市場的降溫和房產價格的下跌，使得大量以次級抵押貸款形式發放的房屋貸款和牽涉次級抵押貸款的證券投資面臨巨大風險，相關金融機構也不可避免受到牽連。

二〇〇六年和二〇〇七年發放的次級抵押貸款和 ALT—A 貸款的違約率繼續大幅上升，二〇〇六年發放的次級抵押貸款的違約率已經達到百分之十七；對美國房價下跌幅度的看法更加悲觀，失業率上升，普遍認為美國經濟衰退的風險正在加大。在這種形勢下，美國保險公司成為危機波及的「重災區」，多家保險公司均宣布了巨額虧損並遭遇評級下降。

有關資料顯示，自二〇〇七年以來，全球金融機構已披露的次貸相關資產沖減和信用損失已達二千零八十億美元，包括壞賬準備。這項統計囊括了全球四十五家主要銀行和券商。在這其中，美國和歐洲的金融機構當然是「大頭」。比如，美國最大的銀行花旗二〇〇七年一月宣布，由於出現了高達一百八十億美元的次貸相關損失，公司在去年第四季淨虧損九十八・三億美元，為該公司有史以來的最大季度虧損。高盛二〇〇八年初發布的研究報告則稱，全球次貸相關損失預計將高達一・二兆美元，其中華爾街的損失佔近四成，達到四千六百億美元，是已經公布資料的近四倍。

一、歐美金融機構的損失最為嚴重

1. 按揭貸款保險商面臨損失

二〇〇七年以來，基於對住房市場低迷的預期，由住房按揭保險商（Mortgage Insurers）承保的可調節利率按揭貸款（ARMs）的風險大幅度提高，其他相關貸款的違約率也快速上升。總的來說，該類公司正面臨著盈利能力急劇惡化的潛在風險，宏觀經濟的任何衰退跡象都可能會使其盈利能力持續下降，資本充足情況不斷惡化，市場對這一部門的評級水準也產生了較多的質疑，尤其對該行業現有的高評級與較差的盈利情況間的落差持高度謹慎態度。

首先，按揭保險公司持有的與次貸相關資產在近兩年內可能將繼續減值。其次，由於該部門目前的資本充足情況尚好，評級機構維持了主要按揭保險公司的 AA 評級。然而一些市場研究人員認為其二〇〇八年的經營業績已被高估，隨著整體市場環境的惡化，特別是房價的下跌，二〇〇八年的經營競爭更為激烈，相關市場的萎縮將直接導致經營收入上的巨大壓力。預期 PMI、MTG 和 RDN

等主要按揭保險公司在二〇〇八年都將產生營業虧損。雷曼公司的模型計算顯示，如果相關保險產品的索賠率達到百分之六十的保守估計水準，各公司的損失金額分別在一億美元至三億美元之間；當索賠率達到百分之七十，則損失分別為二億至九億美元。基於長期的盈利疲軟預期，該部門資本金將難以支持目前的 AA 評級。

2. 金融擔保公司正在面臨巨大的財務和經營壓力

由於在 RMBS 和擔保債權憑證（ABS CDO）市場上巨額損失，金融擔保公司（Financial Guarantors）目前正在面臨次貸危機帶來的巨大財務和經營壓力。由於在短期內將受到其持有的大量抵押資產相關頭寸的不利影響，大部分的大公司正面臨評級下降的壓力。目前三大評級機構對該部門主要公司的評級展望，顯示各評級機構均已改變了原來較樂觀的看法。財務評級的變化，以及與 RMBS 和 CDO 相關虧損可能在未來一個較長的時間內逐步顯現，再加上面臨來自巴菲特的 Berkshire Hathaway 公司的有力競爭，使該部門的商業模式很可能發生較為深刻的變化。

近幾個月來，市政債券的投資者已經變得對債券保險商的信用品質非常敏感。全球最大的兩個金融擔保公司——Ambac 和 MBIA，都面臨著資本充足的巨大壓力，正竭盡全力以維護其 AAA 評級。另外，FGIC 公司資本短缺的規模還難以確定，惠譽估計其距 AAA 評級還短缺十億多美元的資本，而標準普爾算出的數字則超過十八億美元。評級機構對 SCA 的看法不一，標準普爾已經將其評級調為負面，其模型顯示，該公司可能需要增加二・三五～二・八五億美元資本金以保持其 AAA 評級，惠譽模型計算的數字則達到二十億美元的水準。

3. 金融擔保業多方自救

保險行業已經成為二〇〇七年末以來受到次貸危機衝擊的主要對象，金融擔保公司更是「重中之重」。因受債券保險機構擔保的債券規模多達二．四兆美元，由於被擔保的債券通常會獲得與承保企業相同的債信評級，一旦金融擔保公司的財務評級普遍下調，必然導致大量債券的投資評級被下調，從而促使投資人大量拋售低等級的債券，給處於次貸危機中的債券市場帶來更大壓力；持有這些債券的相關金融機構將出現更大的資產損失，各金融機構也將再減記數百億美元的資產，導致金融業出現第二輪資產損失計提，其影響是全局性的。其中，美林、花旗和瑞銀的資產減記數額將較大。

二〇〇八年二月初，為防止信貸緊縮的影響擴大，包括美國花旗集團、美聯銀行、英國巴克萊銀行、法國興業銀行、法國巴黎銀行、瑞士聯合銀行在內的美國和歐洲的幾家大銀行準備合作，對陷入困境的美國金融擔保公司施以援手，但方案始終難定。目前，該類公司正在考慮採取吸引新的資本、再保險交易和拆分業務等多種措施進行自救。

在吸引新的資本進入方面，惠譽、穆迪和標準普爾已經建議相關公司吸引新的資本以維持其AAA評級。例如Warburg Pincus投資於MBIA的十億美元，是由於MBIA要滿足惠譽AAA評級的資本要求正好短缺十億美元。美國紐約州保險監管廳正試圖推動華爾街拯救Ambac公司和MBIA公司。據稱，監管部門呼籲共同向兩大債券保險商注資達一百五十億美元之多。二〇〇八年二月二十四日，市場傳出了Ambac公司可能獲得三十億美元投資的消息。

然而，多種因素造成吸引新的資本較為困難。首先，各評級機構表示該部門面臨的壓力仍然持續，這使得投資者認為不確定性較大。再保險交易則將對公司收益產生潛在的不利影響。第二，該部門的市場格局可能發生重大變化。二〇〇七年十二月二十八日，Berkshire Hathaway 公司已正式宣布進入金融擔保業，將形成一個新的競爭格局。最後，由於抵押資產風險高企，金融擔保產品的最終用戶可能不再選擇該類擔保產品，此前高速成長的結構性融資擔保業務將明顯滑坡。如市政債券的投資者過去很少懷疑具有經過擔保而具備 AAA 評級的市政債券，但二〇〇七年十一月以來市場巨幅波動使他們意識到市政債券也存在較高的評級下調風險。

在保險交易方面，評級機構對再保險交易作為提高資本充足率的一種手段也持歡迎態度。二〇〇八年二月十二日，經過一段時間的醞釀，巴菲特拋出了其援救計畫。該計畫的主要內容是：巴菲特將提供五十億美元的資本為 MBIA、Ambac、FGIC 所擔保的市政債券提供再保險，標的總規模高達八千億美元。

業務拆分方面，一些金融擔保公司正在尋求適當的分拆方式。二〇〇八年二月上旬，紐約保險業監管者 Eric Dinallo 建議，將市政債券擔保業務與次貸有關的債券擔保業務分離。這將使市政債券保持在 AAA 評級，但其他近五千八百億美元資產抵押債券的評級則不可避免地被大幅下調，波及的資產減記近三百五十億美元。Ambac、MBIA 和 FGIC 公司都作出了較為積極的回應，其中 FGIC 公司已通知紐約管理機構，表示願意將公司一分為二。

必須注意到，上述情況還在不斷發展變化中。例如，在保險公司和其他金融機構忙於應付這輪衝擊的同時，三大評級機構在今年初又下調了一些與次貸相關債券或結構性產品的信用評級。如二〇〇八年一月三十日，標準普爾宣布下調對五千三百四十億美元次貸證券及 CDO 的評級。穆迪也調高 RMBS 的平均損失率至百分之二十一，反映了這些貸款最終風險的高度不確定性。二〇〇八年二月二十一日，標準普爾又宣布下調一百零八億美元美國房貸相關 CDO 的評級。標普警告說，這次降低評級後，這些證券持有者的損失可能超過二千六百五十億美元，對美國保險業在內的金融市場還會產生進一步的「連鎖效應」。

二、對亞太金融機構的影響不容忽視

由於與美國次級住房抵押貸款相關的證券化資產價格進一步下跌，全球第二大經濟體日本，該國最大的銀行二〇〇七年八月十五日也宣布了與次級抵押貸款相關的投資損失。日本最大金融集團三菱日聯也表示，截至二〇〇七年七月底，該集團約有五十億日圓未實現的次級房貸投資損失。而日本第三大金融集團三井住友集團則表示，二〇〇七年四月到六月間，公司在美國房貸擔保證券方面計提了「數十億日圓」損失。日本第二大銀行瑞穗於二〇〇七年八月初也確認了六億日圓次級債相關損失。

根據日本三菱 UFJ、瑞穗等六大銀行集團近日相繼公布的二〇〇七年前三季（二〇〇七年四月至十二月）的財務報告，截至二〇〇六年十二月底，六大銀行與美國次級房貸相關的損失合計達五千二百九十一億日圓（一美元約合一百六十六日圓），遠遠超過二〇〇六年九月底的一千一百五十億日圓。其中，瑞穗銀行集團的相關損失最為嚴重，高達三千四百五十億日圓。日本六大銀行集團二〇〇七年前三季的純利潤也全部下降，合計降為一・三三九一兆日圓，比上年同期減少百分之四十四・二。

利潤下降影響了日本各大銀行的股票價格，並拖累了日本股市。據此間媒體報導，截至今年一月底，三菱UFJ、瑞穗、三井住友三大銀行集團的股票市值總額約二十三兆日圓，一年縮水十兆日圓以上。銀行股下挫也成為東京股市日經兩百二十五種股票平均價格指數持續低迷的一個重要因素。東京股市日經股指從二〇〇七年十月上旬的一萬七千點左右跌到十二月底的一萬五千三百點左右，跌幅近百分之十。因此，日本主要證券公司的業績也受到不同程度的影響。

日本四大證券公司二〇〇八年一月三十一日分別發表的財務報告顯示，從二〇〇七年四月至十二月三季裏，日本瑞穗證券公司的虧損額高達一千九百六十七億日圓，野村證券公司、三菱日聯證券公司和大和證券公司的純利潤分別減少了百分之三十七．七、百分之三十．三和百分之十一．三。

從目前的情況看，儘管日本金融機構與美國次貸危機相關的損失與歐美各大金融機構的損失相比有限，但其對日本經濟的影響已引起各界的關注。日本首相福田康夫在政府的經濟財政諮詢會議上表示，美國次貸危機給全球金融資本市場帶來的動盪仍在持續，美國經濟已出現減速，因此根據情況迅速採取對策很重要。他強調說，針對今後日本國內的經濟動向，政府和中央銀行有必要聯合採取措施予以對應。福田康夫還說，要以次貸危機引發的問題為契機，冷靜檢點日本經濟存在的風險，全力以赴推進金融資本市場的改革。日本財務和行政改革擔當大臣渡邊喜美在一次內閣會議結束後的記者會上強調，雖然各大銀行與美國次貸危機相關的損失擴大，但完全可以應對。不過，美國債券保險商出現損失等新的問題浮出水面，必須進一步提高警惕。但日本央行行長福井俊彥則表示，日本仍保持著生產、收入和支出的良性循環，沒必要匆忙採取措施。

臺灣富邦金控表示，該集團關係企業持有次級房貸相關投資約二千七百五十萬美元。該集團旗下的臺北富邦銀行持有七・八七億元新臺幣擔保債權憑證（CDO）投資，其中三・一五億元台幣（九百五十萬美元）為次級房貸相關的 CDO。另外，富邦人壽持有的次級房貸相關證券也達到五・九五億元台幣（一千八百萬美元）。金管會表示，臺灣十六家銀行持有的美國次級房貸相關投資預計達到四百零四億元新臺幣。

澳大利亞一家大型基金公司也宣布，旗下一對沖基金可能因為次級債風波損失超過百分之八十。這支名為 Basis 資本的基金管理公司告知投資人，旗下的 Yield Fund 對沖基金資產損失可能超過百分之八十，因美國次級抵押貸款暴跌使得債權人要求這家公司低價出售資產。

《第四章》

應對危機－各國忙出招

PART4

一、越南調貸款利率穩定貨幣

二〇〇八年六月二日，中金公司發布報告指出，二〇〇八年以來越南多項經濟指標已亮起紅燈，導致金融市場異常動盪，貨幣危機一觸即發。

中金公司首席經濟學家哈繼銘表示，近期越南金融市場動盪，主要是反映宏觀經濟形勢轉差。

據悉，由於食品及能源價格飆升，越南二〇〇八年五月份通膨率達到百分之二十五．二，為十三年來最高，而通膨上行壓力仍然嚴重。此外，越南貨幣政策的從緊力度不足。越南央行二〇〇八年五月十九日將基準利率從百分之八．七五調升至百分之十二，部分銀行已將貸款利率設至百分之十八，但當前的利率水準仍遠低於通膨率，未能有效控制通膨預期。

與高通膨率相伴的是越南貿易赤字在不斷擴大。據統計，二〇〇八年一～五月，由於國際能源、建材和化肥價格的上漲，越南的貿易赤字達到一百四十四億美元。而儘管過去幾年資金持續流入使越南外匯儲備大幅增加，但仍低於越南的外債總額。據世界銀行測算，越南二〇〇八年的外債規模將達到二百四十億美元，佔 GDP 的百分之三十．二。此外，國家財政力量疲弱也是宏觀形勢轉差的表現之一。二〇〇八年以來，越南政府財政赤字持續擴大，並長時間維持在佔 GDP 百分之五的危險水準。

在通貨膨脹率高、貿易赤字擴大的局面下，越南盾自二〇〇八年三月下旬急跌，匯率也持續下滑。據官方數字統計，截至二〇〇八年三月中旬，越南盾兌美元已貶值百分之二．七，而十二個月的遠期外匯交易（NDF）顯示，交易員認為越南盾兌美元一年內跌幅超過百分之三十。股市方面，越南股指二〇〇八年以來下跌了百分之五十五，遠低於區內其他股市的表現。

針對越南的目前情形，金融專家擔憂地表示，越南貨幣危機有可能一觸即發。二〇〇八年五月二十八日，國際投行大摩發出警告稱，越南無論是經常賬赤字、外儲備及通膨情況，都與現時匯率脫節，因此已出現醞釀貨幣危機的基本條件。在外儲備不足、經濟嚴重失衡及高通膨夾擊下，越南盾將面臨龐大貶值壓力，該國或步泰國九七年的後塵遭遇狙擊，恐一年貶值百分之三十九，重演九七風暴，甚至連累區內爆發「貨幣危機」。

商務部研究院研究員梅新育認為：「『經常項目持續逆差＋低外匯儲備＋資本項目自由化＋金融服務市場開放』的組合，通常以貨幣危機而告終。」

二〇〇八年六月二日，越南央行官員表示，央行已經制定了一整套政策應對通貨膨脹問題，包括繼續加息、降低經常項目赤字、提高商業銀行準備金率等。此前，越南央行擴大了越南盾對美元匯率的浮動區間至上下浮動百分之二。隨後幾天，越南盾對美元保持小幅度貶值態勢。

瑞信集團表示，持續過熱是越南經濟面臨的核心問題，其經濟走向和政策取向都不令人放心。高盛報告則指出，在惡性通膨下，目前越南盾仍高估，未來仍有下跌空間。高盛分析師認為：「假如越南政策制定者不把越南盾加速貶值考慮進去的話，未來將面臨更多麻煩。」德意志銀行預測，今後幾個月，越南盾還將貶值百分之三十以上。

為穩定國內貨幣，越南政府要求銀行減少貸款，暫停不必要的基建工程及增加銀行存款準備金，以減少貨幣供應。

除此之外，在二〇〇八年六月，越南政府還調高貸款利率，以此來穩定越南盾。據悉，越南政府將貸款利率調至百分之十八。專家認為，越南政府以高利率抑制通膨、穩定越南盾，在初見成效的同時，對企業而言，財務壓力卻是陡增。

百分之十八的高貸款率對企業來說，明顯讓他們感到巨大的壓力。一些企業家說，如果向銀行貸款十億越南盾，一年就要支付一．八億越南盾的利息，這就要求企業盈利必須達到百分之二十到百分之三十以上，才能還債。在高貸款利率的壓力下，越南企業紛紛採取減產的方法來應對。

與調高貸款利率相應的是，越南的存款利息也調高。自二〇〇八年六月十二日開始，越南各大銀行開始調息。其中，越南最大的商業股份制銀行外貿銀行（Vietcombank）公布已獲准將最高存款利率調升為百分之十七．五，而越南當地存款利率最高的東南亞銀行（SeAbank）年息已高達百分之十九．二。

銀行利率的調整，一時間使越南各大銀行展開爭奪戰。部分銀行為了避免在利率「競賽」上陷入泥潭，又防止原有客戶提前取款，開始推出更多的促銷活動。例如，技商銀行（Techcombank）將年息調升為百分之十七．三之後的第二天，繼續為存款達一千萬越南盾以上的客戶推出「超幸運」促銷計畫，獎項價值為十億越南盾；西貢商業股份銀行（SGB）則為存款期限一～九月的客戶推出「最高利率」計畫活動，年息達百分之十七．七。而西貢商信銀行（Sacombank）除了將年息調高為百分之十七．五二外，還宣布截至七月十九日，存款金額若能達到二千萬越南盾或者一千美元，存款期限為二到六個月；或者存款為一千萬越南盾或者五百美元以上，存款期限為七到十三個月的客戶，可以參加該行的「禮物風暴」活動，特別獎為一輛價值十四億越南盾的寶馬車，累計獎項價值高達三十億越南盾。

加強對外匯市場的控制也是越南政府穩定越南盾的一個措施。二〇〇八年六月六日，越南國家銀行發布通告，加強對外匯市場的控制，努力保持該國金融市場的穩定。通告規定，外匯自由市場只能買進外匯，而不得將外匯賣給個人，各外匯代理點買進的外匯必須上交國家，違規者將予以嚴懲。

同時，越南總理阮晉勇表示，越南政府擁有足夠的外匯儲備，用以干預外匯市場維持越南盾的幣值穩定。阮晉勇在政府網站上發布的聲明中表示，「政府有能力採取干預行動以保持越南盾的幣值。」

越南金融體系的困境向亞洲各國敲響了警鐘，《華爾街日報》認為，越南的通貨膨脹不斷加劇，甚至有可能演變成全面危機，這為正在努力控制物價暴漲的其他亞洲國家發出警告。分析人士認為，如果亞洲國家央行沒有迅速採取行動抑制不斷上漲的物價，越南將是前車之鑒。

二、馬來西亞深化金融改革

一九九七年的金融危機給馬來西亞的經濟帶來了嚴重的衝擊，也使該國金融體系中存在的缺陷暴露出來，此後馬來西亞政府開始積極進行金融改革。

當時，馬來西亞政府為避免因壞賬太多而導致一些金融機構倒閉，同時也為了使這些金融機構擴大資本，馬政府將一些金融機構進行合併，以增強其實力，提高其競爭力。並且為了增強金融機構的競爭力，穩定金融市場，馬來西亞中央銀行還推出了一套金融改革措施。例如，馬中央銀行規定，為了使貸款分類和儲備金額達到國際標準，所有金融機構的無抵押貸款必須擁有足夠的特別儲備金。

歸納起來，馬來西亞強化金融體系的措施有以下幾個特點：

一、力促金融機構通過合併加強實力和競爭力。金融風暴後，政府強制要求國內金融機構合併。根据政府計畫，馬國內五十四間金融機構將合併為十家主導銀行集團。截至二〇〇〇年底，已有五十一家金融機構進行合併，合併率達百分之九十四；六十四間證券行合併為約十五家全方位經紀機構，逾百分之八十已完成合併；保險公司也將展開合併。為加速合併，政府提高了各類金融機構的資本金擁有額。

二、強化市場基礎設施結構。馬來西亞的證券、期貨等交易所於二〇〇二年合併為單一的馬來西亞交易所；為所有產品交易建立綜合結算系統，並在二〇〇二年成立單一結算機構。

三、大力發展國家債券市場，為企業提供一個長期和低成本的重要融資管道，避免企業過度依賴銀行機構進行融資。政府成立了國家債券市場委員會，還設立了債券市場的金融擔保承保制度。

四、加強管理體制，提高市場透明度。政府推行綜合計畫，在金融市場逐步落實以市場為中心的管制體系；每五年審查一次管制機制的有效性；證券委員會和吉隆玻股票交易所向股東定期發布及時、完整的有關公司的資訊。

五、鼓勵金融業應用新科技。政府允許銀行機構使用電子通訊網絡和電子交易平臺；允許單位信託基金電腦交易；加強網上資本市場活動的監管能力。

馬來西亞及時進行的金融改變使馬來西亞的金融體系逐漸完善。二〇〇五年七月二十一日，馬來西亞央行公布消息稱，馬來西亞已經決定放棄林吉特盯住美元的匯率制度，將其調整為有管理的浮動匯率制度。並且馬來西亞央行將密切關注林吉特的匯價波動，使其符合真實的價格，保持林吉特匯率穩定將依然是該國央行的主要任務。

馬來西亞總理巴達維表示，在放棄林吉特盯住美元的匯率機制，轉而實行管理浮動匯率制度之後，馬來西亞將竭力確保林吉特匯率穩定。巴達維在談到投機是否可能導致林吉特波動時表示：「中國做好了應對任何情況的準備。」

改變匯率制度的消息傳出後，德意志銀行駐亞洲的首席經濟學家 Michael Spencer 說：「我並不認為馬來西亞將很快轉變到管理匯率制度，他們之所以作出這種決定是因為他們必須面對大量熱錢湧入的事實。」

根據馬來西亞央行的資料，二〇〇四年第四季流入馬來西亞用以賭林吉特升值的投機資本達到了一百一十億林吉特，二〇〇五年第一季也有四十三億林吉特。

「這是消除投機資本對於匯率壓力的表現。」駐新加坡的區域經濟學家 Song Seng Wun 表示，「投資者將感到滿意，因為他們投入的大量資金得到了滿意的回報。」

「這是一個非常符合邏輯的決定，因為如果不是這樣，林吉特將會吸引過多的投機資本。我本能的反應是這是個積極的因素。」馬來西亞最大的投資銀行 **CIMBBhd** 的 **CEO Nazir Razak** 在新加坡一個討論會上表示，馬來西亞盯住美元的匯率制度對經濟是產生了積極的影響，但是從全球市場的發展來看，這是一個好的實行管理匯率制度的時機。

在宣布放棄盯住美元的固定匯率制度之後，馬來西亞外匯儲備的增長開始加足馬力。根據馬來西亞央行二〇〇五年七月公布的資料，外匯儲備上升到七百八十六・六一億美元，比六月增加了約三十五億美元。馬來西亞官方表示，其中三分之二的外匯流入發生在匯率調整之後的兩個星期。

儘管馬來西亞政府大力進行金融機制改革，但仍沒有逃脫越南即將爆發的貨幣危機的影響。馬來西亞陷入高通膨、貨幣貶值、股市樓市暴跌的動盪之中。

在二〇〇五年之前，馬來西亞的通脹率一直控制在較低水準，但受美元貶值、國際市場油價上漲的影響，二〇〇五年馬來西亞的通膨率開始節節高升，二〇〇六年三月達到最高峰百分之四・八。

馬來西亞政府為了降低通貨膨脹率而採取了穩健的金融政策。謹慎運用利率手段應對通膨。二〇〇六年通膨率達到高峰時，馬央行宣布將利率提高〇・二五個百分點至百分之三・五。這是馬來西亞自二〇〇五年以來第二次上調利率。也是其自一九九七年至一九九八年亞洲金融危機爆發以來第二次上調利率。此後，馬央行認為通脹率仍在可控制範圍之內，沒有再提高利率。

馬來西亞政府官員曾多次表示，馬來西亞的通貨膨脹和經濟增長處於平衡狀態，利率低於中等水準，這意味著馬央行還有動用利率手段的空間。但她同時強調，馬來西亞不會輕易動用利率手段來抑制通貨膨脹，以免對國家經濟增長產生不利影響。

馬來西亞的的實行的金融政策使國內的通膨率得到了有效的控制。二〇〇七年十二月，馬來西亞中央銀行行長澤蒂在吉隆玻表示，儘管面臨石油和食品價格上漲的壓力，馬來西亞的通貨膨脹得到了抑制，全年平均通膨率在百分之二至百分之二．五之間。

馬來西亞政府根據國內市場的現實為金融市場「量體裁衣」，使馬來西亞的金融體系逐漸完善。

三、泰國積極展開金融改革

一九九七年下半年，一場金融危機從泰國開始爆發，迅速席捲東亞，波及全球，其來勢之猛、程度之烈、範圍之廣、影響之深都是史無前例。

金融危機發生後，泰國在取得國際貨幣基金組織諒解後，採取了較為寬鬆的財政及貨幣政策，同時加速進行產業及金融的整合及改造工作，從而使泰國經過數年的時間走出了金融危機的陰影。

為應對金融危機帶來的衝擊，泰國政府積極展開金融改革。泰政府首先於一九九七年八月關閉體制欠佳的五十六家金融公司，同時成立金融重整機構及資產管理公司，進行剩餘資產清算、合併與拍賣工作。通過金融機構的合併，強化核心領域，提高競爭力。同時，泰國政府改變自一九八四年起實行的盯住匯率制度，堅持實行有管理的浮動匯率制度。泰國政府從二〇〇四年一月份開始實行的金融系統總規劃，進一步對金融系統進行改革。

泰政府為加速經濟復甦腳步，還積極的重整公司債務。除減輕企業稅負外，還修訂了破產法以及取消抵押權贖回權，使瀕臨財務危機的公司有能力重建。

泰國政府還根據國情，制定了擴大內需和促進出口的政策，從而加快了泰國經濟復甦的步伐。泰國經濟增長率從一九九八年的負百分之十．五升至一九九九年的百分之四．四，到二〇〇三年則達到了百分之七．一。

時至今日，泰國人仍會經常提出金融危機是否再度爆發的問題。二〇〇七年六月二十九日，泰國中央銀行行長塔麗薩女士回答說，泰國政府多方位的經濟改革以及穩定的泰銖匯率極大程度地減少了金融危機再度爆發的可能性。

泰國總理素拉育二〇〇七年六月三十日更加明確地表示，泰國不會重演金融危機，這是因為泰國目前的經濟強健，外匯儲備充足。他說，一九九七年的金融危機源於泰國政府錯誤地拋盡了外匯儲備，導致泰銖瞬間貶值，但現在泰國的外匯儲備相對充足，二〇〇七年六月二十二日，泰國的外匯儲備達到了七百二十二億美元。同時，出口的持續增長保證了泰國經濟的穩健發展，二〇〇七年第一季，泰國國內生產總值增速達到百分之四．三，預計今年全年將保持百分之四．五的水準。

儘管泰國總理認為泰國不會再次爆發金融危機，但泰國的高通貨膨脹率仍讓人擔心會引發貨幣危機。二〇〇八年二月二日，據泰《世界日報》報導，泰商業部公布二〇〇八年一月的通貨膨脹率年比增長百分之四．三，創下自二〇〇六年七月以來的新高。

泰國商業部常務次長希里蓬表示，二〇〇八年一月的一般消費物價指數為一百一十九．九，月比增長百分之〇．八；基本消費物價指數為一〇六．四，其中食品和飲料類物價指數上升百分之四．八，非食品類物價指數上升百分之三．九。

二〇〇八年四月，泰國通貨膨脹率達到百分之六．二，為近兩年來的最高水準，而頭四個月的平均通膨率為百分之五．三。較高的通貨膨脹率意味著泰國經濟仍面臨著價格上漲的壓力。

泰國的一些專家認為，自二〇〇七年年底以來，石油、棕櫚油、豬肉、大米等商品價格的上漲導致商品與服務價格出現廣泛持續的上漲，並推動通膨率上升。

泰國著名經濟研究機構泰華農民研究中心認為，商品和能源價格未來仍將趨於在高位徘徊，其中一些產品，如食糖及其相關產品的價格有可能在下一階段繼續調升，這些因素將促使二〇〇八年下半年泰國經濟仍處於高通膨壓力之下。

為了緩解高通膨壓力，泰國央行行長塔麗莎決定採用貨幣政策措施來應對通貨膨脹問題。塔麗莎在臨時召開的新聞發布會上表示，任何上調政策利率的舉措都不太可能對支出或經濟活動造成很大的影響。她表示，泰國當前的實際利率為負，因此任何加息舉措都不太可能對支出和經濟增長帶來顯著影響。

對於泰國的作法，亞洲開發銀行泰國事務主管 Jean-Pierre Verbiest 稱，貨幣政策可能無法有效抑制泰國日益加劇的通貨膨脹壓力。

Verbiest 稱，泰國的通貨膨脹壓力來源於供應面，因此貨幣政策可能無法起到作用；泰國面臨的不是傳統上的通貨膨脹問題；需要長期性解決方案。他表示，泰國短期內面臨的主要挑戰是重新贏得外國投資者的信心並合理應對泰銖面臨的升值壓力。從中長期來看，泰國應該致力於提高農業和工業競爭力，並為人口老齡化做好準備。

泰國著名經濟研究機構泰華農民研究中心表示，泰國中央銀行應慎重制定貨幣政策，防止經濟出現滯脹情況。

這個研究機構在發表的一份報告中指出，各國央行在實施貨幣政策時大都經歷過為兼顧抵禦通貨膨脹和促進經濟增長而左右為難的困境，在適當的時機採取合適的貨幣政策對央行來說是一項十分重要的任務和挑戰。

泰華農民研究中心就泰國當前面臨的經濟局勢指出，泰國二〇〇八年六月份通膨率高達百分之八・九，為十年來新高，核心通貨膨脹率則突破了泰國央行規定的百分之三・五的目標上限，達到百分之三・六，並有可能在年底前後達到百分之四・五至百分之五。

報告還說，泰國央行應特別關注上調利率對經濟造成的負面影響，注重保持風險平衡和樹立金融市場和民眾對今後價格穩定的信心。

亞洲金融危機使泰國經歷了非常困難的時期。然而泰國政府和人民在痛苦中不斷總結經驗，尋找對策。金融危機後泰國企業界開始變得謹慎，採取的主要措施包括：大幅降低債務與資產的比例，而此前許多企業的債務是資產的好幾倍；調整企業結構、加強管理，盡可能降低成本；尋找國內外合作夥伴以度難關；改變投資政策，儘量不再涉及自己不擅長的領域，而危機前幾乎每個有些規模的企業無不涉足房地產業。

在政府方面，大力整頓金融業是危機後採取的最主要措施之一。泰國國家銀行全面加強了對金融機構的監管，關閉了五十八家資不抵債的金融機構；提高了金融機構的呆賬準備金比例等；與此同時，加強金融機構管理的公正性和透明度。

四、韓國展開拯救韓幣大行動

二次大戰後，韓國經濟從廢墟上起步，經過五十年代的艱辛創業，創造了亞洲乃至世界經濟高速增長的奇蹟，成為全球經濟發展中第十一位的強國。但隨著一九九七年下半年東南亞金融危機的來臨，韓國經濟出現劇烈動盪。

在一九九七年八～九月，受到泰國、印尼等國金融危機的影響，韓元大幅度貶值，韓元匯率從年初的一美元兌換八百韓元，至九月四日突然跌到一美元兌換九百零六韓元，為一九九〇年三月實行市場平均匯率以來的最低點；到十二月二十三日，韓元跌到一美元兌換二千零六十七韓元的歷史最低點，韓國的外匯儲備減少至外債總額的百分之五。韓國股市則在幾年熊市的情況下繼續下挫，一九九七年十二月二十三日漢城股市綜合指數收市為三百六十六・三六點。韓國的經濟實際已處於崩潰的邊緣，韓國人民受到戰後的歷史上、精神上與物質上最嚴重的打擊。

曾經是「亞洲四小龍」的韓國在短短的數月內發生如此雪崩式的嚴重的經濟危機，其原因在於：

首先是政府的因素。亞洲地區國家近十幾年來經濟高速發展，自然離不開政府的大力支持。同時也引起了信貸過度，導致資產價格的膨脹，經濟和社會消費呈「泡沫」狀況。面對「泡沫經濟」，韓國政府「知易行難」，因為若推出某些政策來消除「泡沫」，將會遇到極大阻力，遇到選民們的強烈反對，付出巨大的代價；同時還會阻礙那些由政府一手扶持的集團企業的發展，因此政府就用種種藉口不予干涉，導致「泡沫」越來越大。另外，韓國政局的不穩定，黨派之間的爭權奪利，政府部分官員的腐敗，又給韓國經濟帶來另一個不穩定因素，在韓國發生金融危機時，政府政策多變，失去權威，一會兒堅持捍衛匯市和股市，一會兒又完全放棄，這時候的出爾反爾，大大加劇危機的發展。

其次是企業過度擴張的因素。韓國的集團型企業可分為兩大類型：一是以家族為背景的大集團；二是由政府投資經營的大企業。但在經濟發展的過程中，兩種類型企業的界限並不十分明顯。大家共同的目標是躋身於世界跨國公司行列，這導致各大企業集團盲目擴大經營規模，有資料統計表明，一九七三年韓國前五大企業的經濟規模約相當於韓國 GDP 的百分之四，到一九八八年上升至百分之十一，至一九九六年更是超過百分之二十五。在引進外資和出口戰略為重心的指導方針下，大企業在對外競爭中受到政府的保護，在貸款和稅制方面享受優惠，擴張過快，經營項目過於分散，員工數量巨增，債務日益沉重。在世界貿易組織成立以來的激烈競爭形勢下，韓國大集團企業內部形成的由於高物價、高工資引起的高成本和相對低效率的結構性問題，必然反過來限制企業的發展和對外的競爭力，同時相當程度上制約了韓國經濟的發展。

再次是過分依賴外國短期投資。據官方統計，到一九九七年十一月底韓國的外債已高達一千五百六十九億美元，比原先估計的高出近百分之六十，其中短期外債佔百分之六十。截至十一月韓國的外匯儲備從一九九六年底的三百億美元銳減到七十二·六億美元，使政府無法在一九九八年初償還到期的數額巨大的短期外債，只能求助於 IMF 或美日大國。企業過分依賴外資和政府的幫助，使企業的自主性很差，韓國前三十家大財團的自有資本比率僅為百分之十八・二，東南亞金融危機發生以後，無數韓國中小企業破產倒閉，一些大企業也未能倖免於難。一國的實業界乃是金融業的基礎，企業經營風險增加必然給金融業帶來巨大風險。

最後是金融體系因素。韓國政府在近年來採取放寬金融限制的政策，力圖為本國金融業創造良好的競爭環境，但政府既沒有切實可行的監管系統，又強制銀行等金融機構給予大企業大量貸款，金融機構資金流向、引導政策不明，呆帳、壞帳十分嚴重，使銀行業大受影響。對於中小企業，由於無法得到重點「關照」，致使他們大量的資金來源只是所謂的「場外證券市場」，資金市場由私人放貸者操縱，國家金融秩序混亂。伴隨著金融危機的來臨，韓國出現大企業資金短缺——股價下跌——倒閉——破產，使貸款給其的金融機構也陷入困境，其他銀行也就不敢貿然融資給確實需要資金的企業，又有大量企業因為缺少短期流動資金，被迫停業、破產，整個國家的經濟就陷入惡性循環狀況。後來終於爆發了貨幣危機。

為了應對貨幣危機，國際貨幣基金在一九九七年為韓國注入五百七十億美元，避免韓國陷入破產。同時，韓國政府為了消除儲戶的恐懼心理和防止金融形勢進一步惡化而出資保護兩家陷入經營危機的銀行。

當時，韓國財政經濟院分別以一・一八兆韓元買進漢城銀行和第一銀行各百分之五十九的股份，以提高它們的信譽，穩定韓國的金融形勢。這樣，這兩家銀行將成為國家控股銀行。作為提供支援的條件，政府將要求它們在今後一年內各自裁員一千五百人，減少全體職員的工資百分之十以上，領導成員的工資減少百分之三十，合併四十個以上的基層營業點，對自身的機構進行高強度的整頓，並限期達到改善經營的標準。

在韓國政府的調控下，韓國金融危機告一段落。二〇〇二年十一月二十一日，韓國總統府青瓦台發言人朴仙淑今天在新聞發布會上說，韓國克服金融危機五年來，經濟取得了快速發展，已被國際社會評價為「經濟發展優等生」。金大中總統認為，過去的五年在全民共同分擔痛苦的情況下，韓國終於將危機轉換成為了機遇。

朴仙淑說，在過去的五年中，韓國在國民的大力支持下，對經濟結構等四大領域進行了結構調整。目前，韓國的國家信用等級已恢復到A級，外匯儲存達一千一百七十億美元，外匯匯率基本保持穩定，在世界經濟不景氣的情況下，韓國經濟保持著穩定增長。

然而好景不長，受美元貶值和次貸危機的影響，韓國又再次面臨金融危機的衝擊。二〇〇七年四月十八日，聯合國亞太經社理事會發布的一份報告顯示，一九九七～一九九八年亞洲金融危機期間遭受重創的四個亞洲國家可能再次面臨資本突然外逃導致的貨幣危機衝擊。

報告說，儘管亞洲地區經濟發展快速，但印尼、韓國、泰國和菲律賓的經濟發展近來已經暴露出一些問題，需要給予密切關注。

二〇〇八年七月二十三日，韓國企劃財政部長姜萬洙表示，韓國經濟目前的問題和十年前亞洲金融危機時一樣嚴重。

姜萬洙告訴國會，除了出口之外，投資、消費、就業、經常賬目等，都出現「國際貨幣基金年代」的趨勢。

五、日本政府忙注資

一九九七年，以接連不斷地發生金融機構倒閉和破產事件為特徵的危機，給日本的金融體系造成了很大的影響。日本的股市、匯市乃至整個經濟體系都受到了巨大的衝擊。此次倒閉風潮的發生，正值日本經濟出現復甦勢頭、金融改革面臨突破的緊要關頭，其影響之大，被稱為是「日本金融界的一場大地震」。

金融機構相繼倒閉，從表面上看，是由於日本金融機構背負不良債權和劣質資產而導致資金周轉不靈、經營陷入困境。實質上，這些促使危機爆發的直接因素都是一些長期積累的弊端所導致的。

首先是經濟持續不振。自二十世紀九〇年代泡沫經濟破滅之後，日本經濟即陷入嚴重的蕭條。許多企業盈利水準持續下降，致使發放貸款的金融機構呆帳、壞帳進一步增加。一些金融機構終因不堪不良債權的持續上升和虧損累累的重負而被迫宣布倒閉。

其次是日本金融體系存在問題。日本長期強調對金融機構的保護和銀行優勢地位的確立，這對於金融體系的穩定和重工業化產業政策的推行無疑起到了積極的作用，但在政府長期嚴格保護下的日本金融機構逐漸暴露出風險管理和內控能力弱化等弊端。日本金融體系本身的脆弱性是金融危機爆發的系統原因。

再次是金融國際化的副作用。金融國際化促進了日本經濟的發展，同時也加劇了泡沫經濟的形成和發展。隨著金融國際化措施的實行，許多為抑制金融投機而採取的管制和限制措施被放寬和取消，而相應的監管體制卻並未隨之建立起來，使金融投機更容易孳生和蔓延。

金融危機爆發後，日本政府展開積極的救助措施。日本政府實行注資拯救銀行的方法是緩解金融危機的措施之一。此外，日本政府還配套出臺多項軟硬措施來緩解金融危機。例如採取強硬行政手段、運用政策手段、建立新的過橋銀行，為接收破產金融機構的垃圾資產做準備等措施。

日本政府的積極救助行為使日本的金融危機得到抑制，國內經濟形勢稍稍好轉。但在二十一世紀初，日本又滑向金融危機的邊緣。

二〇〇二年，日本首相小泉純一郎在東京表示：好像大家正在擔心經濟、金融的三月危機，並再次強調了政府將採取一切必要措施避免金融危機的爆發。

儘管現在日本還未出現金融危機，但金融系統形勢相當嚴峻。小泉純一郎說，日本政府隨時準備解決一切潛在問題，並將毫不猶豫地採取措施來穩定金融系統，政府將採取措施防止經濟混亂和金融動盪的發生。他稱，日本已經建立了一套系統以採取措施防範經濟混亂的發生。同時，一些政府官員們發表評論，聲稱一旦銀行系統再次發生崩潰將有必要做好動用公眾資金的準備。按照現行法律規定，當人們擔心銀行產生的問題將嚴重破壞整個國家或一個地區的銀行系統時，可動用公眾資金。此舉被認為是一項重大的政策轉變，表明日本銀行的壞賬問題已積重難返了。

此外，日本政府還採取一系列措施：人為設定通貨膨脹的目標，大量拋出日圓，購買外國債券；頻頻發布經濟惡化數字，渲染經濟困難；或明或暗表示日本經濟不堪支援日圓現在的匯價水準，默許貨幣貶值，向周邊國家轉嫁經濟危機等。

日本政府並且要求銀行加快處理其不良貸款。日本銀行業公會將增加清理銀行系統的壞賬登出額，以幫助日本經濟重返增長的軌道。日本十四家大銀行希望在二〇〇二年三月份的會計年度結束前，註銷至少六．五兆日圓壞賬，該數字高於原先計畫的一．八兆日圓。根據日本金融服務機構的資料，到二〇〇一年七月中旬，日本十一家銀行持有的破產公司全部壞賬達到十八兆日圓。而有關專家認為實際數字比這要多幾倍。因此註銷六．五兆日圓，杯水車薪作用有限。

日本政府還不鼓勵企業生產外移來規避金融危機。日本政府不鼓勵日本企業把生產部門轉移至成本較廉的其他亞洲國家，以確保這個全球第二大經濟體在至二〇〇三年三月為止的下一財政年度，經濟能有望增長。日本政府將聚焦於與海外投資有關的問題，包括日本製造業向東南亞和中國的大轉移，以便能設法支撐本國的經濟。包括東芝和 NEC 等公司在內的日本主要資訊科技巨頭，目前已增加在勞工成本低廉的亞洲其他國家的生產，旨在全球對資訊科技產品的需求下降之際削減成本。

醞釀稅制改革新方案也是日本政府預防金融危機的一大措施。小泉純一郎表示，將著手徹底改革稅制以避免金融危機，並表示稅制改革沒有禁忌、沒有例外，消費稅率也將是討論的對象。因此，小泉純一郎再三強調，為防止大型企業破產及地方金融機構破產導致信用不安升級，在可能發生陷入金融危機事態時，將考慮注入官方資金。

日本金融危機對東亞經濟存在著「負溢出效應」，通過國際貿易、匯率變動、資本流動和市場預期等多種途徑傳遞到東亞國家和地區。近年來，東亞對日本的出口一直佔該地區總出口的六分之一左右，那些內部市場有限、對外依賴很強的經濟體，遭受的打擊將更加嚴重。

亞洲發展銀行預測，由於亞洲投資風險在日圓大幅貶值後增加，資金的流入很可能下跌。投資者信心的受損，使亞洲出口和原產品價格雪上加霜，另一個有可能受到打擊的是銀行業。對日本陷入金融危機的心理預期，挫傷了亞洲地區的消費者和投資者信心，進而抑制東亞國家的私人消費和投資，對其經濟產生不利影響。

日本若發生金融危機，對中國經濟產生的負面影響不可低估。日本對華直接投資的累計總額佔中國吸收外資的百分之八．一，超過歐盟十五國對華投資的總和。二〇〇一年前九個月的日本對華直接投資（合約金額）已經達到四十多億美元，遠遠超過二〇〇〇年全年日本對華投資總額。

一個國家既定時期內經濟政策所產生的效應會通過貿易和資本流動這兩根「導管」向外傳遞，這種現象被經濟學家們形象地稱作是政策的「外溢效應」。日本政府應表現出負責任的態度，阻止日圓繼續大幅貶值，否則日圓弱勢還會持續。有業內人士表示，日圓如果繼續跌至一百五十日圓兌一美元的水準，金融風暴不僅難以避免，更有可能會從日本颳向整個東亞。

六、菲律賓提高利率

二〇〇四年八月，十一名菲律賓經濟學家在其發表的一份報告中警告稱，菲律賓有可能在未來兩三年內發生阿根廷式的金融危機。由於這份報告出自國內一所最有名望、最權威的研究機構——菲律賓大學，因此，立即引起了菲國內和國際的高度關注。

「如果政府不立即採取措施，開源節流，控制不斷擴大的公共部門的財政赤字和與日俱增的債務的話，菲律賓將會在不到兩年的時間內面臨經濟崩潰的危險。」十一名菲大經濟學教授在一份長達二十八頁，題為「不斷加深的危機：公共債務與財政赤字的真實狀況」的報告中，開門見山地向菲政府及國人敲響了金融危機警鐘。經濟學家們稱，二〇〇二年，阿根廷因不堪八百八十億美元外債的重負而爆發了嚴重的債務危機，並由此引發了一系列危機，導致貨幣大幅貶值，通膨急劇攀升和政治騷亂。而如今的菲律賓正一步一步地向該方向靠近。

報告指出，截至二〇〇三年底，菲律賓的債務總額為三萬三千六百億披索，相當於國內生產總值（GDP）的百分之七十八，其中，內債和外債各佔一半。而公共部門，包括國營企業所背負的債務則超過了 GDP 的百分之一百三十。在財政方面，二〇〇四年經國會批准的八千零四十億披索的財政預算中有百分之三十三．七將用於支付外債的利息，而上半年的預算赤字已達八百零一億披索，超過了預期的七百九十六億披索，預計全年的赤字將高達二千億披索。

報告強調，政府稅收措施不利是導致赤字和債務危機的主要原因。長期以來，這種危機一直被八百萬海外菲律賓勞工持續不斷寄回國內的外匯暫時抵消和掩蓋，但這種狀況很容易被打破，一旦國際市場匯率出現突然上升或石油價格暴漲的話，都會使菲律賓直接陷入償債危機之中。即便政府能夠依靠外勞的外匯收入來支付外債的話，國內的金融銀行體系也會因不堪日益增長的政府內債重負而面臨倒閉崩潰的危險。

針對經濟學家的警告，阿羅約總統公開承認菲律賓正處於財政危機之中。阿羅約稱：「中國已處於財政危機之中，而且應該正視這一現實。為此，中國全國上下必須團結一心，鼓起勇氣，共同努力來解決這一問題。」

阿羅約的表態有著其更深的用意。首先，她希望明確告訴國人，解決財政危機不是她個人的任務，而是整個國家的任務，是每一個菲律賓人的責任。因此，她再度呼籲全國上下準備作出犧牲，奮發求存。其次，她可以借此來敦促國會盡快通過增稅法案，因為國會已明確反對政府增收新稅，認為只要提高收稅效率，現行的稅收措施足以彌補財政赤字。第三，可以延緩和減少中央政府對地方政府的財政撥款，因為長期以來，地方政府並沒有全力拓展本地的財政來源，而是一味地依靠中央政府撥款，這種狀況必須扭轉，否則財政赤字永遠無法解決。

危機之說不僅被總統接受，而且得到了包括眾議院議長德維尼西亞和眾議院經濟委員會主席沙賽達等政界要人的進一步認可和強調。早在二〇〇四年六月沙賽達就公開表示，菲律賓的債務問題已到了危機的關口，如果國際原油價格繼續保持在四十九美元或更高的水準，美元利率繼續上升的話，一場危機可能在六～十八個月內爆發。

參議院籌款委員會主席拉爾夫．里克多指出，菲律賓的財政危機主要由於多年來財政管理失誤所致。政府對債務增長速度與經濟增長速度嚴重失衡的狀況並沒有引起充分的重視。過去二十年來，債務的平均增長速度為百分之二十三，而名義上的經濟增長率只有百分之十。在這種趨勢下，債務危機必將發生。

為此，沙賽達已提議阿羅約總統正式宣布「國家處於財政危機狀態」，以使她有更大的權力幫助解決財政危機。他表示，宣布財政危機將使阿羅約總統有權凍結撥給地方政府機構的國內稅收配額中的一部分，那可使中央政府每年節省一百一十四億披索，國家預算管理署署長本科丁表示，阿羅約總統已命令助手對宣布處於財政危機狀態的提議進行評估。

與此同時，眾議院議長德維尼西亞則建議，由聯合國機構出面，組成一個由所有債務國參加的委員會，對菲律賓的外債進行重組，以此來緩解日益迫近的債務危機。他強調，「菲律賓並不想逃避債務，而是希望進行合理的重組。」通過這一措施，使菲短期債務轉為中期，中期債務轉為長期，而對長期債務進行部分減免。

就在阿羅約坦承危機的存在，並呼籲國人團結一心，共同面對挑戰之時，菲商界卻對此表現出極為複雜的擔憂。他們認為，近年來，菲律賓因國內政治和治安狀況不盡人意，外來投資逐年減少，而如今再加上財政危機的話，恐將對菲律賓的經濟和投資信心造成極為不利的負面影響，從而引發一場本可以避免或延遲發生的經濟危機。

事實上，有關「債務危機」的說法並非空穴來風，因為這個問題在菲律賓並不是新問題。過去幾年來，無論是政府朝野，還是國內外民間機構都已充分注意到這個問題，而阿羅約政府一直以來也試圖解決赤字和債務問題，並為此出臺過許多措施和方案。然而，多年來，不是增稅計畫因利益集團的阻撓而無法在國會通過，就是刺激經濟方案因黨派政治紛爭，導致政局不穩而流產，加上政府機構內部存在的腐敗和低效率等現象，終使這個問題到了一個幾乎積重難返的地步。

到了二〇〇八年，菲律賓的經濟金融形勢更加嚴峻。首先，通貨膨脹不斷加劇。菲是石油進口國，也是世界最大的大米進口國。受全球原油、糧食價格不斷飆升的影響，菲的通貨膨脹率也一路上揚。二〇〇八年五月上升至百分之九．六，為九年來最高水準。菲央行行長稱，菲的通膨率可能會升到百分之十至百分之十一。部分當地金融分析師甚至預言第三季將達到百分之十二左右。

其次，貿易赤字不斷擴大。菲國家統計局的最新統計顯示，二〇〇八年一～四月菲出現了二十六億美元的貿易赤字，而二〇〇七年同期為一．七九億美元。

第三，外資紛紛撤離，披索貶值壓力增大。二〇〇七年外國證券投資額達三十五億美元，二〇〇八年初以來由於外資不斷撤離，央行將二〇〇八年外國直接投資預期從原先的四十二億美元降為二十六億美元。同時，菲貨幣披索外匯牌價一路下跌，披索兌美元匯率一度跌破四十五：一。

不少國際金融機構對菲國經濟前景紛紛表示憂慮。一些機構認為，菲披索的貶值壓力正在積聚，如菲的通貨膨脹不能得到很好的控制，那麼菲律賓將成為「下一個越南」。

二〇〇八年六月，中國銀行全球金融市場部發布報告對越南金融危機進行分析預測。該報告認為，如菲律賓的通膨不能得到很好的控制的話，那麼該國將有可能成為下一個越南。

越南金融危機會否成為引爆第二次東南亞金融危機的開端，是市場極為關注的話題。中行報告認稱，菲律賓披索的貶值壓力正在積聚，如菲律賓的通膨仍不能得到很好的控制，那麼菲將成為下

七、拉美國家加強對金融業的監管力度

二〇〇八年一月二十一日，拉美各國主要股市出現全面暴跌，巴西、阿根廷、秘魯和哥倫比亞等國的主要股指跌幅都在百分之六以上。

二〇〇八年以來，拉美股市呈現一路下探走勢，短期內還沒有企穩跡象。部分投資者擔心拉美地區會再次重演金融危機的悲劇，但是大部分專家認為全球金融市場動盪和美國經濟衰退對拉美國家的衝擊固然不小，但是短期內發生金融危機的可能性不大。

花期銀行公布的一份投資報告指出，如果美國經濟陷入衰退，全球金融市場持續下跌，拉美各主要股市的跌幅將達到百分之二十至百分之二十五。拉美國家認為，股票跌幅雖然大，但和此前幾次美國經濟衰退時拉美股市的跌幅百分之四十相比，顯然小了許多。

分析人士指出，由於拉美和美國經濟聯繫密切，美國經濟衰退必然會對拉美國家，尤其對墨西哥和中美洲國家的出口造成不利影響。此外，大量資金出於安全考慮會在短期內撤離拉美地區，加劇金融市場動盪。與此同時，拉美國家在國際市場上的融資成本也會提高。

從一九九八年開始，墨西哥、巴西和阿根廷等拉美國家相繼發生金融危機，拉美國家經濟發展和金融市場受到程度不同的衝擊。主要表現為股市下跌，匯市不穩，資金外流，外匯儲備下降，外貿赤字上升，國際收支狀況惡化，經濟增長速度減緩。

專家認為，拉美遭受金融風暴衝擊的外部原因是國際資本大規模自由流動，特別是短期外資的投機性運作，而更為重要的深層次內因在於拉美國家資金積累基礎不穩，國內儲蓄偏低，經濟過分依賴外資，金融監管機制不健全，過度依賴資源性產品出口等。墨西哥和巴西是拉美國家中吸收外資最多的國家，但投資結構不合理，外資中投向金融市場比例也最高，因此受影響和衝擊也最大。

受一九九四年墨西哥金融危機警示，許多拉美國家都加強了政府對金融業的監管力度，增強了金融風險防範意識和預警及抗風險能力。如智利、哥倫比亞等國堅持的短期金融投資設限，減少了吸收這種「燕子資本」的風險。因此，儘管持續一年多的亞洲危機和全球金融風暴接連不斷強烈衝擊拉美國家，但它造成的後果沒有亞洲國家和俄羅斯那麼嚴重。

面對金融風暴強力衝擊，拉美國家分別採取了一些應急措施和著眼於更長遠的政策。巴西、墨西哥、智利、委內瑞拉等大部分拉美國家相繼削減政府公共開支，削減貨幣投放，努力穩定本國貨幣，並運用銀行利率槓桿，鼓勵國內儲蓄。另一方面，拉美國家適時調整出口戰略，努力拓展新的出口市場，擴大非傳統產品的出口，彌補原材料產品價格下跌造成的損失，並且從政策、資金和稅收等方面向中小企業傾斜，幫助它們度過難關，防止中小企業大面積破產造成失業率上揚等一連串社會問題。

此後，拉美國家痛定思痛，進行了大刀闊斧的金融改革，將金融安全上升到國家安全的高度，時刻保持著高度警惕。

二〇〇八年，阿根廷金融專家胡里奧·塞巴雷斯日前在其專欄文章《從容應對危機》中指出，目前大部分拉美國家都實行穩健的貨幣和財政政策，經常性項目保持盈餘或僅有小額逆差。二〇〇七年以來，石油、貴金屬和國際農產品價格的不斷上漲也讓許多拉美國家的出口收入猛增，外匯儲備充裕，對外貿易實現順差，這和拉美國家當年發生金融危機前的狀況截然不同。墨西哥、巴西和阿根廷在發生金融危機前債臺高築、公共財政出現巨額赤字，需要短期外資彌補，一旦投機性外資撤離，就會產生「多米諾骨牌效應」，造成整個金融市場的崩潰。

塞巴雷斯強調，目前拉美國家除了宏觀經濟健康穩定外，對投機性資金的監控也十分嚴格。過去一些拉美國家奉行所謂的「新自由主義」，政府完全放棄了對金融市場的干預。吸取了金融危機的教訓後，不少拉美國家都開始對金融市場實行「危機干預」，一旦發生異常現象，中央銀行就會提前入市干預，化解潛在危機。

此外，拉美國家在實施對外經濟關係多元化方面也取得了積極成果，減少了對美國經濟的依賴。近年來，許多拉美國家實行「向東看」的戰略，積極加強同中國等亞太國家的經貿關係。

二〇〇八年以來，巴西、墨西哥、阿根廷和秘魯等國證券市場主要股指的跌幅都已超過或接近百分之十五，與拉美股市連續五年的牛市形成了鮮明對比。阿根廷經濟學家歐亨尼奧．迪亞斯指出，拉美股市今年的下跌行情由幾個不利因素綜合造成。除了投資者擔心美國經濟衰退和全球金融市場普遍下跌形成「傳染效果」外，經過多年大幅上漲的拉美股市自身也有技術回調的需要。

迪亞斯說，「有漲必有跌」是股票市場的鐵律，最近兩年，由於美元疲軟，大量資金流入包括拉美地區在內的新興市場，造成這些國家金融市場的繁榮。由於擔心美國經濟陷入衰退，部分謹慎的投資者出於恐慌迅速從新興市場撤離，造成了二〇〇八年以來拉美主要股市的持續下跌。

不過，部分金融專家警告說，目前對拉美國家來說最擔心的就是美國經濟衰退和初級產品價格

八、阿根廷採取多項措施應對危機

二〇〇一年初以來，阿根廷金融形勢不斷惡化，數次出現金融動盪，七月份危機終於爆發。證券股票一路狂跌，反映一個國家信貸風險度的國家風險指數狂升不止，資金大量外逃，國際儲備和銀行儲備不斷下降，同時，政府財政形勢極端惡化，已經瀕臨崩潰的邊緣。

二〇〇一年七月，由於阿根廷經濟持續衰退，稅收下降，政府財政赤字居高不下，面臨喪失對外支付能力的危險，醞釀已久的債務危機終於一觸即發，短短一個星期內證券市場連續大幅下挫，梅爾瓦指數與公債價格屢創新低，國家風險指數一度上升到一千六百點以上，國內商業銀行為尋求自保，紛紛抬高貸款利率，其甚至達到百分之二百五十~百分之三百五十。

在嚴峻的形勢下，阿根廷各商業銀行停止了信貸業務，布宜諾斯艾利斯各兌換所也基本停止了美元的出售。八月份阿外匯儲備與銀行存款開始嚴重下降，外匯儲備由年初的三百億美元下降到不足兩百億美元。危機爆發後短短幾個星期內，阿根廷人已從銀行提走了大約八十億美元的存款，佔阿根廷私人存款的百分之十一。

十一月份阿根廷股市再次暴跌，銀行間隔夜拆借利率更是達到百分之二百五十~百分之三百的天文數字。受此影響，紐約摩根銀行評定的阿國家風險指數曾一度突破兩千五百點。十二月，阿實施限制取款和外匯出境的緊急措施，金融和商業市場基本處於停頓狀態，並進一步削減公共支出，加大稅收力度。同時，阿政府與IMF有關十二億美元貸款到位的談判陷入僵局。有關阿陷入債務支付困境和貨幣貶值的謠言四起，銀行存款繼續流失。

二〇〇二年一月三日，阿根廷沒有按時償付一筆二千八百萬美元的債務，正式開始拖欠該國高達一千四百二十億美元的債務。一月六日，阿國會參眾兩院通過了阿新政府提交的經濟改革法案，為放棄執行了十一年之久的聯繫匯率制和披索貶值開了綠燈。此後，在國會的授權下，阿終於宣布放棄了披索與美元一：一掛鉤的貨幣匯率制，阿披索貶值百分之四十。

為了盡快擺脫經濟崩潰的厄運，由杜阿爾德總統領導的新政府號召全國團結起來，積極配合國際經濟組織，尋求國外援助。但阿政府面臨的經濟和社會形勢依然不容樂觀，新經濟措施的實施仍然面臨嚴峻的挑戰。

阿根廷爆發的金融危機使該國政府和銀行信用降至最低，外債高達一千三百二十二億美元，其中九百四十六億美元為政府債務，其餘為國際金融機構的貸款。並且財政赤字居高不下，僅二〇〇一年上半年財政赤字就接近五十億美元，由於一再突破國際貨幣組織規定的財政赤字指標，其與各國借款銀行及貨幣基金組織的借款談判舉步艱難。與此同時，阿銀行面臨擠兌危機，各大銀行門前紛紛出現排隊提款的現象，於是政府不得不實施金融監管，直到目前下令凍結個人存款，甚至出動員警搜查外資銀行，防止大量資金的外逃。

金融危機也使阿債券市場大幅波動。梅爾瓦股票指數幾經反覆，政府公債價格一路下跌，在紐約上市的布萊迪債券價格也遭受相同命運，銀行貸款利率更是成百倍的上漲。再次，波及周邊國與債權國。首當其衝的是阿根廷鄰國，巴西及智利貨幣兌換美元迭創新低，儘管巴西央行曾入市干預，但是其貨幣雷阿爾仍大幅貶值。阿放棄披索與美元一：一匯率而將披索貶至百分之四十，立即在巴拉圭和烏拉圭等國產生了連鎖反應，這兩個國家相繼宣布貨幣貶值，以減少阿披索貶值後阿商品的競爭衝擊。與此同時，歐洲、中東及非洲等地新型債券、貨幣及股票市場，在波蘭貨幣茲羅提及南非貨幣蘭特的帶動下全面大跌。

危機爆發後，阿政府數易總統及經濟部長，經濟政策也屢屢調整，但成效不大。政府先後採取的提高稅收，削減公有機構員工工資和補貼，凍結個人存款等極端措施，遭到民眾的強烈反抗，騷亂時有發生。

阿根廷政府為化解金融危機，採取了一系列政策措施。在金融危機初期，被迫採取了兩項措施：一是通過《公共緊急狀態和匯率體制改革法》，賦予新總統幾乎不受限制的經濟權力以應對危機。並凍結銀行存款和對美元存款按一百二十一．四的匯率強制披索化；二是通過向國際貨幣基金組織申請援助、「倒賬」（即暫時停止支付到期外債本息）末日與國際金融機構等國際機構債權人進行債務重組談判等形式，獲取貸款援助，減輕和延緩債務償還負擔。

金融危機之後，阿根廷政府採取四項措施：一是在國際貨幣基金組織的談判要求下，在二〇〇四年前先確定一個貨幣發行控制在百分之三十的增幅內、通貨膨脹百分之五的漲幅內的貨幣政策目標，然後從二〇〇四年一月一日起，根據通貨膨脹預期確定保持穩定的浮動匯率制；二是努力恢復人們對銀行的信心。危機發生時，全國銀行由九十多家減少到五十多家，員工收入水準也下降一半。危機之後，政府向人們發出恢復對銀行信心的號召時，人們響應了政府的號召，儲蓄很快回升。三是鼓勵銀行向私營部門增加貸款，根本改變危機前要求銀行過多向公共部門增加貸款的做

九、亞洲國家強力控制游資氾濫

二〇〇四年十二月十六日，摩根史坦利發布預測報告稱，二〇〇四年第四季全球流入亞洲的資金超過一千億美元，全年流入規模可望達三千二百二十億美元。

據統計，二〇〇二和二〇〇三年資金流入亞洲達到七千一百二十億美元，遠超過去二十二年的淨流出。摩根史坦利首席亞太經濟師謝國忠說，這些流入亞洲資金約有三分之一屬於重返亞洲的當地人的錢，其餘三分之二應屬熱錢，當然不少重返的資金本質也是熱錢。

儘管西方金融法人和媒體一直反對亞洲央行干預匯市，但謝國忠認為亞洲央行必須干預匯市。他說，此舉雖然無法扭轉國際資金乾坤，至少可以讓熱錢中立化，避免危及亞洲經濟。

亞洲央行雖然採取了干預措施，但熱錢仍青睞於亞洲市場。二〇〇八年三月，亞洲開發銀行研究所（ADBI）指出，亞洲地區仍為國際熱錢青睞的區域，特別是中國、印度等國。但同時，不少分析結果顯示，美國經濟目前已如履薄冰，資產嚴重縮水。對於國際熱錢而言，是個難得的機遇，或許大批國際熱錢將會從中國等新興市場撤離，殺入美國市場。

印度央行二〇〇八年三月二十四日表示，大量國際熱錢湧入印度，促使印度盧比匯率上升至本月最高水準。而菲律賓央行的最新報告也顯示，二〇〇八年二月，國際投資者對菲律賓經濟重樹信心，約有三．七一億美元熱錢流入，而前一月則有二．三七億美元的熱錢從菲律賓撤離。

菲律賓央行在報告中稱，國際投資者的信心來源於菲律賓在過去一個月中積極的經濟發展情況，但受美國經濟衰退的影響，高企的石油價格，以及通膨壓力都會給熱錢流入造成壓力。

ADBI 的報告顯示，當前的組合證券資產流動已經變得越來越不穩定，其對全球金融市場的重要性卻在不斷增加，它們以購買金融衍生工具的形式流入當地金融市場，規模和數量難以估計。二〇〇二年後，私人資本混入了流入亞洲市場的熱錢中，這些私人資本比較習慣購買一些安全資產，特別是投資官方儲備的黃金證券。

ADBI 的報告還稱，自二〇〇七年美國次貸危機爆發以來，西方主要國家的央行已經開始向商業銀行注資，導致國際流動性進一步加大，熱錢「東西流竄」，中國成為其重要逐利市場。分析人士估計，目前進入中國的熱錢存量大約為五千億美元。分析認為，大量國際熱錢的流入，在一定程度上促成了中國市場的資產泡沫。觀察家預計二〇〇八年美國經濟將「見底」，他們擔憂國際熱錢是否會大批撤離中國，轉投美國，一旦大量熱錢撤離，中國經濟將面臨考驗。因此，ADBI 在報告中建議亞洲各國嚴格控制國際熱錢的流入。

亞洲熱錢的氾濫引起了亞洲各個國家的高度重視，東盟十國及中日韓三國的財政及央行官員齊聚泰國，共同商討外資流入管理和資本撤離時的風險控制問題。

資本管制是一個頗具爭議性的話題。泰國二〇〇六年突然推出針對外資流動的管制措施時，資本外逃曾導致泰國股市單日跌幅創下百分之十五的歷史紀錄。

但很多外國投資者對針對投機性「熱錢」的管制措施已經不再陌生。分析師表示，適當的控制可以防止高漲的金融市場因外資的突然撤離而崩盤，進而對經濟起到保護作用。

一些投資公司表示，熱錢會引起通貨膨脹和市場泡沫，對很多國家構成威脅；對其加以限制是理所當然的政策選擇。

資本市場的進一步對外開放過去十年來已經是大勢所趨，所以加強對熱錢的限制某種程度上是在走「回頭路」。對外開放資本市場使印度、巴西、俄羅斯等國家的股票市場獲得了全球領先的佳績。

東盟十國及中日韓三國在商討後達成一項加強金融合作的協定，內容包括一個建立共同外匯儲備庫以應對貨幣危機之需的計畫。並就如何應對一直以來對各國金融市場衝擊不斷的投機性資本流動進行了意見交流。

針對東盟十國及中日韓三國訂立的金融計畫，一些美國的共同基金經理表示，積極的管制措施應該只針對熱錢，要避免對長期投資造成不利影響。這些管制措施旨在對投機性資本流動加以控制。

對政府管制的理解態度與這些市場近期的大幅漲勢有部分關係：投資者賺到錢時對管制的容忍程度較高。二〇〇六年阿根廷債券市場的回報率為百分之五十一，印度和巴西的股指分別上揚了百分之四十二和百分之二十八。

到越南投資的一些投資者對政府的監管政策甚至持支持的態度。很多分析人士指出，越南股市存在泡沫，越南政府正在加以應對。**Eaton Vance Structured Emerging Markets Fund** 的經理奎森貝利（Cliff Quisenberry）稱，政府採取措施防止股市大跌是一件好事，監控措施可能會生效。

二〇〇六年泰國政府加強對游資離開泰國的管制力度時，泰國股市出現了下跌，美國資本管理公司 Matthews International Capital Management 的赫德利（Mark Headley）認為這是一個買進股票的機會。雖然曾遭敗績，他的信心仍未減退：一九九八年他在馬來西亞的投資曾被套牢，原因是亞洲金融危機開始後馬來西亞政府禁止外國投資者將資金撤出該國。

赫德利認為泰國的情況比當年馬來西亞要好得多。泰國政府擔心的是泰銖升值對出口的影響。泰國的政策動機是出於驚慌，這和馬來西亞完全不同，後者是想把外資保留在馬來西亞。泰國政府的限制措施後來有所鬆動。

從赫德利的言論可以看出外國投資者對政府管制的態度與十年前已有不同，一九九八年馬來西亞實行金融管制後，該國一度成為外國投資者望而卻步的地方。克萊曼表示，前後兩次管制的動機不同。馬來西亞的政策是防止外資撤離，現在的管制政策是防止熱錢的流入，二者差別很大。

但有的人還是認為，管制都是不好的。有觀點認為，政府干預無一例外會導致效率的低下，且注定會失敗。JP Morgan Private Bank 的全球市場策略師斯維茨（Stuart Schweitzer）稱，為了減少麻煩，政策必須穩定；政府干預不能代替市場。

他一九九七年時曾指出，一些亞洲國家政府對銀行的本幣貸款採取了限制措施，以防範投機者做空這些國家的貨幣。但這些國家貨幣的匯率短暫走高後又恢復到下跌態勢。這一情況最後迫使這些國家的政府放棄了貨幣管制。當壓抑已久的匯率壓力被釋放出來後，亞洲金融危機便被引發了。

並非所有的投資管制都是出於同樣的原因。二〇〇四年哥倫比亞曾通過一年的居住年限要求來防止投資者一年以內的資金外撤。據稱，該政策的目的在於防止游資流動導致哥倫比亞披索升值。但分析人士認為，真正原因是出口商施加的政治壓力發揮了作用，披索保持疲軟符合他們的利益。

但外國直接投資並未受到政府管制的影響，結果哥倫比亞披索還是升值了。二〇〇六年哥倫比亞股市開始下跌時，哥政府立即放棄了游資限制措施以期吸引外國基金重返該國。

泰國金融新政實行三個月後，政府取消了股票投資上的限制。但匯兌仍在控制之下。有人認為，這些限制措施確實起到了穩定泰國金融市場的作用。

摩根史坦利的分析師任永力（Stephen Jen）在一份報告中表示，摩根史坦利分析師的意見和主流意見一樣，認為泰國央行的資本控制政策有負面影響；但摩根史坦利同時注意到，最近兩周泰國金融市場的波動性確實是最小的，所以資本管制也許並非一無是處。

十、預防二〇〇八再掀金融風暴

二〇〇六年十二月十八～十九日，泰國爆發「一日貨幣戰爭」十八日晚，泰國央行下令，從十九日起，實施外匯無息存款準備金的系列舉措，以增加熱錢進入成本，緩解泰銖升值壓力，預防熱錢大進之後再大出之時的金融悲劇重演。熱錢當即犀利反擊，十九日泰國證交所指數（SET）暴跌百分之十四．八四，市值蒸發二百三十億美元，泰國央行當日宣布取消上述管制措施。與一九九七年亞洲金融危機時，泰銖因熱錢撤離暴跌不同，此次是泰國央行意在打「預防針」，但一日敗北，還是讓人大跌眼鏡。畢竟當年泰國央行抗擊了近兩個月，如今捲土重來的熱錢顯然已更加強大，先拿泰銖「祭旗」。

這就引發一個巨大的懸念。一九九七年的亞洲金融危機之時，從泰國開始的一系列多米諾骨牌倒下至中國戛然而止。在金融基本封閉的中國內地堅強後盾之下，香港與投機熱錢兩度決戰，熱錢知難而退。

在越南，股市危機已經發生並繼續擴大，二〇〇八年五月三十日，胡志明指數已比歷史高點跌去百分之六十五，二〇〇八年以來已經下跌百分之五十五，它還是一場房地產危機，胡志明市的房價已經跌去一半，而商業銀行等金融系統的危機難免接踵而至。

中國還能抱著僥倖的幻想——越南危機是一個偶然事件，不會傳導到中國、亞洲，乃至全球新興市場嗎？

越南金融危機的隱現似乎預示著一九九七亞洲金融危機再度登臺。而不僅是越南，印尼、印度，甚至遠在拉美的阿根廷等諸多發展中國家均在宏觀經濟基本面和貨幣金融方面出現了嚴重危機的徵兆。

眾多發展中國家迅速從經濟快速成長迅速惡化至危機四伏，重要原因在於發達國家的經濟金融危機轉嫁政策。美國為降低次貸危機帶來的經濟增長趨緩，採取了降低基準利率、放縱美元貶值的政策。累計高達百分之三．二十五的降息幅度刺激了大量熱錢流出美國，在追逐高額利潤的驅動下，熱炒發展中國家股市與全球大宗商品市場。

美元貶值在降低美國商品實際出口價格、刺激美國大型企業訂單增長的同時，大幅削弱了發展中國家產品的競爭力，也誘導了大量貿易爭端。如美國政府在放任本國貨幣貶值的同時，卻合力歐盟要求人民幣升值。甚至威脅將中國列為匯率操縱國，而從次貸危機發生之後的表現來看，美國才是不折不扣的匯率操縱國。中國等其他發展中國家不過將貨幣主要盯住美元，降低自身貨幣風險而已。

在美國降低利率惡化發展中國家金融市場、加劇全球大宗商品市場泡沫；放任美元貶值毒害發展中國家出口貿易環境之際，發展中國家出口到美國的產品卻並未出現價格高漲的趨勢，這一方面與發展中國家低水準、低技術含量的勞動力密集型同質競爭有關，另一方面也與美國刻意壓低發展中國家產品價格有關。結果是全球能源、原材料、農產品等全球大宗商品市場暴漲數倍的所有通膨壓力主要由發展中國家承擔了：歐盟、美國的通膨水準超出了歷史警戒線，接近百分之五，而部分發展中國家的通膨水準卻達到了災難性的百分之十、百分之二十以上兩位數！

關於亞洲金融危機的根源和起因的爭論，也是人們一直爭論不休的一個話題。危機究竟來自外部衝擊還是內部經濟失衡和制度缺陷？在討論中國經濟失衡所潛藏的危機時，也同樣存在著「陰謀論」和「自身論」兩種不同的看法。

「陰謀論」者認為，美國壓人民幣升值和金融開放是一個陰謀，目的在於阻礙中國的發展和強大。其理由是，人民幣升值並不能解決美國的巨額貿易逆差問題，但升值及其帶來的熱錢流入則會促使股市和樓市上漲，有可能使泡沫膨脹，這樣就為國際金融炒家衝擊中國經濟創造了機會和條件。

人民幣升值和金融開放也是中國的方向和選擇。同時資本的本性就是逐利，哪裏有高額利潤，資本就要在哪裏下注。索羅斯等之所以選擇泰國等這些東亞國家下手，就是因為這些國家存在著嚴重的經濟失衡和重大的政策失誤。諸如本幣高估和固定或者盯住匯率制度、金融自由化過度和金融監管失誤、出口競爭力下降和大量舉借外債等等。這一切形成了巨大的套利空間，就像當年衝擊英鎊一樣，同樣是由於英國經濟本身存在問題，既不是針對英國的陰謀，也不會因為英國是資本主義國家而罷手。

外部衝擊不是危機的根源，而是觸發危機的導火線和壓倒駱駝的最後一根稻草，是一個既不能消滅、也不能迴避又不可忽視的因素。今天中國經濟潛藏的巨大風險和危機，也是招致外部衝擊的條件。但危機的根源則不是他人的壓迫和陰謀，而是由於中國經濟運行和經濟制度本身存在著嚴重的失衡和缺陷。

美聯儲已表明拒絕再降息的態度，接下來，美元勢必進入加息升值通道，這無異於向投機新興市場國家的兆美元熱錢發出大撤退信號彈，倘若巨額熱錢短期急速撤離新興市場，中國能僥倖置身事外嗎？

如果說十年前亞洲金融危機的「鏡子」因為中國金融沒有開放得以避禍的話，十年之後，隨著金融不斷開放，上述共性動盪之源中國大多身在其中，越南這面最近最新的「鏡子」一定要引起中國最高級別的警惕。

最值得中國反思和警惕的是什麼呢？應對危機時錯配的越南貨幣政策！它不但沒有達到目標，反而點燃了導火線：一、「以浮動區間擴大促本幣升值抑制通貨膨脹」非常錯誤！結果立竿見影地促使本幣貶值。二、以本國銀行系統緊縮性的貨幣政策——大幅加息、巨額發行票據來抑制通貨膨脹，非常錯誤！造成本土金融系統資金鏈的極度緊張和貨幣恐慌。

上述政策的最大錯誤在於——是熱錢生病，本土金融和企業吃藥。此輪全球新興市場通貨膨脹主要原因有兩個：一、大量熱錢投機哄抬物價；二、因美元貶值導致的石油、糧食等價格大漲。對於後者只能以預見性的黃金、石油、糧食等戰略儲備對沖，否則只能比誰更能「挨餓」；更重要的是，它的貨幣政策沒有抓住主要對手——熱錢，有效約束和打擊熱錢投機，反而通過貨幣政策緊縮大大擠壓了國內銀行和本土企業生存空間，客觀上增添了熱錢興風作浪之威。

對於危機形成的原因，有三點值得認真反思：

一是裙帶資本主義。危機後人們拿西方資本主義這面鏡子比照亞洲，發現亞洲是裙帶資本主義，並牽強地認為它是危機根源。其實裙帶資本主義是亞洲市場經濟模式固有的特點，並根植於其社會、歷史、意識、民族和文化，很難說它和危機有什麼必然聯繫，起碼它不是危機的根源。

二就是盯住匯率。人們認為匯率固定是危機爆發根源。然而，危機後這些國家從中間匯率轉向浮動匯率，又發現匯率頻繁波動造成經濟不穩定。現在，很多國家又回歸中間匯率制。在全球浮動匯率體系下，如何兼顧匯率穩定性和靈活性，是擺在發展中國家面前的難題。

三就是資本力量。人們有意或無意疏忽了資本在危機中的影響。隨著經濟金融全球一體化發展，資本流動愈加頻繁。相對政府的力量，市場和資本的力量過強。在雙方博弈中，資本逐漸佔據上風。當年亞洲金融危機爆發背後的原因就是資本流動逆轉。所以，如果任由資本恣意流動，不斷膨脹，對其力量沒有足夠認識並採取防範措施，將後患無窮。

二〇〇六年年十二月十八日，泰國資本流入增加，泰銖升值壓力加大。泰國央行單方面宣布對資本流入實行無息存款準備金制度，結果引起股市大跌，泰銖貶值。這其實就是國際投資者與泰國政府的博弈，是對國家管理的挑戰與威懾，並再次表明一國政府的力量很難與市場抗衡。因此，必須對資本流動進行必要管理，而且需要在共識基礎上各個國家聯合管理。

不過此輪新亞洲金融危機最後衝擊中國，也沒有必要驚慌失措。因為目前人民幣升值仍未達到熱錢滿意程度，股市和房市泡沫已經得到了一定程度的控制，中國「世界工廠」的產業集群能力無人能及，中國人的忍耐力和應變力很高，國家的緊急動員行動力很強，一定能挺到這場消耗戰的最後。如果在一輪全球新興市場危機後，當別國競爭者被市場驅逐，中國「世界工廠」的地位反而能夠更鞏固，買石油和銅也會便宜得多。

況且中國的貨幣主導權仍然在握——資本項目沒有完全開放，「港股直通車」被停掉了；央行仍擁有一次性重估貨幣的權力。股指期貨沒有推，熱錢無法借力打力做空中國。最為關鍵的是，如果熱錢大撤退，央行像次貸危機中的美聯儲和伯南克那樣，鎮定果斷地釋放流動性——把過去緊縮的存款準備金和央票等放出來，向市場和金融機構提供無限量的流動性，就足以和熱錢打一場勢均力敵的消耗戰。

唯一能致中國貨幣決戰慘敗的是，如果重蹈越南覆轍，中國貨幣政策同樣繼續錯配——在熱錢已經預期在不遠的將來做空人民幣的情況下，仍加速人民幣升值；在國內商業銀行和本土企業資金鏈已經極為緊張的情況下，反而更加緊縮貨幣，讓本土金融和企業因資金鏈斷裂而被迫停產休克；如在熱錢已準備大規模撤離的情況下，反而推進資本「嚴進寬出」的政策，將正中熱錢下懷。

除了承擔來自發達國家轉嫁的金融經濟危機壓力，發展中國家同時也承擔了主要來自發達國家投機力量的盤剝。包括對沖基金、養老基金、投行大鱷在內的西方投機力量為了降低次貸危機造成的巨額損失，一方面引入發展中國家主權基金為其注資，為次貸損失買單；另一方面假借發展中國家需求增長對全球大宗商品價格的衝擊，肆意炒作石油等大宗商品價格。事實上，短期內，發展中國家的需求不可能像目前價格那樣成倍增長，長期內替代能源與材料的興起也不會支撐所謂的價格上漲空間。唯一合理的解釋只有投機泡沫。

需要清醒認識到的是，中國外匯管理體制受制於美元匯率，未來美國如果出現大宗商品危機，而繼續默認美元貶值，那麼中國貨幣政策壓力將進一步加大。其次，對游資流入炒作國內資本市場的行為仍遏制乏力。如果資本市場再度被惡意炒作至高位，那麼中國金融經濟的風險將被高度凸顯，這一點，市場各方須高度警惕！

《第五章》

三大危機考驗人民幣何去何從

PART5

一、中國經濟直面美元貶值

近年來，在美元霸權主導下正在上演一場空前的全球金融混亂，先是美國出現次貸危機，接著是美元貶值、石油漲價、黃金漲價、股市暴跌和全球流動性資金氾濫，以及全球通膨愈演愈烈；與此同時，一些新興市場國家（如越南）開始陷入金融危機，中國金融領域也遭遇了前所未有的通貨膨脹加劇、匯率升值加速和股市危機加深等一系列棘手的問題。

二〇〇八年三月十九日，溫家寶總理在回答美國彭博新聞社記者提問時表示，因為美國次貸危機的影響，造成美元貶值，石油價格居高不下，世界的股市也受到很大的影響。到目前為止，兩年多來，人民幣對美元已經升值百分之十五，而且最近升值的幅度越來越大。

溫家寶說：「我現在所憂慮的是，美元不斷貶值，何時能夠見底？美國究竟會採取什麼樣的貨幣政策，它的經濟走勢會走到什麼地步？」

溫家寶表示，中國經濟已經走入全球化，世界經濟的各種變化不可能不反映到中國經濟上來。因此中國實行從緊的貨幣政策和穩健的財政政策的同時，要密切關注國際經濟的走勢，以根據形勢的變化，靈活、及時採取相應的對策。

由於中美之間貿易關係密切，美元貶值無疑會對中國經濟產生重要影響，進而影響到中國經濟安全，使中國宏觀調控和經濟發展具有許多不確定性。

美元貶值首先對中國貨幣政策調控宏觀經濟帶來了新的困難。美元貶值導致世界資本加速向中國流動。除非中國政府採取更加自由的匯率政策，允許人民幣兌美元的匯率大幅度升值，否則，中國政府便需要不斷地投放人民幣來購買美元以緩解市場壓力。而不斷增加人民幣投放，則意味著中國政府失去了通過緊縮銀根來冷卻過熱的國民經濟政策選擇。這一點正是多年來中國政府的宏觀調控政策難以奏效的一個重要原因。

一方面，中央銀行採取一系列措施緩解國內面臨的通貨膨脹壓力：二〇〇三年六月起，中國貨幣政策顯示出央行對國內通貨膨脹壓力加大的擔憂。央行多次調高存貸款利率，並且不斷提高商業銀行存款準備金率，緊縮銀根，控制信貸過快增長，抑制流動性過剩。另一方面，為了緩解人民幣升值壓力，央行不得不從外匯市場大量買入外匯儲備，而大量外匯儲備買入直接導致了外匯佔款增加從而引起國內通貨膨脹。從維持人民幣匯率穩定角度出發，央行不得不大量購入外匯，導致外匯佔款相應增加，從而導致貨幣規模急劇增長。如果從減小通膨壓力角度出發，央行採取緊縮性貨幣政策，但緊縮性貨幣政策會造成市場利率提升，從而拉大了人民幣與外幣的利差，人民幣升值壓力進一步加大。

對一個國家而言，獨立的貨幣政策、固定匯率和資本自由流動，三者不能同時存在。即在貨幣政策獨立、匯率穩定和完全的資本流動這三個目標一國不可能同時實現，必須得放棄其中的一個。由於長期以來中國實行的是有管理的浮動匯率制，所以，在目前資本不完全流動前提下，要維繫宏觀經濟的內外均衡，貨幣政策與匯率機制之間必然存在一些難以調和的衝突。

如果允許人民幣隨美元貶值，那麼進口價格上漲和國外對其出口需求的上升，可能導致通膨加劇，從而要求政府對經濟施行力度更大的行政調控手段，這與宏觀目標背道而馳。但如果允許人民幣兌美元升值，那麼一．四五五兆美元外匯儲備將立即面臨損失。美元貶值對中國巨大的外匯儲備造成了直接損失。

其次，美元貶值加大了中國通貨膨脹的壓力。通膨壓力上升是二〇〇七年中國宏觀經濟最重要的特徵事實之一。自二〇〇七年五月 CPI 指數突破百分之三以來，六、七、八月的 CPI 指數連創新高，分別達到百分之四．四、百分之五．六和百分之六．五。十一月 CPI 指數同比上漲百分之六．九，再創新高。

美元匯率下降所導致的全球能源價格和初級產品價格上升，對中國通貨膨脹形成外部推動壓力的管道是，進口能源價格和初級產品價格上漲首先造成原材料燃料動力購進價格指數上漲，其次造成工業品出廠價格指數上漲，最終導致居民消費價格指數上漲。

據統計，在中國的十九大類出口商品中，有七大類始終保持逆差，其中五類主要是資源類產品。美元下滑和國際能源及初級產品價格上漲，本應導致中國面臨的輸入型通貨膨脹壓力逐漸加大。然而中國目前的現狀是，由於國內對能源和初級產品價格存在不同程度的管制，導致進口能源和初級產品價格上漲，並未相應轉化為原材料燃料動力購進價格指數的上漲。例如，在中國二〇〇七年一月至九月貿易逆差最大的幾類產品中，原油、鐵礦砂及其精礦、未鍛造的銅及銅材、銅礦砂及其精礦分別位居第一、第三、第四和第七位。不過從二〇〇六年下半年以來，中國燃料動力類價格指數以及有色金屬類價格指數一直處於下降趨勢中，而黑色金屬材料類價格指數也僅僅是緩慢上漲。

此外，由於中國製造業存在較為普遍的產能過剩，競爭相對激烈，導致進口能源和初級產品價格的上漲。從二〇〇六年年中起，中國的消費者物價指數和工業品出廠價格指數就存在反向運動趨勢：CPI不斷上升，而PPI不斷下降。這種負相關首先意味著CPI的上升並非由工業品價格上升所導致，其次意味著大量依賴進口能源和初級產品的製造業企業不能把新增成本轉嫁給購買者，盈利空間不斷被壓縮。

專家指出，從各種價格指數的走勢來看，第一，CPI在二〇〇八年上半年之前仍將處於較高水準，到二〇〇八年夏季將因為食品價格的回落而下降；第二，隨著國內能源和初級產品定價機制的逐漸市場化，原材料燃料動力購進價格指數將會逐漸上升，其上升趨勢視放開價格的幅度而定；第三，隨著企業對過剩產能的消化，以及製造業企業產業整合的開展，未來的PPI指數將與原材料燃料動力購進價格指數發生聯動，短期內PPI指數可能呈現出緩慢爬升趨勢。

美元貶值除了對中國宏觀調控加大難度和致使通貨膨脹壓力加大外，還使中國的對外貿易摩擦增多。

從二〇〇一年到二〇〇七年的近六年間，美元對歐元、加拿大元、澳元等貨幣的貶值幅度高達百分之四十以上，與英鎊的匯率也貶值近百分之三十五。美元對世界主要貨幣的貶值對中國經濟結構和中國的對外經濟關係產生了巨大的影響。自從二〇〇五年七月中國實行人民幣匯率機制的改革以來，人民幣對美元升值的累積幅度已經達到百分之十・六。但是，由於美元對世界其他主要貨幣大幅度貶值，而人民幣的匯率又主要是採取盯住美元的政策，所以相對於歐元、英鎊等主要貨幣而言，人民幣則出現了大幅度的貶值。兩年多來，人民幣對歐元和英鎊分別貶值了百分之八・二和百分之五・一。這對於中國和其第二大貿易夥伴歐盟之間的貿易不平衡無疑是雪上加霜。這種狀況不僅僅加大了人民幣升值壓力，也不利於中國調整自身經濟結構。

由於中國仍然處於實現工業化的經濟發展階段，對國際市場的能源和重要原材料的進口依存度非常高。國際商品價格上漲在推動中國國內的通貨膨脹的形成方面，正在起著不可忽視的作用。不僅如此，中國為了進口與過去同等數量的能源和原材料，現在需要出口更多的商品。經濟學家們將這種現象稱之為貿易條件惡化。貿易條件的惡化意味著中國對外貿易的福利正在受到因美元不斷持續貶值的損害。所有這些都歸結為美元貶值造成了中國經濟發展的困境。

為了應對目前的金融困境，中國政府部門被迫採取價格管制政策，對石油、成品油和糧食等價格進行行政管制。與此同時，對中石油和中石化等企業進行「補貼」。這種政策補貼雖然暫時控制了通膨的傳導，但其負面效益也越來越明顯，其直接損失就是繼續維持了中國的廉價商品出口，造成國民福利的大量流失，實際上是中國補貼全世界、並為全世界特別是為美國轉嫁金融風險埋單；價格管制的間接損失就是延緩了價格體系市場化改革的進程，延緩了中國社會主義市場經濟體系的建立。

二、如何規避人民幣升值壓力

伴隨著美元的持續貶值，人民幣的升值壓力也越來越大，尤其是二〇〇五年以來，美國明顯加大了對人民幣升值的壓力，甚至一些保守勢力還揚言，除非人民幣升值並規定升值的時間表，否則將對中國進行制裁。

一時間，美國要求人民幣升值成為人們關注的焦點，而人民幣是否應該升值也成為專家們討論的焦點。北京大學經濟研究中心主任林毅夫認為，長期而言，人民幣應該升值，但短期就不是這樣。首先是匯率管理體制，對發展中國家而言，有管理的浮動匯率更加有利。

林毅夫認為，人民幣升值面臨的是投機壓力。這個投機的壓力一方面是政治的，一個方面是國際炒家的。政治壓力完全是無中生有。

他指出，比如日本，現在經濟還沒有恢復，就在國際上找替罪羊，認為人民幣匯率低估，中國出口強勁，造成了世界的通貨緊縮，日本的通縮就是中國造成的。「這完全不符合事實。因為中國在國際貿易中所佔比例原來不到百分之十，現在高一點。這麼小的比率，即使人民幣真的低估了，也不可能造成世界的通貨緊縮。」

美國也跟著日本認為人民幣低估，造成美國大量的貿易赤字，造成美國的經濟蕭條、大量失業。「這也不符合事實。一是中國出口到美國的產品佔美國 GDP 只有百分之一，這百分之一都白送它也不會造成大量失業；二是勞動密集型產品美國已不具備比較優勢，再也不會生產了，如果人民幣真升值對它也沒有幫助。」如果人民幣升值，美國要麼從其他國家進口，要麼繼續從中國進口，因為價格肯定更貴重，所以外貿赤字就會更大。

林毅夫認為，因為中國經濟這些年經濟快速增長，而日本和美國的基本經濟表現都不好，中國就最容易成為一個替罪羊。

同時，人民幣升值的壓力，也來自一些以賺取暴利為目的的國際炒家。林毅夫認為這些國際熱錢一直在世界各地興風作浪。他指出，一九九七年之前是流到東亞經濟，他們要求金融自由化，所以可以炒亞洲匯率；而後亞洲泡沫破掉了，造成了金融危機，熱錢就跑到美國，又把互聯網泡沫炒高了；互聯網泡沫破了，他們就需要找下一個出口。可是，國際上美國經濟、日本經濟、歐洲經濟，一直都很疲軟，所以中國就成為國際熱錢炒作的目標。

林毅夫說，中國成為國際炒家的目標，也是因為日本、美國對中國的政治壓力。國際炒家的經驗是，以前的東亞各個經濟體，只要美國對其施加壓力，他們最後就會按美國壓力行事。按照這種經驗，炒家就肯定炒人民幣。

林認為，「只要政治壓力消失，炒家就不會有很大積極性了」。原因是炒中國匯率與炒其他國家匯率不一樣，中國基本上資本帳戶沒有開放。這種狀況導致炒人民幣的交易費用非常高。

面對撲面而來的要求人民幣升值熱潮，金融專家認為中國必須根據國內外經濟和政治形勢的變化，自主決定本國匯率政策，不屈從外來壓力，同時要努力推進匯率制度的改革。

專家認為，堅持實行以市場供求為基礎的、單一的、有管理的浮動匯率制度。這是在中國目前經濟發展階段與金融監管水準和企業承受能力相適應的。保持人民幣匯率基本穩定，是發展的需要、改革的需要、社會穩定的需要，有利於中國經濟的正常運行，有利於減少對外貿易的匯率風險，有利於宏觀調控、改革開放和結構調整的順利進行。

在保持人民幣匯率基本穩定的同時，也要積極推進匯率制度改革，有序和有步驟地實行匯率機制的改革。中國經常項目已經完全開放，資本項目開放已經超過了百分之七十五。隨著金融改革的深入和發展，資本市場將進一步擴大，但是資本市場仍需要嚴格控制，創造條件，逐漸放鬆。建立和完善預警系統風險，發揮好最後貸款人的作用，防範金融動盪和危機。同時，還要加強支付和清算體系建設，為防範和化解金融風險，保持金融體系的穩定提供良好的技術環境；建立銀行、企業和個人的信用體系，為金融業穩定創造良好的社會信用基礎，以及進一步完善金融資訊的報告披露制度；加強金融監督機構、央行與被監管銀行之間的資訊交流，做到資訊共用，防止因資訊缺失而造成市場混亂。

對於一部分人在人民幣升值問題上對中國施加的壓力，二〇〇六年十一月，歐盟貿易代表曼德爾森給出了他的建議：讓人民幣盯住一籃子貨幣，而不是光盯美元。他認為，盯住一籃子貨幣有助消除外界對於中國操縱匯率的誤解。

「這樣可以發出一個信號：中國並沒有在操縱匯率以為出口創造有利條件，」他說，「並且也可以幫助打消外界的恐懼以及對中國出口增長的埋怨。」

對於曼德爾森為何提出上述主張，專家認為，可能主要基於兩點考慮：一是美元本身的波動性較大，如果人民幣選擇盯住美元，那就意味著世界兩大經濟火車頭是按照一個匯率方向波動，這樣會進一步放大匯率的波動。

其次，這種提法本身也是希望歐元能在人民幣匯率形成過程中起到更大作用。截至二〇〇六年，中國現已有約一兆美元的外匯儲備，如果是用歐元作為盯住的貨幣之一，那麼歐元本身作為硬通貨的國際地位將得到重大提升。

此外，中國金融專家王召認為，通過財政政策、匯率政策和貨幣政策的使用，為人民幣升值設置防火牆，既可起到緩解人民幣升值壓力的作用，也不造成國內經濟出現過熱。

他指出，在財政政策方面，針對升值問題首先進行稅收結構調整。其次，提高房地產等高利潤、高風險行業的所得稅率。

在匯率政策方面，漸進開放資本項目，實行走出去戰略。他認為，中國人民幣升值壓力除了來源於經常項目盈餘之外，也來源於巨額資本流入。因此，中國需要考慮實行本國資本走出去戰略。

在貨幣政策方面，考慮降低存款利率或者提高貸款利率。他指出，除了財政政策和匯率政策之外，還可以借助貨幣政策為人民幣升值壓力減壓。

在二〇〇七年十一月，對外經貿大學教授丁志傑指出，在緩解人民幣升值預期壓力方面可採取新思路和新措施。他建議，可以在一個較短時期內讓人民幣匯率進行迅速調整，從而改變小幅穩步升值帶來的預期不斷強化局面；在人民幣匯率形成機制方面，應該讓市場因素發揮更大作用；此外，要進一步加快資本項目開放。在緩解經常項目順差方面，要改變貿易結構，這需要產業政策的配合。國內產業政策應該以發展高新技術、服務產業為主，取消過去的外貿優惠政策。

二〇〇八年四月，中國金融專家劉駿民在《第一財經日報》發表評論說，緩解人民幣升值壓力的根本途徑就是在外匯市場上提供足夠多的人民幣及其資產。只要外匯市場上有足夠的人民幣供給，人民幣升值壓力就一定會降下來，其困難程度可能遠遠小於目前狀況下對國內流動性膨脹的控制。

他指出，國內流動性膨脹，CPI走高。與此同時，人民幣匯率的升值壓力卻越來越大。目前中國宏觀政策目標主要是調節國內CPI，防止經濟過熱，對人民幣升值壓力則缺乏有效措施。實際上，境內流動性膨脹和境外人民幣升值壓力持續加大是同一原因造成的，在政策調整上也不宜分開採取措施，一定可以用同一個辦法同時緩解。

他說，鼓勵人民幣及人民幣資產輸出，將迅速解決人民幣升值壓力不斷加大的困境，實現人民幣的自由兌換。人民幣有了國際介面之後，境內流動性膨脹的問題才能得到根本緩解。流動性膨脹的根源消除了，短期抑制流動性的政策才可以對CPI起主要作用。這時流動性受到控制不會主要以信貸緊縮、經濟受到壓抑為代價。因為中國目前正處在產業結構升級時期，汽車、裝備製造業、造船、太陽能、新興材料等等正在迅速成長，它們是自主產權大幅度增加的希望。信貸緊縮將會影響到這些產業的發展。如果中國不是從根本上消除流動性膨脹，而是從抑制國內信貸來解決問題，不但不會對人民幣升值壓力有任何幫助，還可能對新興產業形成抑制，延緩中國邁向經濟大國的進程。

人民幣升值壓力對中國來說，既是機遇又是挑戰。要從戰略、全局和實現中國長期目標的高度來看待當前錯綜複雜的世界金融形勢。應當變壓力為加快推進改革的動力，為中國進一步加快改革開放的步伐提供更廣闊的空間。

三、人民幣升值的利與弊

從二〇〇六年下半年至二〇〇七年，人民幣升值的步伐明顯加快。二〇〇七年一月十一日，銀行間外匯市場美元兌人民幣中間價首次突破七．八的關鍵價位，落入七．七九區間內，再度創出匯改後的新高。與匯改前相比，人民幣兌美元匯率累計升值幅度約百分之五．七九。

對於人民幣持續升值，從學術界到現實生活中，出現了兩種極端的論調：「盛世」論與「悲觀」說。前者過分誇大人民幣升值的好處，強調人民幣升值是中國國力昌盛、強大的表現，它是人民幣走向世界的前奏曲；後者則相對悲觀，它認為對於處於發展中的中國來說，人民幣升值是一種虛假繁榮，是一種泡沫，弊大於利。

對於這兩種極端的看法，金融專家認為二者都帶有「盲人摸象」的味道。專家指出，對於人民幣升值，人們應該一分為二地、理性地看待其利弊，切莫走極端：要麼肯定一切，要麼否定一切。

客觀地講，人民幣升值是中國特殊的現實環境與外在因素共同作用的結果。明確這一點，對於人民幣升值的利弊之爭應該是大有益處的。

從實質上看，人民幣升值顯然是中國改革開放取得成功以及國家經濟實力不斷提升的結果。改革開放二十多年來，中國經濟逐步走向世界，全面參與國際競爭，一方面貿易順差逐年增長，「創匯」已不算難事；另一方面，利用外商直接投資實際金額仍在高位趨漲，各地引進外資已不再是

「多多亦善」。因此，持續大額的貿易順差以及規模龐大的外資引進，致使外匯供給不僅不再短缺，而且似乎已經供過於求，人民幣升值正是本國外匯市場供求關係不斷變化的結果。

事實上，在中國，由於人民幣在資本項目下尚不能自由兌換，且本國外匯市場仍不能完全對外開放，因此，中國外匯市場的供求狀況是人為扭曲的結果。其中，尤為突出的表現是：當貿易順差與資本順差源源不斷地流入中國時，外匯流差不多只有經常項目一條路可走，關鍵的資本項目卻有嚴格的行政審批把住關口，因此，為了承接不斷流入的外匯，穩定人民幣匯率，中央銀行唯一能做的就是不斷買入國內市場「過多」的外匯，由於外匯佔款劇增，人民幣投放被迫增大。這樣，一方面導致外匯儲備不斷增加，管理成本及風險加大；而另一方面卻形成了本幣「流動性過剩」，熱錢浪湧，從而催生經濟過熱及資產價格泡沫化。由此可見，人民幣升值是中國現行外匯管理體制「倒逼」的結果。

金融專家認為，人民幣升值對中國來說，既具有有利影響，也存在不利影響。針對人民幣適度升值的有利影響，金融專家總結出以下幾點：

一、有利於繼續推進匯率制度乃至金融體系的改革。二〇〇五年七月二十一日，中國人民銀行宣布實行以市場供求為基礎、參考一攬子貨幣進行調解、有管理的浮動匯率制度。更具靈活性，與改革的方向是一致的。

二、有利於解決對外貿易的不平衡問題。由於實行單一的盯住美元的匯率制度，使中國產品始終保持著「廉價」的優勢。在多數國內企業可以承受的幅度內，人民幣適度、小幅升值，表明中國不惜犧牲自身利益為貿易夥伴著想，從而在一定程度上緩解國際收支不平衡的矛盾。

三、有利於降低進口商品價格，也可以降低以進口原材料為主的出口企業的生產成本。升值可以降低部分進口商品的國內價格，惠及國內消費者。同時，由於很多出口企業實際是「兩頭在外」企業，出口產品的原材料多來自國外，人民幣升值後，企業進口同樣美元單位的貨物可以少支付人民幣，實際上是降低了生產的成本。

四、有利於降低中國公民出境旅遊的成本，促使更多的國民走出國門。近年來，走出國門看世界的同胞越來越多。國人出國有一個習慣，就是把商品價格折算成人民幣看看值不值，結果是太不值。而人民幣適度升值，則意味著中國手裏的錢將更值錢。

五、有利於促使國內企業努力提高產品的競爭能力。中國的企業長期以低價格佔領國際市場的做法，實際是自相殺價競爭的結果，減少了自己的收益，讓外國進口商漁翁得利。升值後如提價，可能失去市場；不提價，可能增加虧損。因此，只能提高生產率和科技含量，降低成本，提高品質，增強競爭力。

六、有利於減少國外資金對國內的購房需求，減少房地產泡沫。升值抬高了外資在中國大陸的購房成本。如果外來的需求減少，無疑會緩解所謂供不應求的局面，給虛火發燒的國內房地產市場降溫，對降低房價產生正面效應。

人民幣過快升值的不利影響主要表現在以下幾方面：

一、影響金融市場的穩定。人們幣升值是當前最熱的話題，大量境外短期投機資金就會乘機而入，大肆炒作。在中國金融市場發育還很不健全的情況下，這很容易引發金融貨幣危機。另外，人民幣升值會使以美元衡量的銀行現有不良資產的實際金額進一步上升，不利於整個銀行業的改革和負債結構調整。

二、對中國出口企業特別是勞動密集型企業造成衝擊。在國際市場上，中國產品尤其是勞動密集型產品的出口價格遠低於別國同類產品價格。究其原因，一是中國勞動力價格低廉，二是由於激烈的國內競爭，使得出口企業不惜血本，競相採用低價銷售的策略。人民幣一旦升值，為維持同樣的人民幣價格底線，用外幣表示的中國出口產品價格將有所提高，這會削弱其價格競爭力；而要使出口產品的外幣價格不變，則勢必擠壓出口企業的利潤空間，這不能不對出口企業特別是勞動密集型企業造成衝擊。

三、不利於中國引進境外直接投資。中國是世界上引進境外直接投資最多的國家，目前外資企業在中國工業、農業、服務業等各個領域發揮著日益明顯的作用，對促進技術進步、增加勞動就業、擴大出口，從而對促進整個國民經濟的發展產生著不可忽視的影響。人民幣升值後，雖然對已在中國投資的外商不會產生實質性影響，但是對即將前來中國投資的外商會產生不利影響，因為這會使他們的投資成本上升。在這種情況下，他們可能會將投資轉向其他發展中國家。

四、加大國內就業壓力。人民幣升值對出口企業和境外直接投資的影響，最終將體現在就業上。因為中國出口產品的大部分是勞動密集型產品，出口受阻必然會加大就業壓力；外資企業則是提供新增就業崗位最多的部門之一，外資增長放緩，會使國內就業形勢更為嚴峻。

五、巨額外匯儲備將面臨縮水的威脅。充足的外匯儲備是中國經濟實力不斷增強、對外開放水準日益提高的重要標誌，也是中國促進國內經濟發展、參與對外經濟活動的有力保證。然而，一旦人民幣升值，巨額外匯儲備便面臨縮水的威脅。假如人民幣兌美元等主要可兌換貨幣升值百分之十，則中國的外匯儲備便縮水百分之十。這是中國不得不面對的嚴峻問題。

其實，人民幣過快升值並非只對中國帶來負面影響。金融專家認為，在國際間經濟往來及依賴程度越來越高的情況下，有利和不利的影響都是雙向的，一方的動盪也會引發另一方的不穩定。因此，如果國內企業、行業的出口因升值而減少，很難保證中國的貿易夥伴會毫髮無損。升值壓力過大的直接後果就是，歐美很多國家的許多百姓難以享用物美價廉的中國產品。無論是轉而使用本國產品，還是使用其他國家的替代品，都可能導致本國物價水準上升，居民消費支出增加，實際生活水準下降。

在人民幣升值利弊兼具的情況下，中國政府應把握好進度和尺度，並從容、冷靜、沉著應對，兼顧現實和未來。

首先，應該遵循溫家寶總理在兩年前提出的「主動性、可控性和漸進性」三原則。考慮外界的態度，但不屈從外部的壓力。一是堅持原則，明確的主體和主導地位；二是善於溝通和鬥爭，有理有利有節，讓對方明白一損俱損的道理；三是堅持小幅、穩步地推進，把幅度控制在多數國內企業短期可以承受的範圍內。

其次，不要急於調整出口退稅政策。不能一方面升值，另一方面減少退稅，雙管齊下，企業難以承受。升值是面對外部壓力適當妥協的結果，而退稅政策完全可以由中國自己掌控。

第三，以應對升值壓力為契機，調整出口結構乃至產業結構。那些低附加值的特別是以嚴重消耗資源和破壞環境為代價的出口商品，可以逐步放棄。

總之，在對待人民幣升值問題上，中國應該吸取「日圓被逼升值」的歷史教訓，以國家利益為重，切不可盲目悲觀，更不能盲目樂觀，要正確評估人民幣升值的利弊，理性思考、科學決策、沉著應對。

四、不能低估人民幣升值帶來的不利影響

二〇〇八年六月三日，人民幣兌美元中間價凌厲攀升至六．九二九五，在六月伊始的兩個工作日內，連升一百七十七個基點，創下匯改以來第四十次新高。在全球關注的目光中，人民幣匯率毫無懸念地進入了「六時代」。

在匯率加速快跑的同時，有關本幣加速升值對企業和銀行影響的調查研究，也進入了監管部門的日程表。

調查研究表明，從上海市的十六家商業銀行對出口企業的抽樣來看，多數出口企業對人民幣匯率升值的承受力一般在一：六．五至一：七之間，企業表示，如果二〇〇八年人民幣升值幅度超過百分之十或達到百分之十二，多數出口企業將難以生存。

監管部門認為，宏觀環境和企業生存巨變的同時，銀行的各種風險值得關注。這些風險包括：銀行的外幣資產縮水和帳面匯兌損失、銀行外匯存貸款的倒掛、外匯風險隱現下的資本充足率管理等。

隨著人民幣匯率升值加速駛入「快車道」，出口下滑、資本流入加速，成為兩大最顯著的景象。監管層認為，這些改變對銀行未來的風險構成了現實的威脅。

從二〇〇七年三季度以來，上海市的外貿出口總量和增幅呈逐季下降趨勢。二〇〇八年第一

季，全市外貿出口三百八十二·〇九億美元，比二〇〇七年同期增長百分之二十·二，創近兩年來單季最低增幅。

出口下滑使企業的利潤大幅受壓，而匯兌損失，則再度令微薄的利潤雪上加霜。在二〇〇七年百分之六·九的升值和二〇〇八年第一季百分之四·〇七的升值幅度之下，不少涉外企業的匯兌損失開始迅速擴大。

與出口下滑形成鮮明對照的是，該市同期的外資流量急劇飆升，達到新的歷史高位。據統計，二〇〇八年第一季，上海市直接利用外資金額增長達到百分之十八·八，而二〇〇七年同期增幅僅為百分之七。同期，直接利用外資實際到位金額增幅，從去年一季度的百分之二·二猛增到二〇〇八年的百分之十二·五。

監管人士認為：「這種超常的增長，不排除有大規模的熱錢摻雜其中，而其中部分可能流入了股票市場和房地產市場。」

人民幣升值也給銀行體系帶來了損失。調查發現，匯兌損失成為擺在銀行面前第一道難題。監管層調查研究認為，「許多出口企業的資金鏈壓力越來越大。一旦資金鏈斷裂，出口企業風險將直接影響銀行資金安全，潛在風險加大」。而此過程中，匯率風險不僅加劇了銀行的信貸風險，亦對其本身的外匯資產、外匯信貸管理形成了全新的挑戰。

由此可見，人民幣升值無疑對中國帶來了某種程度上的不利的影響，而海歸派學者卻一片叫好。他們認為，人民幣升值可以抑制中國的出口，減小貿易順差，央行被動增發的人民幣數量會減少，由貨幣因素引發的通膨隨之下降；可以大大減輕中國進口能源和原材料的負擔，降低國內企業成本，緩解輸入性通膨壓力；有利於消費，因為老百姓手中的人民幣「更值錢」了，而使進口產品價格變得「更便宜」了。

的確，對於處於高通貨膨脹的中國來說，人民幣升值起到了抑制通膨的作用。但另一方面，專家認為，人民幣若升值過快，可能會適得其反，不僅不會抑制通膨，反而可能加大通膨壓力。事實上，人民幣升值步伐從二〇〇七年開始加速，而中國的物價也恰恰從二〇〇七年加速上漲。

並且，當人民幣升值過快，企業不堪承受其重，紛紛倒閉的時候，就可能因產品供應的減少而推動物價上漲。人民幣加速升值已使得大批出口導向型企業倒閉或被迫轉行。相關報導指出，二〇〇七年，僅廣東地區倒閉的企業就超過一萬家，引發人們對就業問題的擔憂。

雖然人民幣升值使進口原材料成本降低，但在中國依靠進口原材料的生產企業只是一部分，大部分企業還是依靠國內原材料。即使原材料依靠進口的企業，也難以真正從人民幣快速升值中獲得好處。一方面，由於國家資源壟斷程度日益提高，中國買什麼什麼漲價的怪現象始終未能打破；另一方面，中國企業在進口成本降低的同時，人民幣升值抑制了其他國家對中國產品的進口。也就是說，企業不得不為從人民幣升值中獲取的一點好處，付出更昂貴的代價。

中國從事出口業務的企業規模普遍偏小，出口產品以勞動密集型為主，科技含量較低。就紡織行業來說，人民幣每升值百分之一，服裝行業銷售利潤率就下降百分之一～百分之四，目前，紡織行業整體利潤率平均僅在百分之五左右，人民幣升值正在蠶食企業原本就有限的利潤空間。有專家表示，如果人民幣升值加速，中國二〇〇八年可能有三分之二以上的中小型紡織企業倒閉。

人民幣升值對企業到底是有益還是有害，從許多企業的生存狀況就能一目了然。那麼，人民幣升值，消費者又能佔到多少便宜？廉價的中國產品是不可能被進口商品取代的，中國民眾對國內產品的消費偏好不會因為人民幣升值而有大的變動。中國應該清楚，導致中國 CPI 上漲的主要原因之一是糧食價格的上漲，而目前中國的糧食價格在全世界範圍內是最低的，國際市場小麥和大米的價格是中國的二～三倍。人民幣升值到什麼程度，才能使國內民眾敢消費國外的糧食？

還有人認為，人民幣升值加速，可以削弱熱錢湧入的原動力——升值預期，從而阻擊熱錢湧入。問題是，人民幣升值提速意味著熱錢投機的時間成本大大降低。

當今，與人民幣當初「破八」時相比，「破七」時的國際、國內環境已經發生了巨大變化。發達國家面臨著次貸危機的衝擊，經濟發展速度趨緩，中國也面臨著巨大的通膨壓力。面對企業艱難的生存困境，應該正視人民幣快速升值的弊端。

因此，專家認為，人民幣升值有利有弊，不能只注重其益處，而低估了人民幣升值所帶來的不利影響。

五、美元貶值對中國物價影響有多大

受多種因素的影響，二〇〇七年以來中國物價漲速明顯加快。而在影響中國物價的十大動力源中，美元貶值位居第一。

二〇〇七年十月三十一日，被譽為「歐元之父」的著名經濟學家羅伯特．蒙代爾表示：「中國當前物價指數較高是美元貶值的結果。」

美元貶值誘發全球性通貨膨脹，加大中國輸入型通膨壓力。隨著次級債危機的不斷擴散和惡化，美國進入新一輪降息週期，導致美元持續貶值。美元是國際貨幣體系的中心貨幣，美國通過貿易逆差向全球輸出大量美元，成為全球貨幣的「供鈔機」，造成世界範圍內的貨幣供應過多、流動性過剩，資本流動性大幅提高。另外，國際大宗商品主要以美元標價，不斷貶值的美元使得大宗商品的身價相對上升。全球能源、農產品、原材料、貴金屬價格亦將居高不下，在很大程度上衝擊了中國的價格體系。

專家認為，由於美元的大幅貶值，急劇拉高的全球石油、礦石、穀物、天然橡膠等農礦產品價格，直接增大了中國商品的生產成本，進而導致物價水準的揚升。致使物價形勢在很大程度上取決於美元貶值和需求下降這兩大因素的博弈。

進入二〇〇八年，中國商品價格漲勢依舊，保持繼續高位運行態勢。統計資料顯示，一～二月份累計，全國居民消費價格指數（CPI）同比上漲百分之七．九；工業品出廠價格指數（PPI）上漲百分之六．四，其中生產資料出廠價格上漲百分之六．九；流通環節生產資料價格指數同比上漲百分之十二．九，均創下新高。

在商品價格構成中，漲幅較大的主要是食品類價格、能源類價格和金屬類價格。其中食品價格前二個月同比上漲百分之二十．七，尤其是豬肉價格漲幅超過百分之六十，遠遠高出消費品平均價格漲幅；前二個月鋼材、煤炭價格同比分別上漲百分之二十九．七和百分之二十八．四，超出生產資料平均漲幅二十個百分點。

《國際先驅導報》載文分析，一方面伴隨美元貶值而來的必然是物價上漲；另一方面全球低利率環境已經形成，由此造成的大規模資金流動勢將引發價格上漲。

總體來說，美元貶值對物價刺激效應主要表現在兩個方面：首先是以美元為貨幣計算單位的產品價格因美元貶值而直接上漲；其次是大量的美元因此轉向購買農礦產品期貨和現貨，湧現出巨量投機需求和避險需求，形成較大比例的「投機溢價」，進一步推高了農礦產品價格水準。

農礦產品價格的上漲對中國造成了壓力，因為中國是一個加工貿易型國家，對國際市場農礦產品進口依存度較大。據統計，中國對石油、礦石、大豆等產品進口量佔據總需求量的百分之三十以上，甚至更多。因此，美元貶值引發國際市場農礦產品價格急劇上漲，也就直接增大了中國商品的生產成本，進而導致物價水準的大幅揚升。

當然，影響中國物價水準的因素除了美元貶值外，還受其他因素影響，如國內需求旺盛、年初南方雪災等，但目前來看，排在第一位的因素還是美元的大幅度貶值。據估算，現階段國際市場石油價格的上漲因素中，美元貶值至少要佔據三成比重。

國際專家預測，因受到美國經濟不景氣、次貸危機、美元持有者的減持傾向等因素的影響，美元還將繼續貶值，並且速度進一步加快。這就意味著，國際市場農礦產品價格還將上漲，由於不斷提高的生產成本的支撐，中國的物價水準也將高位運行。

從某種意義上講，高物價好似一把「雙刃劍」。它在提高生產成本的同時，也在抑制需求和刺激供應，從而為今後的行情下跌提供了條件。因此說，美元貶值一方面拉高了全球農礦產品價格，導致了高成本和高物價；但另一方面，高物價也會對美國經濟形成致命一擊，很有可能與次貸危機一起將美國經濟推入衰退，甚至是嚴重衰退。如果次貸危機的負面影響遠遠超出預期並向全世界擴大，如果美國經濟真的陷入嚴重衰退，失業率大幅增加，消費者捂緊錢袋，勢必引發世界範圍內最終消費的減弱。其結果將可能是所有的農礦產品價格因為需求不足而下跌。有關資料表明，一九九八年美國經濟衰退曾導致國際市場石油價格下跌了約百分之五十。在這種情況下，其他農礦產品價格不可能巋然不動。

在這種形勢下，專家認為，今後中國物價形勢在很大程度上取決於美元貶值和需求下降這兩大因素的博弈。在兩大因素的博弈中，如果美元貶值所引發的成本提高超出了需求下降的力度，中國商品價格將繼續高位運行，甚至還有可能進一步上漲。如果國內外經濟減緩，尤其是美國經濟陷入嚴重衰退所引發的需求下降，大大超過因為美元貶值所引發的成本提高，中國的物價形勢就會全面反轉。

而兩種可能性當中，專家認為後一種可能性應該更大一些。因為在中國經濟的三大「泡沫」，即股市、樓市和農礦產品價格泡沫中，股市和樓市泡沫正在逐漸破滅，這兩大泡沫的破滅使得許多投資者為規避風險，而大量減持美元和股票，遠離房地產，將大量資金轉向購買石油和其他農礦產品期貨，由此導致了旺盛的投機需求或避險需求，並成為此輪鐵礦石、原油、穀物、油料等農礦產品價格大幅上漲的重要原因之一。

而農產品經濟泡沫一旦世界經濟顯著減速引發農礦產品需求的下降，迫使投機者資金和避險資金大量出逃。在這種情況下，急劇膨脹的農礦產品價格泡沫也將迅速破滅，推動中國商品價格上漲的成本因素也將大大減弱。

二〇〇八年初，由於美國經濟不景氣，國際市場初級產品價格大幅下跌。三月十七日國際油價創下了十七年來的最大單日跌幅。顯而易見，投資者對經濟衰退的擔憂已經蓋過了美元貶值的影響。

美元貶值對中國物價水準的影響，還表現為在美聯儲不斷減息和繼續貶值預期的壓力下，大量美元熱錢進入中國境內攫取更大利益，由此加劇了國內流動性過剩，增大了通貨膨脹壓力。鑒於現階段內熱外冷，不同行業熱冷並存，商品價格有升有降的複雜經濟形勢，要求中國宏觀調控也要雙管齊下，抑制通膨與擴大內需措施同時並舉。

其一，抑制流動性過剩。從緊貨幣政策的實施，應繼續堅持提高銀行存款準備金率凍結資金的方針，盡可能地減少加息頻率，以控制逐利熱錢的湧入，尤其是要阻斷境外熱錢進入股市、樓市和商品期市的管道。要堅持人民幣自主升值的方針，根據已經變化的情況，不妨步伐更大一些，允許人民幣適當加快升值速度，一方面可以降低農礦產品進口價格，減緩成本推動型的物價上漲壓力；

另一方面也可以減少購匯人民幣的投放數量，抑制流動性的過快增長。

其二，進一步擴大國內需求。在這方面中國還有極大的潛力。儘管目前一些行業，特別是出口型行業已經或將出現產能過剩，但還有許多行業，如教育、醫療、環保、能源、廉租房、部分食品等方面供應短缺，資金投入不足，並且還存在一些落後地區和龐大的低收入人群。這就要求中國在抑制過剩產能的同時，加大對上述行業的投入，大力增加有效供給。此外，要充分發揮財政轉移支付的積極作用，加大對落後地區和低收入人群的扶持力度，加快中國由加工出口型國家向消費型國家的轉變，以此應對世界經濟減速後的外部環境緊縮。

六、熱錢「烤」驗中國經濟

近年來，借助美元貶值趨勢、國際政治局勢動盪、油價和大宗資源品價格高企，主要由國際資本構成的熱錢所從事的投機活動愈演愈烈。

熱錢又稱「逃避資本」，它是指為追求高收益及低風險而在國際金融市場上迅速流動的短期投機性資金。以追求匯率變動利益的投機行為為例，本幣匯率預期改善、利率高於外幣，從而形成匯差，是國際熱錢流入增多的主要原因。同時，外匯管理體制中出現的一些監管漏洞，也會為國際熱錢的進出提供便利條件。

中國國際金融學會副秘書長王元龍認為，熱錢對經濟造成的影響，一方面會對進入地區的經濟發展起到刺激投資的正面作用，同時，太多的熱錢將會給該國帶來通貨膨脹、匯率劇烈波動、泡沫迅速擴張等負面影響。當熱錢套利機會變小，如本幣幣值上升時，熱錢就會迅速撤出，從而引起本國金融市場的劇烈動盪。

國家外匯管理局資本項目管理司副司長孫魯軍認為，隨著資本持續大量流入，中國國際收支項目之間發生了實質性變化。

二○○八年六月二十五日，日本《產經新聞》刊發文章說，海外熱錢的非法流入加劇了中國國內的通貨膨脹，這些資金有可能在一夜間外逃，從而像十一年前的泰國一樣，造成經濟的崩潰。中國開始警惕亞洲經濟危機再度降臨。

二〇〇八年以來，國際上的熱錢更多地湧向中國。據統計，一至四月份的流入額超過一千三百億美元，僅四月份就高達五百億美元，處於異常狀態。

同時，四月份中國的外匯儲備達到一．七五六七兆美元，超過了七個發達國家的總和。專家認為，造成外匯儲備異常膨脹的罪魁禍首是熱錢的流入。

不斷湧入的熱錢極大地增加了市場貨幣供應量，從這一點來看，因為人民幣供給增加而增進的通貨膨脹變得更加不可控制。中國社科院世界經濟與政治研究所研究員張明研究認為，熱錢對中國A股市場的滲透已經遠遠超過了普通投資者的想像，出入中國A股市場的熱錢規模遠高於目前批准的QFII總額。和熱錢的大量湧入相比，熱錢的流出也需要中國提高警惕。

張明認為，大規模的熱錢逃離中國市場，受到影響的不僅僅是中國的外匯儲備。他說，熱錢操縱中國股市最常用的手段就是通過A、H股的聯動來賺取利差。對於那些既在A股又在H股上市的股票，熱錢可以一面做多A股同時又在H股市場上大量做空該藍籌股，隨後，熱錢在A股市場上大量拋售該股票，這首先會引發該藍籌A股股價下跌，其次很可能導致該藍籌H股股價下跌（H股下跌幅度一般低於A股）。最後的結果就是熱錢可以在H股市場上充分利用財務槓桿，保證熱錢的H股盈利遠高於A股虧損，從而牟取暴利。

熱錢不僅對中國的股市產生了影響，也對中國的房產產生了影響。分析人士認為，熱錢對樓市的興風作浪遠比股市來的兇猛。中金公司首席經濟學家哈繼銘認為，熱錢可能更多地流入實體經濟，特別是房地產開發領域。他說「房地產企業的資金鏈開始吃緊，但投資增速仍然很快，這是一個值得研究的現象。另外，自二〇〇七年年末開始，信貸收緊，加之國內利率水準不斷提高，企業從銀行貸款難度加大。對於這些企業來說，可能會考慮從其他途徑來借錢，而與此同時，國際上利率水準持續下降，流動性增多，因此也存在借款的意願。」

事實上自二〇〇六年七月，原建設部、商務部等六部委聯合下發「一七一號檔」後，外資在地產領域一度不再活躍，甚至海外上市的地產公司都存在融資無法進入國內的問題。但最近時期，外資重又抬頭。

二〇〇八年四月初，凱雷對外宣布，以六．八億美元收購麥迪遜大街六百五十號的一座高級物業，交易規模創下二〇〇八年以來地產交易的紀錄高點；與此同時，凱雷在上海以十九．九〇七億元的價格收購了濟南路八號西苑。同樣在上海，三月，韓國未來資產集團以九億元收購了翠湖天地御苑十八號。種種跡象表明，外資對於境內房地產市場的熱情並未減退，反而更趨向長期收益、穩定布局。

熱錢大規模地進入中國市場，對中國經濟體系來說是一個不好的信號。二〇〇七年底以前熱錢的流入量已達到相當的規模，有的專家推測在五千億美元，有的甚至認為高達八千二百億美元。

專家指出，人民幣貶值與熱錢流出的風險正變得越來越大。從歷史經驗看，熱錢加速流入會造成宏觀經濟失衡，形成資產泡沫。而熱錢的迅速出逃，也將會是一瞬間的事，屆時將會造成經濟震盪，甚至引發嚴重的貨幣危機。正如亞洲金融危機演繹的那樣：危機爆發前的一九九六年底，注入東亞的熱錢約五千六百億美元，到一九九八年底危機爆發後流出的熱錢達八千億美元，諸多亞洲國家深陷危機之中。

二〇〇八年四月下旬，在國際貨幣基金組織（IMF）國際貨幣與金融委員會（IMFC）春季部長級會議上，央行行長周小川呼籲各國盡快建立起協調互信的政策框架，加強對對沖基金為代表的熱錢的監督，穩定市場預期，實現有序調整。

專家認為，大量熱錢將會使資本流動急劇波動，不僅導致匯率和利率更大幅度波動，造成資產價格中的泡沫效應使得國際收支狀況和結構更加複雜，進而影響到一國的經濟和金融穩定，甚至造成社會和政治的動盪不安。

因此，要改變或者說有序化熱錢的流動，最關鍵的措施就是增加匯率機制的靈活性，加快匯率改革步伐，實施合理的外匯管理制度。

二〇〇八年六月八日，外管局出臺政策，自七月一日開始，企業境外投資不再受額度限制，外匯需求可以得到充分滿足。這是增強人民幣匯率機制靈活性的重要步驟，防止外匯資金大量結匯後進行投機性活動。

七、國外熱錢來勢勇猛直指中國暗箱操作利潤瘋狂

由於人民幣和美元利差的逆轉以及人民幣升值預期的上升，二〇〇八年中國的外匯儲備大幅激增，其中很多是外貿順差和FDI所無法解釋的，學界普遍將之視為「熱錢」。

儘管如何甄別熱錢數目絕非易事，但當前快速進出中國市場的游資數額的確有增加之勢，熱錢為什麼「相中」中國?中國社科院金融所所長李揚分析認為，中美「利差倒掛」以及人民幣升值帶來的套利和套匯加劇了海外短期資金入境規模。「僅套利和套匯，就可讓熱錢收益至少百分之十。」李揚說。

隨著二〇〇七年美國次貸危機的爆發，美聯儲為拯救市場，從二〇〇七年九月起，連續七次降息，聯邦基金利率由百分之五．二五降至百分之二，與此同時，中國人民銀行二〇〇七年起連續六次加息，一年期存款基準利率從當時的百分之二．五二提高到目前的百分之四．十四。一年之間，中美利差反轉並呈逐漸擴大的趨勢，加劇了海外套利資金的進入。

美元持續貶值背景下，全球熱錢正急於尋找出口，新興市場成為熱錢流入目的地。人民幣升值因素進一步加劇了游資套匯衝動，加快了熱錢的進入速度。僅二〇〇八年一季度，人民幣對美元升值幅度超過百分之四，成為匯率改革以來人民幣升值幅度最大單季。

中國社科院金融學者張明認為，中國資本市場、房地產市場等資產價格的快速上漲是海外熱錢

快速進入的又一重要原因。

在熱錢的大量湧入下，國家的外匯儲備直線上升。熱錢流入的增量和存量規模之巨令人不安。據統計，二〇〇八年第一季，中國外匯儲備增加一千五百三十九億美元，扣除貿易順差和外商直接投資，首季入境的不可解釋的資金高達八百五十一億美元。二〇〇七年，這一數字是一千一百七十億美元，也就是說，二〇〇八年首季流入的熱錢已超過二〇〇七年全年的百分之七十。並且，這個粗略估算很可能還低估了熱錢的規模。眾所周知，外貿順差中有虛假申報的結匯，而外商直接投資中也有熱錢喬裝其中。因此有學者警告說，目前中國承受的「熱錢」流入規模，已超出亞洲金融危機前整個東亞所承受的規模，但中國 GDP 規模至多只有當年日韓加上東盟 GDP 規模的四分之一。

二〇〇八年，央行公布的金融運行數據顯示，六月末中國國家外匯儲備餘額為一．八〇八八兆美元，同比增長百分之三十五．七三，中國穩坐全球外匯儲備餘額第一的位置。上半年中國國家外匯儲備增加二千八百零六億美元，同比多增一百四十三億美元，這意味著上半年平均每天增加十五．五億美元外匯儲備。照此速度，專家預算外匯儲備年底可能達到兩兆美元。

當下學術界普遍以外匯儲備新增總量減去貿易順差與 FDI（實際使用外）的數字來觀察熱錢的趨勢，二〇〇八年上半年中國貿易順差為九百九十．三億美元，FDI 為五百二十三．八八億美元，與外匯儲備之間的差額高達一千二百九十一億美元。當前境內股市、房市處於低迷時期，熱錢僅以存款形式留存在中國境內銀行，在國際市場動盪時期，從境內存款利率和人民幣升值中獲得的收益也相當可觀。據計算，以目前人民幣升值速度折合成年利率是百分之十四，再加上中美利差，即使熱錢不做投資，一年可以得到的無風險收益也是百分之十二。

銀河證券首席經濟學家表示，由於人民幣的年升值幅度遠遠超過中美利差，並且熱錢在股市和房市賺取的利潤可能是百分之百甚至百分之二百。

熱錢加速湧入是不難解釋的，因為它們能夠獲得相當可觀的無風險收益。就第一季情況來看，匯率方面，一季度人民幣兌美元升值百分之四．一；利差方面的計算較為複雜，因為中國很難找到與美國相對應的利率，但無論是用當前的一年期央票利率（最近參考收益率為百分之四．〇五八三）、Shibor（五月九日為四．七〇四七），還是一年期存款利率百分之四．一四，中美利差都在二百個基點之上。換言之，第一季熱錢的無風險收益率在百分之四．五左右。如果今年人民幣升值百分之十，則熱錢一年的收入率可達到百分之十二。在金融動盪的當前，這個收益頗有吸引力。

投機中國的這種無風險收益還會持續。鑒於兩國經濟的基本面，在未來幾個月中，中美利差只有擴大的可能。此外，人民幣對美元的即期匯率略高於七，而人民幣兌美元的一年期遠期匯率為六．五六，一年期 NDF（無本金交割遠期匯率）為六．四五，這意味著，人民幣遠期匯率存在升水。如果現在熱錢進入中國，還是可以同時獲得上述兩重無風險收益。舉例來說，投機者將一百萬美元換成七百萬人民幣存在銀行，同時賣出人民幣遠期合約，一年以後本息總額為七百二十八．九八二萬人民幣，並按時交割當初的遠期合約，獲得一百一十一．一二五萬美元。這樣，熱錢一年的收益率為百分之十一．一二五，這遠高於美國的基準利率百分之二。值得強調的是，這個收益完全無風險，這還沒有考慮熱錢投資資產部門可能獲得的更高收益。

根據著名的利率平價理論，熱錢不應該在利息和匯兌兩個市場同時獲得好處。利率平價理論是由英國經濟學家凱恩斯於一九二三年在其《貨幣改革論》一書中首先提出，後經一些西方經濟學家發展而成。該學說主要研究國際貨幣市場上利差與即期匯率和遠期匯率的關係，主要結論是兩國利率之差約等於兩國匯率之間的變動率。利率平價理論是除購買力平價理論之外最重要的一種匯率決定理論，並且被認為更具有解釋力。同樣是從一價定律出發，購買力平價理論依照的是商品價格，而利率平價理論依照的是資金價格，顯然，資金的流動性要遠大於商品，因而，利率平價理論應該更容易成立。

具體而言，如果中國利率高於美國，那中國遠期匯率就應同幅度貼水，即貶值。此時，熱錢進入中國，在利息上有收益，在匯兌上則有損失，並且，收益應該正好等於損失。否則，國際資本就會有套利空間，因為這種收益是無風險的，即便存在，也會很快消散。

現實並不符合利率平價理論的預言。按照該理論，中美之間存在正利差，人民幣遠期匯率應該是貼水，而不是現在的升水，這樣才能保證資金在不同國家具有同樣的收益或價格。從這個角度看，或許中國應該困惑的不是為什麼這麼多的熱錢會進入中國，而是為什麼不是更多？

利率平價理論為何在中國失靈？最重要的原因在於熱錢進出中國存在較高成本。假如熱錢可以完全自由地進出中國，那麼，按照利率平價理論來推，入境的熱錢還會成倍增加。顯然，中國資本項目下的管制為熱錢流動帶來了較高的成本，因而套利空間並沒有很快消失，而得以持續。無論熱錢有多少種進入中國的管道，但所有這些管道都需要付出一定的代價、面臨一定的風險才能打通。

從反思利率平價理論的角度，似可得出若干重要政策含義，而這些政策並沒有得到充分討論。第一，中美利差不應是國內貨幣政策不可逾越的天花板。要求恪守中美利差的流行建議是從利率平價理論角度給出的，但正如中國已經看到的，利率平價理論並不總是成立。在一些學者看來，在當前的討論中，利率平價理論被過度重視了。而這個理論在多大程度上能成立，取決於利差在資本流動性因素中所佔的比重。看來，除利差外，下面這兩個因素尤為重要。

第二，強化而不是放鬆資本項目管制，提升熱錢進出中國的成本。資本管制是中國應對國際投機的最重要也是最後的屏障。資本管制易放難收。在人民幣匯率制度和國內金融體制足夠完善之前，資本項目放開步伐應慎之又慎。

第三，控制資產價格，降低熱錢的預期收益率。除了利差匯差以外，流入中國的熱錢更為看重的收益還是投資回報，主要是來自資產部門的收益。熱錢流入和資產價格上漲互為因果，控制了一個就有助於控制另一個。在加強資本管制控制熱錢流入的同時，還需要對資產價格膨脹保持高度警惕。事實證明，政府有能力做到這一點。只要資產價格沒有明顯的泡沫，熱錢就缺少大規模進出的動力。如果做到了這一點，去冬以來滬深股市的巨幅調整或許就不會上演。

八、面對西方壓力中國貨幣政策何去何從

近一段時間以來，美國次貸危機對美、歐金融和經濟都產生了很大衝擊，那麼，美國次貸危機對中國的金融機構和經濟發展會有什麼影響？中國的貨幣政策會不會因而作出調整？

儘管剛剛閉幕的二〇〇八年央行工作會議沒有提及貨幣政策調控的預期目標，但貨幣與信貸「雙緊」的基調卻異常高昂。

值得關注的是，由於流動性過剩、投資過度、順差過大的局面未見根本改觀，通膨壓力又有所上升，加之美聯儲迫於次貸危機進入降息通道，〇八年中國貨幣政策將面臨「多向夾擊」，運作空間進一步趨窄。

近兩年來，貨幣政策取向已經出現了從「穩健」到「適度從緊」再到「從緊」的嬗變。二〇〇七年，央行六次加息、十次上調存款準備金率、七次發行定向央票、重啟三年期央票和特種存款、擴大人民幣對美元匯率波幅，以及多次「視窗指導」……緊縮力度可謂空前。

自二〇〇五年匯率改革以來，央行一方面需要對沖巨量貿易順差帶來的過剩流動性，以抑制通膨，保持人民幣幣值穩定；另一方面又要維持一定的中美利差，以防止境外熱錢過多流入，維護人民幣匯率相對穩定。這種多目標調控使貨幣政策空間受到嚴重制約，也令貨幣調控的效果大打折扣。

次貸危機從〇七年夏天開始，到目前為止還沒有真正見底，所以不可小視。對中國金融的影響，主要表現在以下幾個方面：

一、中國的金融機構在次債方面也是有一些投資的，這些投資也會有損失，但是總的來講數量和比例都不大，金融機構能夠消化。另外，中國金融機構規模比較大，經營狀況也比較好，少量的損失是可以承受的。

二、美國經濟帶動全球經濟會產生哪些變化，包括在國際貿易方面產生的變化？這些對中國經濟會有進一步的影響，這個影響究竟有多大還有待觀察。另外，這種影響有可能是一輪一輪的，美國經濟波動第一輪可能會影響到其他國家，比如歐洲的國家，這些國家又間接對中國經濟產生影響。中國對此要有充分估計。

三、美國通過降低利率來應對可能出現的經濟衰退，對中國的利率或者中國的貨幣政策會有影響。中國看到，當今的全球經濟，相互作用的影響比以前大多了。過去在一定前提條件下，利率政策都是比較相對獨立的，但是現在各國利率政策的相互影響比以前增大，由此給中國經濟帶來的影響也需要觀察。

四、美國還採取了其他一些政策來防止經濟衰退，這些政策會不會在當前或者今後一段時間使全球性的流動性過剩問題變得更加突出？這是有可能的。比如說它放鬆銀根，採取一些財政補貼或者救助的措施。中國的流動性過剩本來就和全球的流動性過剩有關係，如果全球流動性過剩進一步加劇的話，對中國的貨幣政策也會有進一步的影響。總之，在經濟全球化日趨深化的局面下，有很多影響是超出中國以往的經驗和分析套路的，所以中國需要給予密切關注。

大。

中美背道而馳的貨幣政策可能加重調控成本和中國經濟過熱的風險，央行調控的壓力空前巨大。

中國的加息週期受到挑戰。中國央行是繼續加息抑制國內不斷上漲的通膨風險，還是壓制利率以減輕升值壓力和熱錢風險？利率政策落入了兩難境地。為遏制經濟過熱和通膨風險，連續加息是必要的。然而，美聯儲突然降息可能打亂央行的部署。以往用美元一年 Libor 利率減一年央票利率來衡量的中美利差，從一年多以前的三百個基點，降至目前的一百六十七個基點。這造成的必然結果是，「熱錢」流入中國的成本更低、動力更強。目前境內美元貸款利率已經顯著低於人民幣貸款利率，導致近幾個月外匯貸款突增，中國繼續加息受到箝制。

匯率政策也將面臨空前巨大的壓力。美聯儲大幅降息後，美元應聲而落，美元指數觸及十五年新低，對歐元也創出歷史新低。目前市場對於美國降息是否形成週期還有爭議。一旦降息繼續下去，美元貶值趨勢將很難逆轉。其結果就是人民幣的升值壓力將繼續加大。一方面，從中美匯率中間價來看，美元加速下滑，人民幣對美元的升值速度可能被迫加快。而目前人民幣對美元的年升值幅度實際已經在百分之五左右，繼續提高升值幅度的利弊存在爭議。另一方面，從人民幣實際有效匯率來看，由於美元對其他貨幣貶值的速度，很可能快於人民幣對美元的升值速度，人民幣實際匯率升值將可能放慢。其後果是，國際上施加的人民幣升值壓力更大；人民幣對一籃子貨幣升值放慢，貿易順差繼續高企。

如果按照這一脈絡發展下去，通過人民幣升值緩解貿易不平衡的效果將被打折扣。這意味著外匯流入帶來的過多貨幣供應將依然是困擾央行的難題。流動性過剩帶來的信貸、投資過快增長、資產價格上漲、通貨膨脹風險上升等等諸多難題，依然是一團錯綜複雜的亂麻，並且調控難度會更大。

當前中國貨幣政策更加關心的問題是「反通貨膨脹」。貨幣政策目標的重點目前在全球並不完全一致，美國、英國等目前主要是通過貨幣財政政策的配合，來迅速地制止財政赤字的蔓延、經濟恐慌的發生以及經濟可能發生的衰退。但「許多其他國家，包括中國在內，貨幣政策更加關心的問題是反通貨膨脹」。特別從二〇〇七年以來，在很多新興市場國家，也包括一部分發達國家在內，通貨膨脹的苗頭都在上升，而且勢頭似乎來得也很猛。

這兩個目標，加上全球化條件下的相互影響，是不太一致的，是有衝突的。就一國內部來講也會存在這樣的問題，可能考慮經濟增長、就業、國際收支平衡、通貨膨脹、金融機構的健康和金融市場的發展，所有這些目標並不是都能一致起來。沒有包治百病的藥方，最後就是取捨，哪個好取哪個。所以在貨幣政策諸多政策目標之間，還是需要有所平衡、有所取捨。抑制通貨膨脹需要從緊的貨幣政策。同時，加快發展大陸債券市場。

從宏觀經濟平衡來看，減順差就是「要減少過度的儲蓄率」。中國一直有國際收支不平衡的問題。國際收支不平衡出現順差，外匯儲備增長過快，所以二〇〇六年中央經濟工作會議提出了「減順差、促消費」。減順差如果從宏觀經濟平衡來看，就是要減少過度的儲蓄率。儲蓄率包括三個部分，包括家庭儲蓄、企業的儲蓄、政府的儲蓄。家庭儲蓄雖然說增長不是非常快，但是始終保持一個高位。「因此，處理減順差的問題在某種程度上最後也等於要適當地降低總儲蓄在 GDP 中的比重。」

美國目前的次貸危機已經波及全美信貸市場，並且影響了世界經濟。除了美國房貸市場出現問題外，最新有報導說次貸危機又波及到了全球信用卡領域，持卡透支人惡意不還款開始增多。同時，一批大公司受次貸危機影響，內部經營問題頻頻暴露出來，美國花旗集團、美林證券的巨額虧損，法國興業銀行暴露出的醜聞都與次貸損失有關聯。在這種情況下，為了挽救美國經濟，美國政府不顧國內通貨膨脹沒有完全消除的因素，美聯儲開始大幅降低利率，未來還可能進一步降息。經濟學家以及一系列研究機構紛紛降低了對全球特別是美國經濟增長的預期，特別是量子基金掌門人、國際「金融大鱷」索羅斯竟然多次預言美國經濟衰退將會很快到來。

中國經濟與美國以及全球經濟聯繫越來越緊密，已經融入到全球經濟之中。美國、歐洲以及日本等經濟體已經離不開中國出口的產品，出口也已成為拉動中國經濟的主要引擎之一。二〇〇七年，中國的出口規模幾乎佔到了 GDP 的百分之四十，中國百分之四十八的出口商品都運往美國、日本和歐洲。中國社會科學院數量經濟技術研究所認為，美國經濟 GDP 增長速度每下降一個百分點，大概會影響中國出口五個百分點；估計美國經濟增幅今年會下降近兩個百分點，那麼，中國出口增速可能要下降十個百分點左右。

目前，中國大陸之所以實施從緊的貨幣政策，是因為要防止經濟增長由偏快轉變為過熱，防止物價由結構性上漲演變為明顯通貨膨脹，而經濟可能過熱和發生明顯通貨膨脹的原因是流動性嚴重過剩，流動性嚴重過剩的根源在於外匯儲備居高不下，對外貿易順差一直擴大。一旦美國以及歐洲、日本經濟出現減速或者衰退，必然對中國商品需求減少，中國大陸貿易順差將趨緩，因此引起的流動過剩可能得到緩解。經濟過熱和明顯通貨膨脹苗頭將不會出現。同時，美國一直減息，如果中國繼續加息，將使中美兩國利差繼續擴大，熱錢可能大舉進入中國，對中國資產和物價同樣會帶來衝擊。因此，從緊貨幣政策可以適度放鬆。

一些貨幣政策所處的背景、條件，還有國際方面的影響，不能繼續教條地用老辦法來解決。應對新型的危機需要有非常強大的判斷危機的能力，同時要有相當靈活的貨幣政策體系和金融穩定的應急機制。

解決危機有很多臨時性措施，但中央銀行要注意最根本的一條，就是盡可能保持金融機構的健康。總有些最脆弱的金融機構會在金融危機爆發前就先出現問題，他們出現問題後再繼續拖累其他金融機構，改革要和開放聯繫在一起，通過改革、開放使金融不斷走向健康，所以政府要盡量保持金融機構的健康。跟金融機構健康相關性很重要的一條就是監管工作，必須不斷地加強監管。

金融機構健康有三個方面，其一是公司治理的健康，其二是組織管理構架的健康，最後就是風險控制。從這次危機教訓而言，有些機構出的問題就是發生在內部風險控制上。內部風險控制也是非常與時俱進的一項技術，因為金融產品不斷地發展，資產負債表在不斷地發生變化，二十年以前的技術基本上不好用了，十年以前的也是過時了，還要不斷地更新才行。

隨著美國利率走低，中美利差正呈反轉趨勢，利率政策將更加受限，而由此進一步強化的人民幣升值預期，可能會帶來更多的熱錢流入。事實上，在經常項目可兌換後，通過資本項目管制堵住外匯流入已相當困難。經常項目資金既可能用於貿易，也可能流入房地產、股票等資產市場短期投機，與所謂資本項目「熱錢」並無本質區別。

正因如此，二〇〇八年的貨幣政策將是十八兵器全部上陣。在數量工具上，仍將是央行票據與存款準備金率唱主角；而在價格工具中，旨在引導通膨預期的利率槓桿或再次撬動，但在調整的結構上也將頗費思量。央行可能會更多倚重匯率手段，人民幣對美元匯率波幅有望進一步放寬，人民幣對一籃子貨幣的實際有效匯率可望較大幅度增長。至於「視窗指導」，則可能通過編制信貸規劃，對信貸進度進行控制。

然而，對沖流動性以及加強信貸調控等貨幣政策措施，並不能從根本上解決流動性不斷生成和經濟結構失衡問題。治本之策還在於財政、產業、貿易政策的協調配合，擴大國內消費需求，優化投資結構，促進國際收支平衡。儘管結構性政策難以短期見效，但必須盡早出手，以避免中國經濟出現大起大落式調整。

《第六章》

未雨綢繆：中國如何突圍

PART6

一、美元持續貶值，中國應如何應對

二〇〇八年四月十三日，中國財政部副部長李勇在世界銀行和國際貨幣基金組織聯合發展委員會會議上呼籲國際金融機構敦促發達國家實施負責任的貨幣和匯率政策。這被認為是中國對美元持續貶值的首次正面回應。

中國常駐世貿組織代表孫振宇表示，美元持續貶值對世界經濟和貿易造成嚴重不良影響，包括加劇全球通膨壓力、推升全球油價和糧價。他敦促美國方面採取迅速和有針對性的措施來穩定美元幣值。

美元持續貶值不僅加劇了中國的通貨膨脹壓力，也使中國出口下降、外匯縮水。中國大批出口企業因人民幣升值失去競爭力，導致工廠關門、工人失業。

根據海關總署的統計數字，二〇〇八年前五月中國累計貿易順差為七百八十・二億美元，比去年同期下降百分之八・六，淨減少七十三・二億美元。

一些專家認為，美國為轉嫁次貸危機帶來的影響，借助美元國際支付手段的地位，大量印製鈔票，將通膨的壓力向國外疏散。美聯儲在過去九個月中連續七次降息，就是一個例證。

在美元持續貶值的形勢下，一些專家建議，中國應擇機增加一定數量的黃金儲備，以實現外匯儲備的多樣化，同時減緩外匯儲備增加的壓力。

據悉，在二〇〇六年，中國的黃金在中國外匯儲備中僅佔百分之一．三，西方發達國家的平均水準則高達百分之五十～百分之六十。一些金融專家紛紛呼籲增加黃金儲備，以實現外匯儲備的多樣化，同時減緩外匯儲備增加的壓力。北京黃金經濟發展研究中心劉山恩建議，中國應將黃金儲備由目前的六百噸增加到二千五百噸，黃金佔外匯儲備的比重由百分之一．三提高到百分之三～百分之五，並實現黃金儲備管理的法制化。

金融專家指出，由於市場對美國經濟前景以及美元貶值的擔憂，美元充當基礎貨幣的地位受到嚴重挑戰，而歐元等其他貨幣尚無法擔此重任，這導致了國際貨幣體系中基礎貨幣的不確定性增強。在這種情況下，黃金的價值重新凸顯出來。黃金在國際貨幣體系中的地位已得到提升，中國適當增加黃金儲備不失為明智之舉。

而中國人民銀行貨幣政策委員會委員余永定認為，中國當前的外匯儲備過多，應放緩外匯增長速度，以免因美元持續貶值帶來外匯資產縮水，但這需要宏觀經濟政策、外貿政策、投資政策和外匯政策協調進行。

余永定說，大量的外商直接投資（FDI）流入中國是導致中國外匯儲備增加的重要原因。儘管中國目前已沒有吸引外商更多流入的優勢，但因地方政府熱衷於追求 FDI 規模，可能出臺更多優惠政策，使得外資可能持續進入中國，並導致外匯儲備繼續增加。

由於中國長期實施出口導向政策和對 FDI 的優惠政策，導致經常項目和資本項目的雙順差現象。余永定認為，要消除這種現象，需要在發展戰略、經濟結構調整、宏觀經濟政策包括匯率政策各方面進行協調。

美國某著名對沖基金的董事總經理江平認為，美元持續貶值，對中國來說，最好的戰略是通過直接投資戰略資源。

他在《環球日報》發表評論說，對於中國這樣龐大規模的外匯儲備而言，長期全球價值投資是唯一的選擇。這種價值投資將完全不同於傳統的宏觀交易，因為傳統的宏觀交易注重於中期趨勢，並且依賴於在貨幣、大宗商品、股指和債券之間進行槓桿投機；而長期全球價值投資與基於基本面的股票投資策略相類似，不同的是這種投資基於全球的宏觀視野，重點放在不同國家、不同資產類別之間的價值比較。

他說，中國需要自己的投資團隊。外包給境外公司永遠也不可能解決中國的問題——西方政府從來只願意將低工資、高污染的產業外包給中國。中國應當招聘在國際市場上有著成功業績的投資經理。中國的投資計畫更像一場戰爭計畫，其內容是絕對不可以洩露給全球投機客的。中國應當非常小心，因為相對於美元和美國債券而言，現在世界上明顯被低估的投資品種已經不多了。同時中國也不應該自縛手腳，如規定只能投「高品質債券」。只要中國進行獨立研究，那麼交易衍生物和垃圾債券對提高中國的盈利能力就顯得極其重要又非常必要了。

江平指出，拜全球流動性氾濫所賜，金融資產不再便宜，在某些情況下已被嚴重高估。但也正是這氾濫的流動性創造了超級的價格扭曲，從而創造機會。在一個低收益的環境中，部分資產仍然具有超級價值，並且風險極少——基本上是打了深度折扣的保值天堂。中國應當考慮把資本配置到一些不時尚的市場，在那裏中國更有可能發現被低估的資產。

江平的建議在刊登後，引起人們的強烈迴響。而對中國的廣大投資者而言，持有外匯在某種程度上就是以持有美元為主。尤其是在以往的出國潮、B股潮中，一些投資者在不知不覺中擁有了美元。但隨著人民幣對美元的連續升值，加上美聯儲近一年來的降息政策，很多人也對美元投資的何去何從產生了困惑。

二〇〇八年四月三十日，美聯儲再度降息〇・二五個百分點，將聯邦基金基準利率由百分之二・二五降至百分之二。自去年九月以來，美聯儲已連續七次降息，累計降幅達三・二五個百分點。低息和相對的貨幣貶值使美元正在經歷不斷地縮水。專家認為，對持有美元的投資者來說，在美元持續貶值的情境下，投資者不妨根據自己的情況改變投資策略。

對按兵不動型的投資者來說，他們認定美元資產是他們的未來所需，並認為美元匯率已相對達到了一個低谷的水準，所以他們不會急於換匯或作其他投資。理財專家認為，這部分投資者可以適當參與一些銀行的美元理財類產品，現在各家銀行均不定期的進行個人美元理財產品的發行。從目前已經實現的美元理財產品的投資收益狀況來看，年收益率一般可以達到百分之六左右，相對來說，基本可以抵消美元的貶值損失。

對尋求突破型的投資者來說，他們對美元的走勢相對比較悲觀。專家認為，這類投資者可以適當考慮將美元換成其他高息貨幣，如澳元或紐幣等。澳元由於是商品貨幣，受黃金、鐵礦石等商品中長期上漲的帶動，澳元在未來仍有上漲的動能。另外，澳元作為高息貨幣，由於其官方基準利率已經達到百分之七・二五，並且有升息到百分之七・五的預期。參與銀行的澳元理財產品的收益也較高，目前一些銀行所發行的澳元理財產品，平均年化收益率在百分之六～百分之九左右。

對積極進取型投資者來說，投資者可以進行B股交易、購買以美元結算的基金產品，或者進行黃金的投資。專家建議，對於有投資黃金需求的投資者而言，投資者不妨考慮用閒置的美元來投資黃金。黃金作為天然貨幣，長期來看有抵抗通貨膨脹的作用，但在流通性上卻有一定的劣勢。用美元來投資帳戶黃金，兼具了黃金投資的抗通膨性又保證了一定程度上的貨幣流動性。當投資者需要使用美元時，可以通過賣出黃金的交易換回美元資產。當然，這種積極進取型的投資變化適合有一定投資經驗並對黃金價格走勢相對敏感的投資者。

二、「大敵」當前，貨幣政策應理性調整

二〇〇八年二月二十七日，美聯儲主席伯南克發表言論暗示將繼續減息之後，沉寂數日的人民幣匯率重新回到了「加速跑」的狀態。二十八日，人民幣匯率中間價升至七．一二〇九，單日漲幅二百四十六個基點，首次衝破七．一四和七．一三關口創下匯改以來新高。三月二日，人民幣更創新高，升至七．一〇五八。

而與人民幣飆升相反的是，美元在國際匯市延續二月二十六日的跌勢，繼續深度下挫，美元指數最低觸至七四．〇七，當日下跌了〇．五四點。

對於人民幣升值和美元貶值現象，學術界有觀點稱，中美之間正在進行一場貨幣較量。這種觀點認為，當前，中國貨幣政策的總體思路應是圍繞國內經濟發展的目標和經濟結構調整的要求，把國內利率政策作為宏觀經濟調控的主要手段之一，把匯率政策作為保衛中國經濟成果、保衛中國經濟版圖的主要手段之一，同時，匯率政策應服務於利率政策、為實施正確的利率政策讓路，不應讓匯率政策牽著利率政策的鼻子走，不應讓匯率政策約束利率政策的制定和實施。通過利率、匯率、資源價格體系的互動和調整，達到把國民財富留在國內的目的；同時，通過實施自主的貨幣政策，迫使美國調整自身的貨幣政策，形成相對公平的國際經濟環境。

有學者提出，中國必須覺醒、必須防止更嚴重的掏空。中國要堅持「對外開放」政策，但這種

開放應該是「對等開放」，絕不能重現一八四〇年後的那段日子。中國作為大國應該學習美國對付中國的做法，美國層層設防，不提倡「對外開放」，只提倡「美元垃圾」變資源和變股權。中國只有認真思考三十年改革開放的成功經驗和教訓，特別是資本市場建設方面的不足，重新調整政策和思路，重視政策之間的平衡和配套，才能發揮人民幣的威力，才能打好這場發生在中國本土的貨幣戰爭，才能避免中國經濟發展成果的瞬間毀滅。

在美元和人民幣進行較量的形勢下，一些學者提出應對中國貨幣政策再重新認識。學者認為，與發達國家或成熟市場經濟體相比，目前中國的貨幣政策特點主要表現在兩個方面。一是採用多目標制；二是數量型和價格型工具混合使用。二十世紀八〇年代以來，中國經歷三次通貨膨脹時期，分別是一九八五年、一九八八年和一九九五年。受亞洲金融危機影響，一九九八～二〇〇〇年，中國經歷了通貨緊縮。從這幾次經歷的實證分析中可看出，貨幣供應量與通貨膨脹之間的互動關係仍是顯著的。央行高官曾表示，在中國目前的發展階段，貨幣總量仍是貨幣政策框架的重要內容。

中國特有的貨幣政策特點決定了中國在貨幣政策方面遇到的一些問題，可能在別的國家很少見或未曾經歷過，在經濟史上或者理論上也少有系統性地剖析。那麼，對於中國貨幣政策當前新出現的重要貨幣理論問題，究竟應以怎樣的思維方式去尋找答案；中國應如何總結過去貨幣政策的經驗和教訓，如何確立新形勢下的中國貨幣政策方針？

學界權威人士分析認為，一旦本幣出現持續升值預期，經濟體系的決定力量或關鍵變數，則是預期匯率升值幅度和資產價格上漲幅度，其他變數（利率、預期通膨率等）是從屬變數。若本幣出現持續匯率升值預期，央行貨幣政策無法實現其釘住通膨率之政策目標。因為，此時央行若要釘住某個通膨率，它必須採取某種貨幣政策操作手段，反方向調控真實經濟市場和虛擬經濟市場，這當然是不可能的操作。該分析還確認，過去兩年半的貨幣政策歷史，證實了該理論的基本結論。

事實上，由於允許人民幣匯率緩慢升值，國際收支「雙順差」所帶來的流動性過剩問題卻愈演愈烈。儘管央行已經動用幾乎所有貨幣政策手段，以緩解流動性過剩壓力，實際上卻收效甚微。

嚴峻的事實表明，確立中國貨幣政策的基本方針，必須綜合考慮國際貨幣體系的基本特徵和中國經濟發展所處的特定階段。

因此，為了盡可能降低經濟運行的整體風險，確保銀行和金融貨幣體系審慎穩健經營，確保國民經濟長期又好又快發展，中國貨幣政策的基本方針理應作出重大調整，並迅速採取正確的行動。

在現階段，中國貨幣政策該如何調整呢？就貨幣政策發展方向問題，金融界出現了分歧。一些專家提出，中國應實行緊縮的貨幣政策。對於這一觀點，其他專家提出了質疑，即緊縮的貨幣政策是否會使中國的美元外匯儲備問題更為尖銳？那麼，中國的最佳選擇是什麼？中國必須抓住這個機會，允許人民幣加快升值步伐嗎？而且，中國必須允許人民幣對一籃子貨幣、而非僅對美元加速升值嗎？

有一種深刻質疑的意見說，以人民幣升值抑制國內通膨可能會產生一系列問題。首先，人民幣匯率會不會失去作為貨幣政策中間目標的地位？匯率政策會不會將退居為諸如利率、存款準備金率之類的政策工具，人民幣匯率的穩定性會不會因此將大大減弱？第二，人民幣匯率機制是否會被扭曲？第三，人民幣升值真的能達到抑制通膨的目的嗎？最後，以人民幣升值抑制通膨或將加劇進口企業和出口企業之間的利益衝突。

另一種觀點認為，中國貨幣政策應迅速採取切實的行動：第一，消除人民幣持續、單邊升值的市場預期。第二，重新實施人民幣與美元的固定匯率。而若將人民幣匯率重新穩定於七．五人民幣等於一美元水準，只允許匯率在七．五水準的上下窄幅波動，中國或可徹底消除人民幣單邊持續升值趨勢。

對於此觀點，央行副行長易綱表示，要繼續按照主動性、可控性和漸進性原則，完善人民幣匯率形成機制，更大程度地發揮市場供求的作用，增加匯率彈性。他認為，局部的資本管制對於開放的經濟體作用有限，被管制的資本總可以通過未被管制的管道流入國內，同時實施全面的資本管制代價太大，今天的中國是一個開放的中國，同樣實施管制也是代價非常高的。

易綱還強調說，世界各國治理通膨的一個成功經驗，就是放鬆國內的資本外流以及加強宏觀政策的協調。一個比較接近合理均衡水準的匯率、利率和宏觀政策對於資本流動是重要的。

儘管國內金融界目前存在一些關於資本管制是有效的，應該加強資本管制的觀點，但事實證明，資本管制政策可以堵住國際金融資本套利中國，但無法堵住商品套利的管道。人們發現，現實已使央行對於資本項目管制不再自信。

因此，在現行情況下，貨幣政策應理性調整。中國銀行全球金融市場部研究員譚雅玲認為，如何理性地看待中國金融規模與品質問題，不僅關係到中國金融改革開放的前景與方向，而且直接影響著中國對金融風險的規避與防範。尤其從建設和諧社會這個總目標看，目前，中國的金融規模與金融品質「不和諧」已有所表現，需要引起人們高度警惕。

她說，金融規模是金融品質的基礎，金融品質則是金融規模的「溫度計」。「過冷」或「過熱」都不適宜。而金融品質的溫度顯示，又是金融安全的「警示標誌」，不僅需要政府的宏觀調節，更需要銀行等金融機構在風險控制和競爭力的提升方面加以支持。

她認為，就目前來說，銀行業和金融體系應盡快轉變單純追求規模的增長方式，綜合考慮風險成本、強化利潤和損益成本意識，建立有效的綜合經營模式，強化能力與水準管理，淡化官員化的組織管理模式，用市場收益和損益指標進行管理考核，切實增強金融機構的競爭力，把基礎做實、把業務做好做強。

而就人民幣匯率來說，針對美元強勢之下的貶值策略，譚雅玲認為中國不僅要有短期應對策略，還要有中長期應對準備。

她指出，從短期看，對內宜「以動治亂」，對外宜「以靜制動」。她說，這樣的安排，不僅可以改變國內的預期慣性，「攪亂」國際上的預期慣性，而且有助於打消對人民幣升值不切實際的預期，給中國匯率提供調整空間、釋放其升值壓力。在此過程中，特別強調不適當的升值將造成的自我壓力、自我問題，比如出口企業利潤下降、結構失衡或外國貿易爭端與制裁的問題，讓人們了解匯率問題後面真正存在著的是經濟問題。

從中期長期看，她認為內部要有戰略規劃，外部要講究策略。中期匯率形成機制宜有靈活性，採取結構性改革的方法，促進體制機制的改良，擴大浮動區間。如果外部動盪激烈，也可以採納有些西方機構的建議，調整或選擇匯率方向。

從長期而言，則需要有大的思路，改變人民幣匯率的形成體制與機制，加快市場化、國際化進程，特別要講究效率，實現匯率的自由化與國際化。

三、堅守防線：人民幣不自由兌換

在美元持續貶值、人民幣升值和熱錢泛亂的形勢下，中國銀行實行人民幣不自由兌換政策。二〇〇五年七月，中國人民銀行貨幣政策委員李德水表示，人民幣至少在未來五年內都不會自由交易。他指出，「中國銀行業體質脆弱，中國的貨幣體系仍未達到國際標準」。

李德水說，「全球對沖基金規模在八千億至一兆美元左右，中國金融體系仍相對脆弱，人民幣若完全自由兌換，將遭受對沖基金攻擊」。

被稱為「歐元之父」的蒙代爾說，「人民幣完全自由兌換不會出現，因為那將導致經濟『休克』」。

專家指出，中國若實行人民幣自由兌換政策將不可避免地影響香港的融資業。二〇〇五年十二月一日，中信泰富董事總經理范鴻齡表示，人民幣一旦自由兌換，將會影響香港成為內地企業集資平臺的角色。

他說，當人民幣匯率實行自由兌換政策時，屆時內地企業就會回流內地股市上市，內地股民亦可自由購買有關股票，而香港作為內地企業集資平臺的角色就會改變，從而影響香港融資業。

同樣，中國金融專家張寧認為，在中國的經濟發展過程中，外匯政策一定要達到兩個目的，一是要服務於中國經濟發展的目標，二是要盡量減少中國經濟發展的風險。他指出，要實現這兩大目標，實行管理浮動匯率加上資本項目（貨幣）的不自由兌換，是短至中期內最優質的選擇。

張寧認為，外匯政策首先要絕對避免直接或間接導致金融危機，甚至社會動盪。中國發展的根本基礎就在於社會穩定。中國在發展之初，金融體系極不健全，國內金融機構基本上沒有市場化，很少的資金就可能衝擊整個金融體系。如果在那個時候就實行開放的貨幣政策，很容易造成金融危機。拉美國家在這點上已經付出了沉重的代價，拉美整個近代金融史就是一個接一個的國家從一個金融危機走向另一個金融危機的歷史。直到最近，隨著中國銀行改革取得階段性成功，中國金融機構相對來講健康了很多。但隨著次級債危機的爆發，國際金融與貨幣體系進入了一個板塊相對移動的多地震時代。未來一些年內，只要世界金融體系的過渡未完成，高頻率、大規模的金融危機在所難免。這次愈演愈烈的次債危機，使世界經濟維持增長的希望主要集中在中國了，根本原因也就在於資本項目貨幣的封閉使中國的金融體系未被捲入風浪。而其他如歐洲經濟，由於貨幣的傳導作用，也不得不經受來自美洲大陸的金融風暴。

其次，張寧指出，中國經濟的規模越來越大，內需在 GDP 中所佔的比例越來越高，可能使中國與美國等發達國家的經濟相關性日益降低，在這一背景下，中國要保持宏觀政策的自主性，就不宜執行可自由兌換的固定匯率貨幣政策。他說，中國早期發展的主要動力之一來自競爭激烈的貿易，這就要求執行固定匯率或管理浮動匯率制度，來減少不確定性、降低貿易的成本。最終，解決這兩個相互矛盾的目標的辦法，就是管理浮動加不可自由兌換。但執行此種政策有很大的難度，因為管理者要確定什麼是合適的匯率。要是這幾年中國外匯政策有什麼不理想之處的話，那就是對「正確」匯率水準的把握了。決策者可能過多地考慮了出口、尤其是由此創造的就業，而有些忽視了低估的人民幣對國內貨幣政策的影響，造成了國內流動性過剩、經濟偏熱，進而導致了中國目前經濟的第一大敵—通貨膨脹。其實，高儲蓄率之下，中國短期內已經不再依賴於國外資本，過高的貿易順差與外匯儲備也給中國造成了很大的壓力和低效率，甚至很多本應發生的產業調整都因此受到了阻礙。

最後，張寧說，中國作為未來世界兩大經濟實體之一，外匯政策遲早要實行自由兌換和某種程度的管理浮動，但要想使中國的經濟與金融體系能夠免疫於開放外匯政策的副作用，必須有一些先決條件。當前，中國金融市場已經有了長足的進步，但還有許多機制尚未建立，最簡單的包括利率的市場化與債券市場的進一步健全，再有金融機構包括銀行、券商等的市場化競爭力也必不可少。有了強大、健康的金融機構，才能維持未來世界經濟與金融中心的正常運行。二十世紀九〇年代，日本經濟曠日持久的衰退，與其低效、羸弱的金融機構是直接相關的。試想，在中國銀行改革與股改完成前，有大量國際熱錢湧進湧出，勢必會造成更多的金融機構在改革前遭受不必要的衝擊甚至破產，進而造成中國經濟增長受到負面影響。

張寧指出，同其他經濟政策一樣，任何外匯政策都有其兩面性。權衡貨幣自由兌換帶來的高效率與可能頻繁的金融危機帶來的衝擊，執行穩健的管理浮動匯率加上基本封閉的資本專案不自由兌換，可能仍是目前中國較為理想的選擇。

由此可見，在現階段，中國不宜實行人民幣自由兌換政策。那麼人民幣究竟何時能夠實現自由兌換呢？一些金融專家認為，這需要若干條件。高盛（亞洲）董事總經理胡祖六認為，貨幣自由兌換需要的先決條件包括：匯率政策應該具有彈性；貨幣要在國際市場上有足夠的競爭力；國家要對資本的流入有足夠的吸引力；同時擁有足夠的外匯儲備。

長江商學院金融學教授曹輝寧則認為，人民幣自由兌換首先需要有穩健的財政和貨幣政策，以確保貨幣自由兌換後，資金快進快出不至於給金融體系帶來太大的風險。另外，仲介機構也要足夠成熟，確保能夠高效地應對資金大量流入或者流出。而目前中國的仲介機構與其他國家相比較為落後，還需要二至三年時間的發展。因此他建議，人民幣自由兌換應該謹慎。

對此，胡祖六卻認為目前人民幣自由兌換的條件已經成熟。他指出，匯率與中國經濟有很緊密的關係。過去中國銀行業進行了大力改革。目前，中國的金融業已經為迎接人民幣的自由兌換作好了準備，問題在於政府層面可能仍持有謹慎態度。

四、小幅升值——人民幣匯率再調整

從二〇〇五年七月二十一日匯率機制改革以來，人民幣相對美元升值了，但中美之間的貿易差額並沒有減少。貿易順差的出現實際上反映了中國競爭力的提高。中國有比較完備的產業體系，比較低廉的勞動力和相對較多的勞動力供給，再加上優惠的對外開放政策和廣闊的市場，這些都是吸引外商投資中國的重要原因。由於外商直接投資的進入，中國的製造和加工能力擴張較快，帶來了出口快速增長，部分外商的進入又促進了中國進口替代能力明顯增強，加大了貿易順差。人民幣匯率的未來走勢，還是會按照中國政府所確定的「主動性、可控性、漸進性」原則，根據市場變化情況和國內外發展態勢來進行調整。

根據國際清算銀行（BIS）公佈的資料計算，二〇〇七年十一月美元名義有效匯率較二〇〇二年一月貶值百分之二十三·六，實際有效匯率也貶值了百分之二十二·三，而且受次貸危機的持續影響以及美元的繼續降息，美元匯率還可能進一步走低。相比之下，同期美國貿易赤字的規模並未隨著美元的持續貶值而減少，反而在不斷擴大。近年來，美元總體持續貶值與美國經常帳戶赤字不斷擴大的態勢，對人民幣匯率造成了巨大的升值壓力。

按照 BIS 公佈的名義有效匯率和實際有效匯率指數計算，二〇〇七年十一月末人民幣匯率名義匯率和實際有效匯率分別較二〇〇五年七月升值了百分之二十·三和百分之六·四一；僅二〇〇七年全年人民幣對美元匯率就升值百分之六．五，近期更是屢創新高。與此同時，人民幣總體持續升值的過程中仍然面臨著巨大的升值壓力：IMF修改了匯率操縱標準、美國參議院金融委員會通過了制裁法案、二〇〇七年年底G7發布的聯合聲明敦促人民幣匯率大幅度升值等，人民幣匯率面臨的形勢更為複雜。從經濟上看，如果美元進一步貶值或其貿易逆差繼續擴大，那麼貿易順差和外匯儲備連續創新高的中國，不僅可能遭受更大的貿易摩擦，而且人民幣匯率將面臨更大的壓力。在這種情況下，作為一個最大的發展中國家，中國一方面需要在經濟層面從國內經濟轉型和發展的實際出發積極應對，進行主動的適應性調整，另一方面也要呼籲美國進行應有的政策調整。

二〇〇八年上半年是人民幣匯率走勢最引人關注、影響因素最複雜、各方精銳觀點紛呈最多的一段時間。從年初的加速升值到三、四月份的放緩腳步，再到近期重回快速升值通道，人民幣對美元匯率走出了半年出人意料的幣值「行情」。按照中國外匯交易中心的統計資料，六月二十七日，人民幣對美元匯率中間價為一：六．八六一，較去年底已累計升值超過百分之六，與去年一整年的升值水準相當。

人民幣對美元的加速升值表現了匯改的成果，表明人民幣匯率的靈活性和波動性在增強。除靈活性和波動性外，主動性升值開始成為今年人民幣匯率的新特點。這一方面源於央行對匯率在貨幣體系中作用的重新認識，這在一定程度上能抑制國內通膨壓力，另一方面則源於人民幣匯率對出口影響的重新評估。

人民幣升值的確會影響出口，但主要原因不在升值，而在外需的下降、勞動成本上升以及出口退稅政策的調整。出口企業的成本有百分之五十到百分之六十是原材料成本，百分之二十是人工成本，匯率並不是主要方面。正因如此，國內產業界對人民幣升值的應對和容忍度開始增強，並成為此輪人民幣升值加速的主要考量。

不過，值得注意的是，本輪人民幣對美元的升值壓力仍然來自於外界。美國次貸危機發生後，美聯儲因擔憂信貸緊縮和經濟衰退向市場注入大量流動性並大幅降低利率，導致美元對全球主要貨幣出現大幅貶值，從而加大人民幣被動升值壓力。事實上，在這半年中，人民幣對歐元匯率變動並不特別顯著。

對於今後人民幣匯率未來走勢，大多數學者認為，雖然人民幣對美元總體繼續維持升值態勢，但在美國次貸危機帶來的外需下降和國內經濟環境變化的背景下，人民幣升值的「加速態勢」在下半年未必持續，人民幣匯率走勢將取決於多個因素的強弱而定。

貿易不平衡是其在全球化條件下的貿易政策、產業定位和分工差異、經濟主體跨期選擇以及國際貨幣體系和匯率政策等諸多因素的作用下形成的，是實體經濟和貨幣經濟綜合作用的結果，而不能只歸因於匯率失衡。客觀上講，匯率問題是貿易問題的升級，中美兩國之間的貿易不平衡也是如此。

對於中國而言，持續的對外貿易順差根本上是轉型時期的高儲蓄、低消費、高投資的結構性問題造成的，因此人民幣升值不能從根本上改變中國貿易順差擴大的趨勢，當然人民幣匯率存在一定程度的低估也是事實。中國要減少貿易順差必須從根本上調整經濟結構，匯率改革和匯率水準的調整只是調整貿易不平衡的一種輔助性選擇。相比之下，美國貿易逆差的形成是其長期實行高新技術出口管制，以及過度消費、低儲蓄和巨額預算赤字的必然結果。雖然美元匯率近年來在持續走低，但美國同期經常項目赤字佔其國內生產總值的比重依然在不斷上升。美元貶值與美國貿易逆差擴大的背離與經驗研究得出的美元匯率變動傳遞程度不高、支出轉換效應較弱的結論是一致的。

有效緩解中美兩國之間的貿易不平衡，必須採取綜合解決的一攬子調整措施，應優先從實體經濟領域進行體制改革和政策調整，在此基礎上，在貨幣金融層面按照基本經濟因素合理調整匯率水準。尤其是在人民幣匯率傳遞和支出轉換效應不顯著的情況下，僅通過貨幣調整實現貿易平衡往往需要巨幅的匯率調整，這會影響中國的經濟和金融穩定，對於轉型時期的中國來講是無法承受的。

匯改三年以來，人民幣對美元名義匯率升值已達百分之二十・七，實際有效匯率升值也達百分之十一・四，對於下一步人民幣的升值空間，不同的機構也有各自的預測。在當前全球經濟失衡的背景下，人民幣的匯改需樹立全球思維。從長期看，人民幣不可能依附於一種或若干種貨幣，人民幣的匯率改革需綜合考慮經濟發展的多重要求，在匯改及經濟發展的過程中，也要考慮全球經濟格局和文化差異的影響。目前人民幣的匯率政策要服務於國內產業結構調整的戰略安排，同時需要樹立全球套利的觀念。

在人民幣升值的節奏上，需採取有序推進和開放保護的結合，只有在有浮動的匯率與資本的有限流動之間做更好的平衡組合，才能避免對實體經濟造成大的衝擊影響。人民幣的匯率變動除了對國際收支失衡的調整發揮作用外，還需展現其估值效應，對匯率的變化與國際收支失衡之間的因果聯繫還可以進行深入研究。

對於目前的國際經濟失衡，匯率的調整有其必然性，不過中國需充分關注美元貶值帶來的機會成本。目前中國西部經濟還很不發達，政府可通過經常項目與資本項目的匹配來改善西部落後地區的資金資本狀況，發揮匯率政策對經濟結構調整的積極作用。政府可用部分外匯儲備投入到服務業、仲介機構、基礎設施的建設，這樣不僅能改善經濟結構還能緩解內外失衡。

還需要加快人民幣的升值速度，只有較快的升值才能緩解目前的通膨壓力，同時人民幣的升值到位可以降低國際原材料的相對價格，從而降低進口成本。而在資本流動監管上，應著重加強對短期游資的管理，如適當考慮徵收短期資本收益稅，抑制熱錢的流入。同時他還認為，在目前熱錢形勢不容樂觀的背景下，需對外資流入預期做有效管理。如何使促進資本流出的方式不引發更多熱錢流入是監管部門需認真解決的問題。

隨著人民幣匯率形成機制改革的繼續推進，如何利用人民幣匯率形成機制改革的機遇促進經濟的長期穩定發展和經濟主體競爭力的提高，是企業面臨的新課題。

對企業來說，一要不斷增強匯率風險意識。應認識到人民幣匯率形成機制改革在改善貿易條件、提高對外開放水準等方面對中國經濟發展和企業經營的積極意義，主動適應這一改革，不斷增強匯率風險意識，高度重視匯率波動對生產經營的影響。二要積極採取措施管好匯率風險。企業應將匯率風險管理融入整個工作流程，培養和引進相關專業人員，做好風險管理的基礎性工作。根據自身資產負債結構和外匯現金流結構的特點，採用多種措施實現資產負債和收付匯的平衡管理。同時，積極利用金融機構提供的匯率風險管理產品，選擇合適方式降低財務成本，管好匯率風險。三要以人民幣匯率形成機制改革為契機，加快推進結構調整步伐，加強內部經營管理，增強國際競爭能力。在提高經營管理效率，保持產品價格優勢的同時，更要推進結構調整步伐，增強自主創新能力，優化出口產品結構，注重自主創新，提升產品的技術含量和品牌內涵，提高產品的核心競爭力。

根據國內外經濟金融形勢，央行以市場供求為基礎，參考一籃子貨幣匯率變動，對人民幣匯率進行管理和調節，維護匯率的正常浮動，保持匯率在合理、均衡水準上的基本穩定，促進國際收支基本平衡，維護宏觀經濟和金融市場的穩定。

人民幣匯率形成機制改革堅持了主動性、可控性、漸進性的原則。其中，「漸進性」是指人民幣匯率形成機制改革的漸進性，而不是指人民幣匯率水準調整的漸進性。人民幣匯率制度改革重在人民幣匯率形成機制的改革，而非人民幣匯率水準在數量上的增減。央行表示，將進一步完善人民幣匯率形成機制，促進國際收支平衡。就此，央行提出了五項要點：一、繼續做好對人民幣匯率形成機制改革的宣傳解釋工作，幫助市場準確理解和把握匯率改革的目標、原則和核心內容。二、密切關注市場反應和匯率改革對各方面的影響，進一步完善人民幣匯率的調控機制。保持人民幣匯率在合理、均衡水準上的基本穩定。三、加快發展外匯市場和各種外匯衍生產品，盡快開辦銀行間遠期外匯交易，推出人民幣對外幣掉期等產品，為客戶提供更多、更好的避險工具。四、繼續完善匯率改革的各項配套措施，進一步深化外匯管理體制改革，完善銀行結售匯頭寸管理。五、建立健全調節國際收支的市場機制，促進國際收支平衡。

人民幣匯率形成機制改革符合中國根本利益。適當上調人民幣匯率水準對中國宏觀經濟、企業和人民生活的影響總體上是有利的；不過，在短期內也會對一些競爭力比較弱的行業和企業產生調整的壓力。

五、匯率形成機制改革任重道遠

二〇〇五年六月七日，中國人民銀行行長周小川在「二〇〇五國際貨幣會議中央行長論壇」上表示，中國的匯率改革必須對本國國民負責。

從二〇〇五年至二〇〇八年，人民幣匯率改革整整三年了。當初央行新聞發言人回答「為什麼要進行完善人民幣匯率形成機制改革」時，提出了七個「有利於」的匯率改革子目標。而在目前來看，這七個子目標中，「有利於貫徹以內需為主的經濟可持續發展戰略，優化資源配置；有利於保持進出口基本平衡，改善貿易條件；有利於促使企業轉變經營機制，增強自主創新能力，加快轉變外貿增長方式，提高國際競爭力和抗風險能力；有利於充分利用「兩種資源」和「兩個市場」，提高對外開放的水準」這四個目標正在接近，而「有利於增強貨幣政策獨立性，提高金融調控的主動性和有效性；有利於保持物價穩定，降低企業成本；有利於優化利用外資結構，提高利用外資效果」三個子目標則基本沒有達到。

最顯著的收穫是以內需為主的可持續發展戰略取得初步進展。從二〇〇七年開始，消費超過投資和出口成為經濟增長第一源動力，二〇〇八年以來進口增長持續超過出口，逐漸向進出口平衡的目標邁進。上半年進口同比增長百分之三十・六，比出口增速快八・七個百分點，與此同時，貿易順差比二〇〇七年同期下降百分之十一・八，淨減少一百三十二・一億美元。

難能可貴的是，中國一些出口企業頂住了壓力，通過轉變經營機制和自主創新，不但生存下來，而且提高了國際競爭力和抗風險能力。二○○五年人民幣開始升值之後，中國出口商品價格指數持續下降，但二○○七年以來這個趨勢漸漸有所改變，雖然出口增速在下降，但大多數出口產品的價格指數開始上升，而且升幅都超過匯率升值幅度，這表明中國出口商品的國際議價能力在提升。這是中國一些出口產品國際競爭力增強的表現。

人民幣升值促使中國企業出口結構持續升級。近年來，工業製品在出口結構中的比例持續上升，初級產品佔比在持續下降。在工業製品中，機械及運輸設備產品的佔比逐年提高，二○○八年以來，機械及運輸設備產品占總出口的比重由二○○七年的百分之四十七．五進一步上升至百分之四十；而附加值相對較低的雜項消費品和原料類製品和二○○七年相比則分別有所下降。二○○八年上半年，高新技術產品出口增長百分之二十一．八；機電產品出口增長百分之二十五．四，而傳統大宗商品出口的增長明顯放緩。

匯改三年來，大量中國企業抓緊本幣升值之機，實施「走出去」戰略拓展國際市場，從二○○二年到二○○七年，中國對外直接投資增長了近七倍，年均增速百分之六十，對外直接投資淨額從世界第二十六位勁升到第十三位，居發展中國家首位；今年首季，中國對外直接投資為一百九十三．四億美元，同比增長高達百分之三十五．三。

七個「有利於」中的其他三個沒有實現目標，原因當然是多方面的。

首先，由於國際環境的變化和人民幣升值的預期導致大量外資流入中國，加劇國內流動性，央行為了對沖過剩流動性被動買賣外匯的行為，使貨幣政策的獨立性受到一定程度影響。

其次，由於人民幣匯率彈性偏小，在緩解輸入型通膨方面，近兩年匯率工具還沒有發揮出其應有的作用。當然，穩定物價並不能僅靠匯率升值來實現。

最後，由於短期資本流入規模加大，也使國內利用外資的結構未能優化。二〇〇七年中國由非順差及實際利用外資所帶來的外匯儲備月增加額為一百零四．三七億美元，而二〇〇八年上半年，這類外匯儲備月增加額為二百九十五．三億美元。這說明，在貿易順差以及中國實際利用外資之外的因素所帶來的外匯儲備增長較快，而這一部分外匯儲備恰恰是流動性最強、波動性最大，並且大部分都源於短期套利國際資本。短期資本流動的高度不可控性，加劇了國內金融市場的動盪和不安定，易導致金融風險上升。

人民幣匯率制度改革重在人民幣匯率形成機制的改革，而非人民幣匯率水準在數量上的增減。從目前的情況看，人民幣匯率形成機制改革依然任重道遠。

第一，在人民幣匯率形成過程中，市場還沒有發揮出其應有的基礎性作用。人民幣匯率中僅人民幣對美元匯率是境內形成的，而人民幣對非美元貨幣匯率是境外形成的非美元貨幣對美元匯率與人民幣對美元匯率套算而成。但是目前中國關於人民幣對美元的匯率定價不夠靈活，市場供求關係在定價過程中的作用還不突出，並且對人民幣對外幣交易價的波動幅度有嚴格限制。

第二，人民幣匯率參考一籃子貨幣來調節的特性需要增強。截至七月十六日，人民幣對美元中間價較匯改前升值百分之二十一．四八，然而對其他幾種主要貨幣升值幅度卻很小甚至貶值：同期人民幣對日圓較匯改前升值百分之十二．四八，對歐元則貶值百分之七．八一；對英鎊的匯價較二〇〇六年八月一日上升百分之八．九八（人民幣對英鎊中間價自二〇〇六年八月一日起開始公布），同期人民幣對美元則升值百分之十七・〇三。人民幣升值的這種非均衡性在有效匯率的變動上表現得更為明顯。根據國際清算銀行的資料，截至二〇〇八年六月，人民幣有效匯率指數較三年前上升百分之九・七四，大大低於同期人民幣對美元百分之二十・六六的升值幅度。三年來，人民幣匯率釘住單一美元的特徵並未明顯減弱，正是由於這方面改革的進展有限，致使中國貨幣政策工具的選擇和運用比較被動，在很大程度上受美國貨幣政策走勢的牽制。

第三，人民幣匯率的彈性急需擴大。儘管三年前提出了要實行「有管理的浮動匯率制度」，然而目前銀行間即期外匯市場人民幣對美元交易價的浮動幅度不能超過百分之五。銀行間即期外匯市場非美元貨幣對人民幣交易價的浮動幅度不能超過百分之三，人民幣匯率彈性仍然過小。而在目前國際通膨壓力上升和不確定性因素增多的國際形勢下，靈活的匯率機制有利於中國更從容地應對國際經濟、貿易、投資和政治環境的變化，符合中國國情和中國經濟持續快速發展需要。

六、化解人民幣單邊升值導致的風險

二〇〇五年七月二十一日，中國宣布啟動人民幣匯率機制改革，不再盯住單一美元，而是參照一籃子貨幣，實行有管理的浮動匯率制度。

實行浮動匯率後，中國先後幾次調整了人民幣的匯率。二〇〇六年五月十五日人民幣對美元匯率中間價突破八，達到一美元兌七·九九八二元人民幣；二〇〇七年一月十一日，人民幣對美元中間價突破七·八，達到七·七九七七元，同時人民幣匯率十三年來首次超過港幣；二〇〇八年五月十六日，人民幣對美元匯率中間價再次突破七，並於六月十七日突破了六·九，進入了六·八時代。

匯率制度改革無疑起到了積極的作用，使中國大膽邁出了向市場化匯率改革的步伐，奠定了匯率市場化的基礎平臺，破除了過去僵硬的匯率體制，並且對改善貿易失衡、促進產業升級、擴大內需方面也起到了明顯的作用。

金融專家認為，匯改雖然具有一定的成效，但也具有一定的負面影響。主要表現在，人民幣單邊升值及其預期導致經濟運行中的一些風險加大。

二〇〇八年六月二十九日，在「二〇〇八影響中國A股投資國際論壇」上，北京大學金融金衍生品研究院特邀研究員譚雅玲指出，人民幣單邊升值有很大風險，目前的匯率政策存在很大失誤，政府要主動改變不利局面，「不要怕干預經濟、匯率」。

譚雅玲表示，人民幣單邊上揚不僅違背了市場規律，違背了政府漸進、可控、小幅度這種基本原則，也超出了中國經濟能夠承受的範圍。而任何一個國家的經濟問題都是貨幣升值造成的，從來沒有因為貨幣貶值造成問題的，她說「從這個角度，中國單邊升值有很大風險。目前的匯率政策已經對國內的企業和投資者造成了很大壓力，六．五已經是國有出口企業能夠承受的人民幣對美元匯率的生死線了。在這個局面下，中國必須要以動來改變現有的拘禁局面，不要怕干預經濟、匯率，而應主動調整。」

就中國目前來看，人民幣單邊升值的風險主要表現在這三個方面：一是人民幣單邊升值導致中國外匯儲備因匯率而損失和購買力縮水；二是人民幣單邊升值導致熱錢大量進入；三是，人民幣單邊升值過快給出口企業帶來了空前壓力，致使中國經濟增長迅速放緩，可能出現中著陸。

如何化解人民幣單邊升值所導致的風險呢？在二〇〇八年七月舉行的「中國外匯投資行業高峰論壇」上，專家表示，要化解風險，就應改變人民幣單邊升值預期，實現「藏匯於民」，同時加快外匯配套制度建設。金融機構應從簡單金融衍生產品做起，防範市場風險。

專家認為，「藏匯於民」有更多發展空間。從轉變經濟增長方式看，外匯市場應該能夠給個人和居民提供更多投資機會和投資工具，滿足人們的各種需要。

中國統計學會國際收支分會專家委員王允貴指出，截至二〇〇七年末，中國海外財富百分之六十七是官方儲備，只有百分之三．三是民間所擁有的海外財富。因此，民間有更多的外匯到海外投資是非常重要的。此外，國際外匯市場擁有流動性好、透明度高和成交便利等特點，適合做理財投資。

中國國際經濟關係學會常務理事陳炳才指出，「藏匯於民」需要滿足以下條件：國際產品價格低於國內；國外證券市場存在投資機會和資金套利機會；本國貨幣相對穩定但有波動。但目前人民幣匯率趨向單邊升值，趨勢明顯，預期明確而堅定，其結果是國內企業和個人傾向於結匯持有人民幣、外匯貸款流入增加，導致外匯資源向國有集中。「匯率相對穩定波動需要提高貨幣地位，尤其需要企業能跨國經營，在國際上有競爭能力和競爭地位，才能做到，中國目前做不到。」

他指出，應繼續進行能源和資源價格改革；放鬆資本管制，放寬個人、民營企業境外直接投資的限制和審查，允許個人、機構在香港之外的證券、債券市場進行投資等。

與會專家提醒說，管理風險應是外匯投資機構永恆的主題。外匯通首席策略師安狄指出，中國外匯市場基礎薄弱，缺乏足夠的管理風險的手段、差異化匯率風險管理工具、職業化外匯投資人才隊伍以及穩定可靠的外部政策環境。

王允貴認為，國內機構投資國際外匯市場最好是從簡單易行、又能分析的產品做起，不要一次性進入到多種複雜的衍生產品組合。同時，加強個人投資者教育，提示外匯投資的潛在風險。

中國銀行全球金融市場部總監吳天鵬說，從外匯投資機構內部風險管理看，一是要完善市場風險管理體系；二是提高風險管理的能力。應採取風險分層管理，在不同層次間明確風險管理的許可權和責任，同時實現相應授權和彙報機制。在量化控制市場風險方面，國內金融機構做的還不到位，差距最大的是定價能力和估值能力。目前金融機構外匯業務既需要規範，又需要在合規前提下加強創新。

他指出，中國金融體制還不健全，很多信用風險沒有合適的對沖工具，只能借助國外衍生產品，容易受制於人。因此，創新產品要自主定價，多推出與國內指標掛鉤產品，少做「背對背」的國外掛鉤產品，變被動為主動。

總而言之，從匯改三年中得出的一個深刻教訓就是，今後，必須堅定不移地執行「主動性、可控性、漸進性」原則，絕不能讓人民幣升值過快，失去控制，任何時候也不能動搖，這是應對各種經濟風險的關鍵環節。同時，積極主動運用好外匯儲備，把死錢變成活錢，變被動等待貶值為積極尋找出路，切實經營好外匯儲備。

二〇〇八年七月十四日起，國家外匯管理局、商務部、海關總署聯合實行出口收結匯聯網核查；發展改革委近日也發文，要求各地加強和規範對外商投資項目的管理。這兩項措施旨在對貿易和直接投資項目下的熱錢流入進行監督，從而防止外匯資金異常流入對中國經濟健康發展和國際收支平衡帶來潛在的風險。要切實落實好這些措施。堅決貫徹中央提出的加強對跨境資本流入和流出監管，改善國際收支狀況，確保中國經濟金融安全的要求，促進中國經濟金融平穩發展的精神。

七、嚴防熱錢興風作浪

二〇〇七年三月五日，溫家寶總理在第十屆人大五次會議所做的政府工作報告中指出，「要綜合運用多種貨幣政策工具，合理調控貨幣信貸總量，有效緩解銀行資金流動性過剩問題。」這是流動性過剩問題首次進入政府工作報告。

從主要城市的房地產大漲到股市屢次創出新高，從商品價格狂飆到鉅資並購，流動性氾濫資金所帶來的熱錢洪流似乎要將所有資產的價值都全面推高。

「如果用一句最簡單的話來概括當前宏觀經濟、金融形勢的基本特點，毫無疑問應該是流動性過剩」，中國社會科學院金融研究所所長李揚說，流動性過剩的主要表現就是，貨幣量過度增加，銀行體系資金氾濫，利率低企。

一直以來，中國都是消費傾向相對較弱，而儲蓄率居高不下，並進而促使高儲蓄率轉化為高投資率，儲蓄投資的缺口造成貿易順差和外匯儲備急劇增長，而外匯儲備規模的增加意味著通過外匯佔款形式發放的基礎貨幣增加，造成了大量基礎貨幣的被動發行。許多學者認為，這正是流動性過剩的內因。

「流動性氾濫」即「熱錢」這個原本有點生澀的辭彙正在變得越來越熱。它像是一個鏈條的開端，聯接著人民幣升值、房地產調控、股市泡沫、外匯儲備迭創新高等等一系列對中國經濟影響深遠的事件。

中國農業銀行高級經濟師何志成說：「熱錢有狹義與廣義之分。狹義熱錢指短期投機資金，而廣義熱錢則包含國際機構和個人的避險資金，國際上一般認為這兩部分的劃分比例為『三七』開，其中七成是前者，也即短期投機熱錢。」

從積極的角度講，何志成認為熱錢流入是國際社會對人民幣信心增加的表現，並在一定程度上緩衝和支撐了部分領域和行業的資金緊缺。

而從消極的角度講，何志成認為異常的外匯流入速度和額度則必須引起關注，因為巨量快速的資金若缺乏有效監管，會危及一個發展中大國長久的可持續發展，比如這些錢從何而來，投在了哪些領域，風險程度如何，融入中國經濟的深度和廣度怎樣，以及何時撤出，以何種速度和方式撤出等，對於一個金融安排尚不完善但發展迅速的國家無疑至關重要。

熱錢之所以讓當今世界共同頭疼，首先在其流入管道的黑白混雜，難以用現成法規有效監管。

德意志銀行發布的一項針對兩百家中國境內外企業和六十名高收入個人所作的相關調查顯示，熱錢流入在企業方面的主要途徑是「高報出口、低報進口和虛假對境內直接投資」；在個人方面則主要通過兩個「合法」漏洞進行：即內地每人每年五萬美元的換匯額度；香港每天二萬元（港幣至人民幣）兌換額度及每天可向內地匯款八萬元人民幣的制度安排。

在熱錢流入管道黑白混雜的形勢下，做好監管工作尤為重要。對成熟市場經濟體來說都難以控制的熱錢監管，在左小蕾看來有兩個比較現實的解決辦法：一是必須打破人民幣穩定升值的預期，這是防止熱錢趨利避險流入的前提，只有讓幣值有升有降，才能從源頭上減少巨量熱錢的流入。

二是通過法規調整增加緊急狀態下的相關處置條款，也就是把「醜話說在前頭」，即如果出現危及國家金融安全的情況，有關部門可以採取控制外資流出的相關舉措。

對於後一種情況，左小蕾認為這絕非意味著制度倒退，而恰恰相反，是在目前中國金融體制尚不完善的情況下，給那些游資熱錢以必要的風險提示，增加其對政策風險的預見性。

除以上兩個措施外，有專家認為，嚴防「熱錢」興風作浪就先要採取各種措施，堵住「熱錢」流入的管道，防止「熱錢」的大量湧入。但是，從實際效果上來看，這種做法並不令人樂觀。據報導，市場調研人員在威海調查研究時獲悉，在當地，「熱錢」甚至出現了一種更「勇猛」的入境方式——搭乘漁船，現金直接入境。從這個細節上不難看出，「熱錢」的湧入已經到了不擇手段的地步，僅僅採取堵的措施難免有疏漏。

此外，有金融專家提出嚴防「熱錢」的關鍵在於不給熱錢牟利的機會。他們認為「熱錢」入境後一定會千方百計地尋求投資通道。「熱錢」流入中國的動因，在於獲得利息、人民幣升值收益以及資產價格溢價，據此推算，熱錢的投資對象大致包括銀行存款、股票、房地產三類。要防止熱錢興風作浪，也應該從這三塊著手。

但就目前而言，「熱錢」存到銀行並不合算。因為市場普遍預期，二〇〇八年人民幣對美元的年升值幅度將達到百分之十至百分之十五，再加上中美兩國利差倒掛因素，從理論上來看，只要能把手中的美元換成人民幣存入中國國內的銀行，就可以坐享百分之十二至百分之十七的無風險年利。但是，這種計算沒有考慮「熱錢」所面對的時間成本等因素，也沒有考慮「熱錢」承擔的風險因素，如果考慮到這兩大因素，「熱錢」的這種套利行為一個是獲利並不豐厚，一個是風險大，撤離難，另外，也容易被查處。

因此，專家認為，熱錢到中國，很可能是三個選擇：一是大批量收購中國的礦產等資源；二是投資於股票；三是投資於房地產市場。儘管很多人傾向於認為，「熱錢」青睞中國的房地產市場，但一些專家認為，由於房價仍然處於高位，熱錢向這一領域湧入的可能性不大，最大的可能是在中國收購礦產等優質資源，或投資於股票。

事實也正如此。目前，熱錢加快了在中國收購礦產等資源的步伐，從和闐玉到金礦，外資身影不斷湧現。在美元持續貶值的當下，「熱錢」通過收購中國的礦產資源和其他優質資源，不僅能夠規避美元貶值風險，還能坐享人民幣升值及資產升值之利。面對這種瘋狂的收購，政府應該出臺更為嚴厲的措施予以限制。同時，應對股票帳戶進行嚴格的監督，對實名制進行更嚴格的核對，將每一個帳戶都納入監管範疇，對資金異動的帳戶特別「關照」，不給熱錢湧向股市的管道，以避免熱錢的進出加劇股市震盪。從多方面著手，不給「熱錢」興風作浪的機會。

八、堵住熱錢回流的「堰塞湖」

所謂「熱錢」是對短期國際資本流動的俗稱，又稱為游資或投機性短期資本。熱錢在世界各國或地區間的流動，絕不只是為尋求資金的安全，而是以通過短期套匯、套利和投機獲取超常回報為目的。除了這種目的上的貪婪性，熱錢在手法上還具有隱蔽性和非法性特徵。熱錢的流入通常不易被察覺，但是一旦獲利豐厚的熱錢逃離時，這個國家或地區的經濟便會陷入困境乃至引發全局性危機。

自二〇〇三年以來，中國經濟以年均增長兩位數快速發展，人民幣升值預期強烈，國內房地產市場、股票市場持續高漲，各類資產的價格也在不斷膨脹，從而對國際上的熱錢產生了強大的誘惑力。而在此期間，國際熱錢最大的源地——美國的本幣美元卻在不斷貶值，加之雙赤字、次貸危機、美聯儲降息、中美利差倒掛等等。所有這些，都讓國際熱錢一方面對美國等發達國家的前景不看好，另一方面又認為到中國這樣的發展中國家投機是一種不錯的選擇，所以熱錢流入中國也就在所難免。當然，這其中除了逐利的動機外，也不排除還有其他不可告人的目的。

儘管中國一直實施嚴格的資本項目管制制度，使得作為短期國際資本的熱錢不能自由進出，可這並不妨礙熱錢借道其他途徑進入已經開放的中國。而且近年來熱錢進入中國內地的手法也在不斷翻新，除了虛假貿易、外商直接投資（FDI）等手法外，地下錢莊對熱錢來說雖有一定風險性，但卻以方便快捷成為熱錢進入中國境內的重要途徑。通過地下錢莊，境外熱錢只需在境外將外幣交給地下錢莊，地下錢莊便會在境內按委託人指定的帳戶存入相應數量的人民幣，這樣境外熱錢就輕而易舉地進入了境內，而地下錢莊自然要從中收取相應的手續費。種種跡象表明，中國已經由上個世紀的資本流出國成為目前的熱錢流入國。據社科院世界經濟與政治研究所的研究，從二〇〇五年匯改以來到二〇〇七年的三年時間，流入中國的熱錢超過八千億美元，佔二〇〇七年底中國外匯儲備存量的一半以上。

特別是進入二〇〇八年以來，流入中國的熱錢更呈上升趨勢。如果不考慮外匯儲備的利息，以及外匯儲備中非美元外匯對美元的升值因素，可以用「外匯儲備變動減貿易順差減外商直接投資等於熱錢規模」，從而計算出熱錢流入數量。在二〇〇八年的一季度，中國外匯儲備增加一千五百三十九億美元，同期貿易順差為四百一十五億美元，實際利用 **FDI** 為兩百七十四億美元，通過上述公式可以計算出，二〇〇八年一季度流入中國的熱錢高達八百五十億美元，佔外匯儲備增加額的百分之五十五。到了二〇〇八年四月，中國外匯儲備增加七百四十五億美元，同期貿易順差為一百六十七億美元，實際利用 **FDI** 為七十六億美元，由此可以計算出，當月流入中國的熱錢為五百零二億美元，佔外匯儲備增加額的百分之六十七。這說明，熱錢流入中國的速度有增無減。更值得注意的是，二〇〇八年一至四月份流入中國的 **FDI** 同比增長百分之五十九，但外商固定資產投資卻在減少，這意味著有些來到中國境內的資金並沒有投資，而是投向了資本市場。所有這些徵兆，就如同大震之前蟾蜍大規模過街一樣，向中國發出了危險信號。

熱錢流入給一個國家或地區帶來的嚴重後果，無論是從深度和廣度，還是從時間和空間上看，都不亞於地震中形成的堰塞湖可能引發的災難。上個世紀八〇年代的日本，就曾因為日圓升值引發了強烈的單邊預期，導致大量熱錢紛紛湧入，推動房價、股價快速上漲，而當熱錢撤出時房價、股價就像過山車一樣迅即跌入低谷，令日本經濟陷入嚴重的危機之中，日本政府曾動用了七十兆日圓的景氣恢復對策資金也無濟於事。熱錢引發的那場災難，使得日本經濟在上世紀九〇年代一直處於零增長甚至負增長，所以日本人把九〇年代稱之為「失去的十年」、「傷心的十年」。豈止十年，如果以二〇〇二年日本經濟才恢復到百分之二的增長作為截止的話，前後已經是十三年，而且時至今日將近二十年過去了，日經指數再也沒有回到一九八九年十二月創下的三萬八千九百一十五點的歷史高位。

一九九七年發端於泰國的東亞金融危機，其罪魁禍首也是國際熱錢從中作祟。而且這些熱錢又多是以對沖基金的方式，對包括中國香港在內的東亞有關國家和地區的股市、匯市、期市、樓市進行了地毯式的全面「轟炸」。如果不是國際貨幣基金、世界銀行等國際金融機構的緊急救援，有些國家和地區的經濟就會徹底垮掉。中國在香港對國際熱錢的阻擊，儘管保住了港幣對美元的聯繫匯率卻也付出了相當的代價。

再看眼下的越南，更是一個鮮活的教材。始於一九八六年的「革新開放」令越南經濟駛入了快車道，為了讓經濟列車跑得更快，幾年前越南制定了號稱「最急進」的吸引外資政策。隨著大量外資的進入，國際熱錢也開始潛入越南，熱錢不僅推高了股市、樓市，也直接推動了通貨膨脹。此前幾乎全世界都無不看好越南，但是由於熱錢的出逃，一場危機卻在今年上半年悄然而至。二〇〇七年十月還被有關的金融機構稱之為「世界增長率最高」的越南股市，今年上半年累計跌幅已達百分之五十八，房地產價格一路跳水，越南盾更是大幅貶值，五月份的消費物價指數漲幅高達百分之二十五・二。熱錢的出逃還進一步加劇了國內的經濟恐慌和政治危機，老百姓紛紛搶兌美元和囤積黃金，少數地方因抗議物價上漲甚至出現了罷工和遊行示威。

熱錢流入中國的目的是要通過投機獲取利益，而其投機的路徑無非三條：一是通過人民幣升值套匯；二是通過中外之間的利差套利；三是套取資本升值的溢價收益。熱錢會否快速流入而後又快速流出，關鍵取決於這三條路徑的條件變化。因此，要防止熱錢進入中國投機炒作獲利後又迅即逃離，就必須在這三條路徑上設置好相應的防範和應對措施。

首先，要把握好匯率走勢。由於連年外貿順差以及外匯儲備增加等因素影響，從二〇〇三年開始中國人民幣就面臨著升值壓力。如果那時人民幣兌美元的匯率一步升值到位，好處是可以擋住熱錢流入，但卻會給出口造成壓力，進而帶來失業的增加。在這種兩難選擇面前，人民幣的升值採取了小幅慢走的匯改政策，從而也給熱錢流入套匯帶來了可乘之隙。但如果在目前形勢下加快人民幣升值步伐，那又恰恰讓熱錢出逃找到機會。所以，眼下只能是把握好匯率走勢，綜合運用調控工具穩住經濟，在這樣的條件下，穩步推進人民幣匯率的市場化形成機制，減輕市場對人民幣匯率的升值預期，進而從根本上緩解熱錢湧入的衝動。

其次，要運用好利率槓桿。儘管近期美聯儲已宣布準備放棄低利率政策，但是其政策的兌現還有待時間來驗證，況且目前中美之間的利差足以引起熱錢的興趣。因此，中國當前抑制流動性過剩仍應更多地採用提高存款準備金率的做法，而不是提高利率。這固然會影響商業銀行的效益，但是較高的存款準備金率不僅有利於應對金融危機的發生，對熱錢本身也是威懾。

再次，要防止資本市場價格的大起大落。當前最重要的是必須防止股市和樓市大漲大跌，因為一個大漲大跌的股市、樓市乃至資本市場一方面會給熱錢帶來更多的賺錢機會，另一方面也必然會進一步強化對熱錢的吸引力。

最後，要堅持資本項目管制。無論是套匯、套利還是博取資本收益，都要將外幣兌換成人民幣最終又兌換成外幣出逃。資本項目的管制儘管不能完全截斷這種兌換，但卻可以起到攔水大壩的作用，不至於讓熱錢如洪水般洶湧而至又席捲而去。所以不到時機成熟，絕不可輕易放開資本項目的自由兌換。

國際炒家索羅斯曾說過，「中國不找無縫的蛋」。細分析起來，其實無論當年的日本，還是東亞金融危機中的有關國家和地區，乃至眼下的越南，都是其自身的經濟出了問題，才成了國際熱錢的獵物。就連目前中國也同樣，也是因為經濟發展的粗放和結構調整的滯後，加上體制機制方面的某些不健全，才讓國際熱錢視為目標。所以，中國必須紮實推進經濟發展方式轉變，加快產業結構優化升級，大力優化投資結構，穩定和完善對外開放政策。在此基礎上，進一步加強金融監管，切實防範金融風險，把預防和阻擊熱錢的進入與出逃作為長期性工作，建立高效能的金融監管和預警機制，密切監控熱錢動向，標本兼治有效防範國際熱錢可能帶來的衝擊和災難。

《第七章》

教訓與啟示

PART7

一、經濟危機後的美國新政

人們在研究現代資本主義經濟時，都不可迴避的要研究，爆發於一九二九年至一九三三年的經濟危機以及羅斯福總統實施的「新政」，這段歷史給人們留下了極其深刻的印象。

一九二九年十月二十四日，這天是星期四，是美國歷史上人們難以忘懷的「黑色的星期四」。在此之前的一九二九年夏天，美國還是一片歌舞昇平，夏季的三個月中，美國通用汽車公司股票由二百六十八上升到三百九十一，美國鋼鐵公司的股票從一百六十五上升到二百五十八，人們見面時不談別的，只談股票，直至九月份，美國財政部長還信誓旦旦地向公眾保證：「這一繁榮的景象還將繼續下去」。但是，十月二十四日這一天，美國金融界崩潰了，股票一夜之間從頂巔跌入深淵，價格下跌之快，連股票行情自動顯示器都跟不上，股票市場的大崩潰導致了持續四年的經濟大蕭條，從此，美國經濟陷入了經濟危機的泥淖，以往蒸蒸日上的美國社會逐步被存貨山積、工人失業、商店關門的淒涼景象所代替。八萬六千家企業破產，五千五百家銀行倒閉，全國金融界陷入窒息狀態，千百萬美國人多年的辛苦積蓄付諸東流，GNP由危機爆發時的一千零四十四億美元急降至一九三三年的七百四十二億美元，失業人數由不足一百五十萬猛升到一千七百萬以上，佔整個勞動大軍的四分之一還多，整體經濟水準倒退至一九一三年。農產品價值降到最低點，農民將牛奶倒入大海，把糧食、棉花當眾焚毀的現象屢見不鮮。

就在此種情況下，佛蘭克林．羅斯福取代了焦頭爛額的胡佛，當選為美國第三十二屆總統。他針對當時的實際情況，順應廣大人民群眾的意志，大刀闊斧地實施了一系列旨在克服危機的政策措施，歷史上被稱為「新政」，新政的主要內容可以用「三R」來概括，即復興（Recover）、救濟（Relief）、改革（Reform）。由於大蕭條是由瘋狂投機活動引起的金融危機而觸發的。羅斯福總統的新政也先從整頓金融入手。在被稱為「百日新政」（一九三三年三月九日至六月十六日）期間制訂的十五項重要立法中，有關金融的法律佔三分之一。羅斯福於一九三三年三月四日宣誓就任總統時，全國幾乎沒有一家銀行營業，支票在華盛頓已無法兌現。在羅斯福的要求下，三月九日，國會通過《緊急銀行法》，決定對銀行採取個別審查頒發許可證制度，對有償付能力的銀行，允許盡快復業。從三月十三日至十五日，已有一萬四千七百七十一家銀行領到執照重新開業，與一九二九年危機爆發前的二萬五千五百六十八家相比，淘汰了一萬零七百九十七家。羅斯福採取的整頓金融的非常措施，對收拾殘局、穩定人心起了巨大的作用。公眾輿論評價，這個行動猶如「黑沉沉的天空出現的一道閃電」。羅斯福在整頓銀行的同時，還採取了加強美國對外經濟地位的行動。從一九三三年三月十日宣布停止黃金出口開始，採取一個接一個的重大措施：四月五日，宣布禁止私人儲存黃金和黃金證券，美鈔停止兌換黃金；四月十九日，禁止黃金出口，放棄金本位；六月五日，公私債務廢除以黃金償付；一九三四年一月十日，宣布發行以國家有價證券為擔保的三十億美元紙幣，並使美元貶值百分之四十．九四。

通過對美元進行貶值，加強了美國商品對外的競爭能力。這些措施，對穩定局勢，疏導經濟生活的血液循環，產生了重要的作用。在「百日新政」期間，羅斯福在解決銀行問題的同時，還竭力促使議會先後通過了《農業調整法》和《全國工業復興法》，這兩個法律成了整個新政的左膀右臂。羅斯福要求資本家們遵守「公平競爭」的規則，訂出各企業生產的規模、價格、銷售範圍；給工人們訂出最低工資和最高工時的規定，從而限制了壟斷，減少和緩和了緊張的階級矛盾。在得到大企業的勉強支持後，羅斯福隨之又盡力爭取中小企業主的支持。他說大企業接受工業復興法固然重要，「而產生豐碩成果的領域還在於小雇主們，他們的貢獻將是為一至十人提供新的就業機會。這些小雇主實際上是國家骨幹中極重要的部分，而中國的計畫的成敗在很大程度上取決於他們。」中小企業的發展，為美國社會的穩定、經濟的復甦發揮了積極的作用。

羅斯福新政還有一項重要內容，就是救濟工作。一九三三年五月，國會通過聯邦緊急救濟法，成立聯邦緊急救濟署，將各種救濟款物迅速撥往各州，第二年又把單純救濟改為「以工代賑」，給失業者提供從事公共事業的機會，維護了失業者的自力更生精神和自尊心。羅斯福執政初期，全國一千七百多萬失業人員及其親屬維持生計全靠州政府、市政府及私人慈善事業的幫助和施捨。但這部分財源相對於如此龐大的失業大軍，無異於杯水車薪。解決這一複雜的社會問題，只有聯邦政府才能辦到。羅斯福新政的第一項措施，就是促請國會通過的民間資源保護隊計畫。該計畫專門吸收年齡在十八歲到二十五歲，身強力壯而失業率偏高的青年人，從事植樹護林、防治水患、水土保持、道路建築、開闢森林防火線和設置森林望塔，第一批招募了二十五萬人，在遍及各州的一千五百個營地勞動。到美國參戰前，先後有兩百多萬青年在這個機構中工作過，他們開闢了七百四十多萬英畝國有林區和大量國有公園。平均每人每期做九個月，月工資中拿出絕大部分作贍家費，這樣在整個社會擴大了救濟面和相應的購買力。對於千千萬萬依賴州、市養活的人們，羅斯福還敦促國會通過聯邦緊急救濟法，成立聯邦救濟機構，合理劃分聯邦政府和各州之間的使用比例，制定優惠政策鼓勵地方政府用來直接救濟貧民和失業者。

在此次新政期間，全美國設有名目繁多的工賑機關，綜合起來可分成兩大系統：以從事長期目標的工程計畫為主的公共工程署（政府先後撥額四十多億美元）和民用工程署（投資近十億美元），後者在全國範圍內興建了十八萬個小型工程項目，包括校舍、橋樑、堤坎、下水道系統及郵局和行政機關等公共建築物，先後吸引了四百萬人工作，為廣大非熟練失業工人找到了用武之地。後來又繼續建立了幾個新的工賑機構。其中最著名的是國會撥款五十億美元興辦的工程興辦署和專門針對青年人的全國青年總署，二者總計雇傭人員達二千三百萬，佔全國勞動力的一半以上。到二戰前夕，聯邦政府支出的種種工程費用及數目較小的直接救濟費用達一百八十億美元，美國政府藉此修築了近一千座飛機場、一萬二千多個運動場、八百多座校舍與醫院，不僅為工匠、非熟練工人和建築業是創造了就業機會，還給成千上萬的失業藝術家提供了形形色色的工作，是迄今為止美國政府承擔執行的最宏大、最成功的救濟計。這一筆錢經過工人的口袋、通過不同管道和消費，又回到了資本家手中，成為以政府投資刺激私人消費和個人投資的「引動水」。

從一九三五年開始的第二期「新政」，在第一階段的基礎上，著重通過社會保險法案、全國勞工關係法案、公用事業法案等法規，以立法的形式鞏固新政成果。羅斯福認為，一個政府「如果對老者和病人不能照顧，不能為壯者提供工作，不能把年青人注入工業體系之中，聽任無保障的陰影籠罩每個家庭，那就不是一個能夠存在下去，或是應該存在下去的政府」，社會保險應該負責「從搖籃到墳墓」整個一生。為此，制定了《社會保險法》，法律規定，凡年滿六十五歲退休的工資勞動者，根據不同的工資水準，每月可得十至八十五美元的養老金。關於失業保險，羅斯福解釋說：「它不僅有助於個人避免在今後被解雇時去依靠救濟，而且通過維持購買力還將緩解一下經濟困難的衝擊。」保險金的來源，一半是由在職工人和雇主各交付相當工人工資百分之一的保險費，另一半則由聯邦政府撥付。這個社會保險法，反映了廣大勞動人民的強烈願望，受到美國絕大多數人的歡迎和讚許。

一九三七年五月二十四日，羅斯福向國會提交了受到廣泛注意的關於最低工資最高工時立法的諮文。諮文承認「我國人口的三分之一，其中絕大多數從事農業或工業，吃不好，穿不好，住不好」。「我們必須銘記我們的目標是要改善而不是降低那些現在營養不良、穿得不好、住得很糟的那些人的生活水準。我們知道，當我們工人的一大部分還沒有就業的時候，超時工作和低水準的工資是不能提高國民收入的。」由於國會沒有對法案採取行動，一九三七年十月十二日，羅斯福再次提出，直到一九三八年六月十四日通過。這就是《公平勞動標準法》（又稱《工資工時法》），它的主要條款包括每週四十小時工時，每小時四十分最低工資；禁止使用十六歲以下童工，在危險性工業中禁止使用十八歲以下工人。關於最低工資的規定，隨著經濟的發展，日後陸續有所調整。這些社會立法，雖屬社會改良的範疇，但對廣大人民特別是工資勞動者甚有好處。

羅斯福為了能夠很好的解決社會保險制度的聯邦經費來源問題，還破天荒地實行了一種按收入和資產的多寡而徵收的累進稅。對五萬美元純收入和四萬美元遺產徵收百分之三十一，五百萬美元以上的遺產可徵收百分之七十五；公司稅過去一律是百分之十三．七五，根據一九三五年稅法，公司收入在五萬美元以下的稅率降為百分之十二．五，五萬美元以上者增加為百分之十五。到一九三九年，羅斯福總統實施的新政取得了巨大的成功。

新政可以說涉及到了美國社會經濟生活的方方面面，其中多數措施是針對美國擺脫危機，最大限度減輕危機後果的具體考慮，還有一些則是從資本主義長遠發展目標出發的遠景規劃，它的直接效果是使美國避免了經濟大崩潰，有助於美國走出危機。從一九三五年開始，美國幾乎所有的經濟指標都穩步回升，國民生產總值從一九三三年的七百四十二億美元又增至一九三九年的二千零四十九億美元，失業人數從一千七百萬下降至八百萬，恢復了國民對國家制度的信心，擺脫了法西斯主義對民主制度的威脅，使危機中的美國避免出現激烈的社會動盪，為後來美國參加反法西斯戰爭創造了有利的環境和條件，並在很大程度上決定了二戰以後美國社會經濟的發展方向。誠然，羅斯福的「新政」措施，最終目的是為了加強國家資本主義，以克服經濟危機，鞏固資本主義制度。「新政」是他醫治資本主義社會的疾病在常規療法不能奏效的情況下試用的一種試驗性的療法。

但是，羅斯福「新政」在某些措施上也存在一些不足之處，這也因此每每成為他的政敵發難的理由。「新政」實施過程中利益受損的階層也曾予以抵制和誹謗，甚至作為新政初期重要內容的《工業復興法》及另外兩項法案也在時隔兩年後被最高法院裁定為違憲。但是，只要我們真正以歷史唯物主義的態度審視「新政」，就不難看出，「新政」號準了美國經濟和社會生活的脈博，「使人們能夠重返工作，使我們的企業重新活躍起來」的口號，符合廣大勞動人民的利益，充分喚起了他們的積極性。羅斯福把保持國民經濟的正常運行和保證公民就業作為政府的責任，尤其是以工賑的形式修建的一大批工程項目，不僅大大緩解了失業困難，刺激了經濟的早日復甦，而且許多基礎設施建設使美國經濟受益無窮。新政留下了大量防止再次發生大蕭條的措施和政策，為美國投入二

二、巴林銀行倒閉的警示

巴林銀行這家老牌銀行，可謂是英國倫敦城內歷史最久、名聲顯赫的商人銀行集團，它以發展穩健、信譽良好而馳名，其客戶也多為顯貴階層，包括英國女王伊莉莎白二世。該行成立於一七六三年，其創始人法蘭西斯．巴林爵士時常誇耀其具有五個世襲貴族的血統，比中世紀以來的其他任何家族都要多，威爾士親王是巴林家的曾孫。它在世界金融史上具有特殊地位，被稱為金融市場上的金字塔。它由最初一家貿易行開始，不斷拓展，成為政府債券的主要包銷商，在歐洲金融界具有舉足輕重的地位。它不僅為一大批富貴人家管理錢財，還為英國政府代理軍費，慢慢從一個小小的家族銀行，逐步發展成為一個業務全面的銀行集團。在最盛時，其規模可以與別的整個英國銀行體系相匹敵。

巴林銀行集團的業務專長是企業融資和投資管理，儘管是一家老牌銀行，但巴林一直積極進取，在二十世紀初進一步拓展公司財務業務，獲利甚豐。九〇年代開始向海外發展，在新興市場開展廣泛的投資活動，僅一九九四年就先後在中國、印度、巴基斯坦、南非等地開設辦事處，業務網路點主要在亞洲及拉美新興國家和地區。截至一九九三年底，巴林銀行的全部資產總額為五十九億英鎊，一九九四年稅前利潤高達一．五億美元。其核心資本在全球一千家大銀行中排名第四百八十九位。

然而，這一具有二百三十三年歷史、在全球範圍內掌控二百七十多億英鎊資產的巴林銀行，竟毀於一個年齡只有二十八歲的毛頭小子尼克·里森之手。

尼克·里森是英國一個泥瓦匠的兒子，從未上過大學。一九八七年，他加入摩根史坦利。這一資歷足以使他被巴林銀行錄用。一九八九年，里森在倫敦受雇於巴林銀行，成為一名從事清算工作的內勤人員，其職責是確保每筆交易的入帳和付款。當時巴林越來越多地從事金融衍生業務，里森也參與進來。一九九二年他被調職，專事疑難問題的處理，一會兒飛往印尼去建立分公司，一會兒前往東京協助調查內部欺詐的投訴。當新加坡國際貨幣交易所意圖成為亞洲新興金融業務的中心時，巴林也想在此獲取一席之地，而里森則受命組織一個班子去實現這一目標。里森到了新加坡之後，開始只是做他在倫敦做過的清算工作，其後，由於缺乏人手，他開始自己做起交易來。由於工作出色，里森很快受到銀行重用。一九九二年，里森被派往巴林銀行新加坡分公司擔任經理，他的賺錢才能得到了充分的發揮。一九九三年時，年僅二十六歲的里森已經達到了事業的巔峰，為巴林銀行贏得一千萬英鎊，佔巴林當年總利潤的百分之十，頗得老闆的賞識和同行的羨慕。

一九九四年下半年，里森認為，日本經濟已開始走出衰退，股市將會有大漲趨勢。於是大量買進日經二二五指數期貨合約和看漲期權。然而「人算不如天算」，事與願違，一九九五年一月十六日，日本關西大地震，股市暴跌，里森所持多頭頭寸遭受重創，損失高達二·一億英鎊。

這時的情況雖然糟糕，但還不至於能撼動巴林銀行。只是對里森先生來說已經嚴重影響其光榮的地位。里森憑其天才的經驗，為了反敗為勝，再次大量補倉日經二二五期貨合約和利率期貨合約，頭寸總量已達十多萬手。

要知道這是以「槓桿效應」放大了幾十倍的期貨合約。當日經二二五指數跌至一萬八千五百點以下時，每跌一點，里森先生的頭寸就要損失二百多萬美元。「事情往往朝著最糟糕的方向發展」，這是強勢理論的總結。二月二十四日，當日經指數再次加速暴跌後，里森所在的巴林期貨公司的頭寸損失，已接近其整個巴林銀行集團資本和儲備之和。融資已無管道，虧損已無法挽回，里森畏罪潛逃。

巴林銀行面臨覆滅之災，銀行董事長不得不求助於英格蘭銀行，希望挽救局面。然而這時的損失已達十四億美元，並且隨著日經二二五指數的繼續下挫，損失還將進一步擴大。因此，各方金融機構竟無人敢伸手救助巴林這位昔日的貴賓，巴林銀行從此倒閉。從此，這個有著二百三十三年經營史和良好業績的老牌商業銀行在倫敦城乃至全球金融界消失。目前該行已由荷蘭國際銀行保險集團接管。

巴林銀行集團破產的消息震動了國際金融市場，各地股市受到不同程度的衝擊，英鎊匯率急劇下跌，對馬克的匯率跌至歷史最低水準。但由於巴林銀行事件終究是個孤立的事件，對國際金融市場的衝擊也只是局部和短暫的，不會造成災難性的後果。巴林銀行破產的直接原因是新加坡巴林公司期貨經理尼克·里森錯誤地判斷了日本股市的走向所導致的。不過，就巴林銀行破產事件本身來說則是發人深省的。這樣一家業績良好的銀行，為何在頃刻之間遭到滅頂之災？

一、對管理細節的忽略是導致這家古老銀行倒閉的主要原因

里森曾是摩根史坦利銀行清算部的一名職員，於一九八九年七月十日正式到巴林銀行工作。進入巴林銀行後，由於他善於邏輯推理，又富有耐心和毅力，解決了很多以前未能解決的問題，因此，被視為期貨與期權結算方面的專家。一九九二年，巴林總部決定派他到新加坡分行成立期貨與期權交易部門，並出任總經理，既主管前臺交易又負責後臺統計。

不管做什麼交易，錯誤都是在所難免的。但是關鍵要看你如何去處理這些錯誤。在期貨交易時，有人會將「買進」手勢誤為「賣出」手勢；有人會在錯誤的價位購進合約；有人可能想購買六月份的期貨卻買進了三月份的期貨，等等。錯誤出現之後，銀行必須迅速進行處理，但如果錯誤無法挽回，唯一可行的辦法，就是將該項錯誤轉入電腦中一個被稱為「錯誤帳戶」的帳戶中，然後向銀行總部報告。以前，巴林銀行有一個帳號為「九九九〇五」的「錯誤帳號」，專門處理交易過程中由於疏忽而造成的錯誤。這原本是一個金融體系運作過程中正常的錯誤帳戶。但是在一九九二年夏天，倫敦總部全面負責清算工作的哥頓·鮑塞給里森打了一個電話，要求里森另外設立一個「錯誤帳戶」，專本記錄較小的錯誤，並自行在新加坡處理，以免麻煩倫敦的工作，於是里森便設立了一個帳號為「八八八八八」的「錯誤帳戶」。

可是，後來倫敦總部又要求新加坡分行還是按老規矩行事，所有的錯誤記錄仍由「九九九〇五」帳戶直接向倫敦報告。因此，這個「八八八八八」的錯誤帳戶剛剛建立就被擱置不用了，但他卻已經成為一個真正的「錯誤帳戶」並存在於電腦之中。「八八八八八」這個被人忽略的帳戶，提

供了里森日後製造假帳的機會，如果當時總部讓里森立馬取消這一帳戶，那巴林的歷史可能就會要重寫了。

本來作為一名交易員，里森應有的工作是代巴林客戶買賣衍生性商品，並代替巴林銀行從事套利這兩種工作，基本上是沒有太大的風險。因為代客操作，風險由客戶自己來承擔，交易員只是從中賺取一點傭金，套利行為也只是賺取市場間的差價。一般銀行許可其交易員持有一定額度的風險，但為了避免交易員將其所屬銀行暴露在過多的風險中，這種許可額度通常是相當有限的。並且通過清算部門每天的結算工作，銀行能夠對其交易員和風險額度有充分的了解。但由於里森一人身兼交易與清算二職，就使銀行的透明度大大降低，也為他提供了做假帳絕好的機會。

在銀行損失達到五千萬英鎊時，巴林銀行曾派人調查里森的帳目。其實，銀行每天都有一張資產負債表，並且都有明顯的記錄，如果巴林銀行有嚴格的審查制度是很容易看出里森的問題，即使是到了月底，里森為掩蓋問題所製造的假帳，也是不難被發現的。里森假造花旗銀行有五千萬英鎊存款，但這五千萬已被挪用來補償「八八八八八」號帳戶中的損失了。查了一個月的帳，卻沒有人去查花旗銀行的帳目，以致沒有人發現花旗銀行帳戶中並沒有五千萬英鎊的存款。

巴林銀行的董事長彼得．巴林一直認為資產負債表沒有什麼用的，因為他的組成，在短期間內就可能發生重大的變化，因此，彼得．巴林說：「若以為揭露更多資產負債表的資料，就能增加對一個集團的了解，那真是幼稚無知。」對資產負債表不重視的巴林董事長付出的代價之高，也實在沒有人能夠想像得到吧！里森對這段時期的描述為：「對於沒有人來制止我的這件事，我覺得不可思議。倫敦的人應該知道我的數字都是假造的，這些人都應該知道我每天向倫敦總部要求的現金是不對的，但他們仍舊支付這些錢」。

如果對以上所有參與「巴林事件」的金融從業人員評分，都應該給不及格的分數，特別是巴林的許多高層管理者，完全不去深究可能的問題，而一味相信地去里森，並期待他能為巴林套利賺取更多的錢。尤其具有諷刺意味的是，在巴林破產的兩個月前，在紐約舉行的巴林金融成果會議上，二百五十名在世界各地的巴林銀行工作者，還將里森當成巴林的英雄，對其報以長時間熱烈的掌聲。

二、內部管理混亂和控制機制失靈是巴林銀行破產的根本原因

英國銀行監督理事會調查人員發現，巴林銀行管理層對巴林期貨「完全」失控，銀行的內部控制機制失靈，銀行總部的主管及金融衍生業務部門的負責人既不熟悉自己所主管的金融衍生業務，又未能妥善履行自己的職責。所有這些都是促成里森有機可乘和過度冒險的重要因素。裏森在金融衍生交易中曾為巴林銀行賺取了高額利潤，深得上司的賞識，並委以重任。巴林銀行只看重了他的才能，從而放鬆了對他的監督和制約。巴林銀行在任命里森為巴林新加坡期貨公司結算部主任的同時，卻沒有免去他身為該公司交易部主任的職務。結果他一人身兼兩職，這樣他就可以在進行交易的過程中利用職權之便隱瞞自己所冒的風險。

里森說：「有一群人本來可以揭穿並阻止我的把戲，但他們沒有這麼做。我不知道他們的疏忽與罪犯級的疏忽之間界限何在，也不清楚他們是否對我負有什麼責任。但如果是在任何其他一家銀

行，我是不會有機會開始這項犯罪的」。

曾經新加坡期貨交易所的審計與稅務部發函給巴林，向他們提出了「八八八八八」帳戶所需資金問題的一些疑慮。而且此時里森已經要求倫敦每天匯入一千萬英鎊，以支付其追加保證金。事實上，從一九九三年到一九九四年，巴林銀行在 SIMEX 及日本市場投入的資金已經超過一萬一千萬英鎊，這超出了英格蘭銀行規定英國銀行的海外總資金不能超過百分之二十五的限制。經過多次會談，雖然在一九九四年五月，巴林銀行得到英格蘭銀行主管商業銀行監察的高級官員之「默許」，但此默許並未留下任何證明文件，因為沒有請示英格蘭銀行有關部門的最高負責人，違反了英格蘭銀行的內部規定。

一九九五年一月十八日，日本神戶發生大地震，之後的數天裏東京日經指數大幅度的下跌，里森一方面遭受著更大的損失，另一方面又購買大量的日經指數期貨合約，希望日經指數能夠上漲到理想的價格範圍。一月三十日，里森以每天一千萬英鎊的速度從倫敦獲得資金，已買進了三萬口日經指數期貨，並賣空日本政府債券。二月十日，里森以新加坡期貨交易所交易史上創紀錄的數量，已握有五萬五千口日經期貨及二萬口日本政府債券合約。交易數量愈大，損失愈大。所有的這些交易，都進入「八八八八八」帳戶。帳戶上的交易，以其兼任清查之職權予以隱瞞，但追加保證金所須的資金卻是無法隱藏的。里森以各種各樣的藉口繼續轉帳。到二月中旬，巴林銀行全部的股份資金只有四．七億英鎊。

一九九五年二月二十三日，也就是巴林期貨的最後一日，里森想影響市場走向的努力徹底失敗了。日經股價收盤降到一七八八五點，而里森的日經期貨多頭風險部位已經達到六萬餘口合約；並且日本政府債券在價格一路上升時，其空頭風險部位也已達到二萬六千口合約。在巴林的高級主管仍在做著次日分紅的美夢時，里森為巴林所帶來的損失最終達到了八．六億英鎊的高點，造成了世界上最老牌的巴林銀行命運的終結。

三、分工不清與責權不明是導致巴林銀行破產的一個重要原因

巴林銀行的倒閉，在世界金融界引起了極大的震動。人們議論分析，探究導致事件發生的原因及應汲取的教訓。其中總結出來的一個重要教訓是，巴林銀行在內部管理上有問題，銀行賦予了里森過大的權力，里森在新加坡獨立操作，集操作權，會計權與監督權於一身，銀行很難對其進行有效的監督。而里森既直接從事前臺交易，又擔任交易負責人——新加坡巴林期貨有公司的總經理，這為他逃避監督創造了條件。里森未經授權從事高達二百七十億美元的交易，而巴林銀行竟未及時發覺，這是銀行控制系統的失敗。然而監督巴林銀行的英國中央銀行未發現巴林銀行這個致命的弱點，應當說也是導致巴林事件的一個重要原因。

每個銀行或企業的各項業務活動都應該要分工明確，並且彼此間保持良好的聯絡溝通；前臺的交易與後臺的交割結算這兩部分工作也要進行嚴格的分開，實行有效地內部控制；還必須建立獨立的風險管理機構和內部審計機構；銀行或企業高級主管必須迅速處理和克服內部審計師或其他有關人員所發現的一些重大缺點和問題；銀行企業有關管理人員要經常定期到海外分部去檢查工作，走訪當地的交易員、風險管理人員及其他職員，以獲得第一手資料。

我們應該正確對待那些為企業帶來高額利潤的交易人員，防止絕對的信任產生絕對的腐敗。並且設法防止他們為了經濟利益而進行愚蠢的過度冒險投機。金融衍生品交易內容多樣、情況複雜。因此，金融機構必須進行相應的業務和責權調整，延用原有的工作體制或不能嚴格地遵守必要的規則，都會招致不良後果的出現。尼克·里森就是利用了這一點，他曾被英國銀行界譽為「金融界的驕子」，在同事和主管部門眼中，他是頭腦冷靜、年輕有為的代表，由此他擔任巴林銀行駐新加坡分行經理之職，可以一手操辦多種業務。這次事件中他既負責期貨管理，又充當交易人，從而使他在沒有監督、檢查，甚至越權交易的情況下，在前後一個月的時間內輕而易舉地做完了二百七十億美元的投機交易，給巴林銀行造成了無法彌補的損失。因此可以說，分工不清，責權不明，個人決策在交易失利情況下鋌而走險，是巴林銀行倒閉的致命原因之一。

從上述巴林銀行倒閉案中，中國可以發現管理的權力和許可權是何等的重要。企業的生產活動是按照預定的經營目標和經營計畫，充分利用人力、物力和財力，從產品品種、品質、數量、成本、交貨期等要求出發，生產出社會需要和用戶滿意的產品的過程，生產管理則是對這一過程進行計畫、組織、指揮、協調與控制的活動。由於生產管理牽涉到眾多環節，因而管理的權力與許可權就需要有一個把握的尺度，太寬了會引起越權指揮造成混亂，太窄了又會束縛管理者的手腳，使一些活動難以展開。所以把握住尺度是很重要的，這方面英國巴林銀行倒閉的教訓就是一個很說明問題的例子。

只有一個企業中的每一個單位都能完全地協調起來，勁往一處使，才能把企業內的全部潛力實現出來，避免相互衝突所造成的低效率。沒有協調。組織就不能生存，而沒有權力，協調便是一句空話。權力上升到一定程度，就會成為權威。權威被認為是最高的協調權。權威和權力這兩個詞之間有著相似和差異，權威是某人通過在某個組織中所佔據的職位而擁有的一種法權。當中國這樣來看待權威時，他是非人格的，與佔據著職位的人無關。相反，權力的個性化則濃得多，他與個人通過影響他人去辦事的能力有關。權力是人格化的，是個人施加影響的直接後果。所以權力與個人是直接聯繫在一起的，一個人的權力有了，是能夠做出點事情的，比如在生產管理中就能充分運用權力，使整個生產過程形成一個有機整體，相互配合、相互協調。在管理中的權力的使用，應是一種「權力參與」，也就是通過循環行為來實現，這實際是一個相互作用的過程，你在影響別的管理人員，別的管理人員也在影響著你。工人在接受管理人員影響的同時，也往往可以通過公開的交流管道去影響管理者。這裏實際上是一個管理許可權的問題，巴林銀行的案例，既有上級主管部門失察，疏於監督的一面，也有里森權力過大的一面。了解了權力的施展也有被管理人員的影響作用的一面，就要充分注意權力的運用也有一個許可權的問題。

龐大的金融、企業集團必須有嚴格的監督制度，才能保證其業務的正常運營。失去了這一點，再小的疏漏也會導致萬噸巨輪的傾沒。同時牢記，絕對的信任產生絕對的權力，絕對的權力產生絕對的腐敗。

現代社會的發展，要求權力是通過參與和合作利用的，並不完全意味著強迫。中國必須明白賦予每個人在他或她的工作範圍內以必要的權威或權力，促使他去認真負責地完成任務。同時中國也必須明白，真正的參與不是自我犧牲，而是自我奉獻。

三、英美如何誘導日本的泡沫經濟和銀行危機

在五、六十年代，日本政府的產業政策嚴格限制金融投機活動，引導大量銀行信貸投向工業發展和基礎建設領域，這一時期日本銀行的貸款品質很高，八〇年代初，英國的柴契爾夫人和美國雷根總統共同領導了「世界保守革命」，表面上宣導不受政府干預自由市場經濟，實際上支持壟斷資本不受任何約束地追求自身利益。英美兩國的政府壟斷金融資本和國際貨幣基金，不斷施加壓力強迫日本推行金融自由化和全球化，誘導了日本的泡沫經濟和銀行壞債危機，導致日本的銀行壞債十年中增長了一百倍。

中國如果仔細研究日本的泡沫經濟和銀行危機的發生過程，很容易就可以看清英美金融資本如何利用威尼斯泡沫騙局誘導日本陷入圈套。下面中國摘錄的美國學者凱塞．沃爾夫二年多前寫的一篇描述日本泡沫經濟發生過程的文章。它將有助於中國理解英美壟斷資本控制全球經濟的戰略，同時也可起到舉一反三的作用：吸取教訓，中國不要重蹈覆轍。

一九九五年六月，日本中央銀行公布了銀行體系擁有壞債的官方統計數字，該年度日本一百五十家最大的商業銀行一共擁有四十兆日圓的壞債，折合四千億美元。一九九五年七月和八月，駐東京的英、美投資銀行人士向報界透露，日本銀行壞債實際上大大高於官方統計。據美國摩根史坦利銀行的估計，日本銀行體系的壞債約為八十兆日圓折合八千億美元。據美國索羅門證券公

司的估計，日本銀行體系壞債 約為一百兆日圓，折合一兆美元。

「日本問題的關鍵起源於一九七八年的布熱金斯基原則」，美國經濟學家拉魯什最近說。當時日本、德國和其他國家的領導人，籌畫對拉丁美洲、亞洲和非洲進行大量工業投資，以擴大本國工業品的出口市場。但是，英國保守勢力竭力想阻止貧窮國家的工業化。拉魯什說，「美國的國家安全秘書布熱金斯基曾告訴日本，『你們不能幫助墨西哥，因為美國無法容忍邊境周圍出現一個新的日本』」。

日本在失去美國核保護傘的威脅下，被迫同意了美國的要求。一九七八年美國的布熱金斯基施加壓力後，日本對第三世界的出口勢頭趨緩，隨後不久就開始衰退，日本的出口主要轉向了美國、歐洲和澳大利亞。

日本的全球基礎建設發展基金，曾計畫向發展中國家投資五千億美元，用於發展鐵路、供水和發電等基礎建設，但是在美國施加的政治壓力下，被迫放棄了這一大規模投資計畫。日本在歐洲的海外投資，有三分之一投向英國，其投資金額超過了四百億。

日本的海外投資從一九八五年以來急劇增長，但是並未流向迫切需要資金的第三世界。

八〇年代美國的財政部長所推行的政策不僅導致了日本的貿易順差，而且於一九八五年還蓄意製造了日圓的大幅度升值，這樣不僅使貧窮國家更難購買日本工業設備，而且還促使東京聚集了巨額帳面資金，其目的是利用「超級日圓」來推動全球泡沫投機，並且在日本內部植下金融癌症的禍根。

一九八四年至一九八五年間，美國的財政部長對東京進行了一系列訪問，要求日本官員抬高日圓比價，並且接受美元的大幅度貶值。

一九八五年九月十九日，在紐約的普拉劄飯店，美國財政部長會見了七國的財政部長和中央銀行行長，共同簽署了普拉劄協議，提高了日圓和其他貨幣對美元的比價。

普拉劄協議和美國財政部長的政策，導致日本經濟出現了巨大失衡，其最嚴重的後果包括：日圓急劇升值，日本國債增長，房地產泡沫及崩潰，日本銀行壞債劇增。

日本「超級日圓」泡沫，其作用首先是確保了日本能夠購買大量美國國債。「超級日圓」泡沫的第二個作用，是美國能夠借助其資金力量，來支撐瀕臨崩潰的美國房地產市場。從一九八五年至一九九二年期間，日本的投資者購買了價值七百二十億美元的美國房地產。

更為陰險的是，倫敦和美國華爾街金融界製造的投機泡沫，還在日本內部植下了東京稱為「金融愛滋病」的禍根。反映該問題的一個很好標誌，就是東京和大阪金融中心外匯投機交易數量的增長。尼克森取消金本位以後，隨著浮動匯率體制的實施，外匯交易額的迅速增長，超過了世界貿易額增長達四倍之多。一九八五年簽署普拉劄協定之後，日本外匯投機幾乎增長了一倍之多。一九八八年，日本外匯交易額對外貿金額的比值，已經增長到六十二美元比一美元，相當於美國外匯投機指數的兩倍。

西方新聞媒介流行的說法是，日本銀行一九八五年降低利率導致了泡沫經濟，房地產公司利用低息貸款，大量投機搶購有限的城市房地產，致使日本的房地產價格瘋狂上漲。新聞媒介的這種流行說法，其實是混淆事實的謊言。在半年召開一次的世界政府高級會議上，日本被迫承諾大規模增加政府預算開支，據說也是為了刺激消費者購買進口西方產品的開支。這一措施導致了日本政府債務的大幅度增長。

正如拉魯什所說，「美國實際上命令日本，『中國不許你們在世界其他地方投資，你們必須將賺來的美元聚集起來，炒高美國和日本的房地產價格，形成名義資產的虛假膨脹，進而形成巨大的金融投機泡沫，這樣日本出口賺得的美元收入，就源源不斷地輸入進投機泡沫，變成了過度膨脹的虛假資產，並且用於防止巨大泡沫的崩潰」』。

隨著泡沫經濟的發展，日本的房地產價格出現了瘋狂猛漲。在日本的六大城市中，住宅、商業和工業用地的價格，從一九七〇年的每平方公尺六千美元，猛漲至一九九一年的每平方公尺六萬二千美元，上漲幅度高達十倍之多，創下世界前所未聞的紀錄。相比之下，紐約市區土地價格的最新高點，僅為每平方公尺一千二百美元。

隨著日本取消了向世界其他地方的工業出口項目，日本銀行將大量資金投向國內的房地產市場和房地產金融公司。根據日本中央銀行的統計數字，日本最大的一百五十家商業銀行，一九八五年的房地產貸款金額為十七兆日圓，一九九五年猛增至五十七兆日圓，折合五千七百億美元。

日本中央銀行感到了投機狂熱的威脅，一九八九年開始推行信貸收縮政策，日本財政部和中央銀行還採取措施限制房地產投機，包括通過中央銀行的「視窗指導」，禁止進一步發放房地產貸款。一九九〇年秋季，日本前財政部長警告說，美國華爾街和倫敦金融界強迫日本政府取消金融市場管制，實際上意味著日本輸入外國的「金融愛滋病」。

一九八九年日本中央銀行決定緊縮信貸，以遏制泡沫投機，但是，銀行帳目上已積累了大量的壞債，災難已經發生了，房地產市場失去了資金支持，從此陷入了長期蕭條之中。隨著房地產公司紛紛倒閉，日本銀行的壞債也越積越多。根據索羅門證券公司人士的估計，日本銀行的壞債從一九八一年的一兆日圓，猛增至一九九五年的一百兆日圓，折合一兆美元。

日本的銀行體系具有世界最大的規模，私人銀行的貸款總額為七百兆日圓，折合七兆美元。相比之下，根據國際貨幣基金按相同口徑計算的統計數字，美國包括商業銀行和儲蓄信貸銀行在內的私人銀行，其貸款總額為四兆美元，而美國的國債幾乎為五兆美元。敞若將英、法、德三國銀行貸款總額相加，也僅僅同日本銀行的貸款總額大體持平。

世界上十五家最大的銀行中，有九家是屬於日本的銀行。日本地區性商業銀行的規模也很龐大。

日本還有一個規模龐大的金融部門，大銀行的存在有利於國家利益。日本銀行體系具有龐大的規模，原因之一是日本具有很高的儲蓄率。據經合組織的統計數位，一九九三年日本國民的淨儲蓄額接近八千一百九十億美元，幾乎佔整個工業世界的百分之五．六，相比之下，美國的淨儲蓄為七百五十億美元，僅佔百分之五。

關鍵的問題在於銀行貸款的品質究竟如何？近數十年中，日本財政部引導著日本金額巨大的儲蓄投向工業和新技術領域，促進了日本工業引人注目的發展。日本銀行的貸款品質相當高，一九八〇年壞債總額僅為一兆日圓，折合一百億美元。壞債率僅為百分之〇．五。但是，一九八五年普拉劄協議之後，日圓大幅度升值，日本銀行的帳面資產和貸款總額都迅速增長，日本銀行的貸款品質也開始出現問題。

這一時期內，日本銀行的投資重點從生產和工業領域轉移出去，投向了所謂「後工業社會」的服務行業。一九六五年以前，日本一百六十五家最大銀行的貸款中，有百分之六十五投向了國民經濟的生產領域，僅有百分之六向了非生產領域，此處指金融、保險、房地產和服務行業。

直至一九七五年，日本最大的一百五十家銀行的貸款中，投向生產領域的貸款依然佔了總額的一半以上。但是，從一九七八年美國施加壓力以後，投向生產領域的銀行貸款急劇衰退，而非生產領域的銀行貸款則驟然增長。至一九八五年；生產領域的貸款下降為總額的百分之三十八，但是，仍然高於投向非生產領域的貸款，後者上升為貸款總額的百分之二一・六。

自從一九八五年普拉劄協議之後，貸款投向的比重則完全顛倒過來了。至一九九〇年，生產領域的貸款所佔比重下降為百分之二十五，而非生產領域的貸款比重則上升為百分之三十七。這種貸款比例一直持續至今。倘若日本銀行體系的資產規模迅速擴大之後，仍然將投資重點集中在工業、科學和技術領域，那麼今日世界的面貌將會截然不同。

日本泡沫經濟崩潰之後，從一九九二年初以來，儘管一百五十家最大銀行的貸款停止了增長，但是，非生產性貸款仍然緩慢增長，這意味著生產性貸款實際上開始下降。一九九五年第一季，一百五十家最大銀行的貸款總額，甚至出現了二戰以來從未有過的下降，下降幅度為二兆日圓，整個銀行體系也出現了同樣的趨勢，貸款總額下降了五兆日圓。這就意味著，銀行體系未能增加生產性貸款，而生產性貸款才能挽救壞債損失，支持處於破產邊緣的企業恢復正常運轉。

日本還深深陷入歐洲美元市場投機之中。日本銀行駐倫敦和紐約的分支機構，發放了大量海外美元貸款，僅僅按日圓計算而不考慮匯率乘數，其貸款總額就增長了三倍之多、日本一百五十家最大的銀行提供的海外貸款，從一九八五年的二十七兆日圓猛增至一九九〇年的七十五兆日圓。

儘管日本銀行已經進行了多次大規模的沖銷壞債，但是，其壞債數量仍然繼續增長。日本的產業策劃者為何會容忍發生這樣的事情呢？災難發生的原因的確令人難以理解，正確的解釋只能是英美金融資本對日本國家的攻擊，所採用的攻擊手段是一種典型的威尼斯泡沫騙局。

歷史上，威尼斯金融家們曾經反覆運用過這種泡沫經濟騙局。先是蓄意製造資產價格的虛假膨脹，誘騙當地市場投資者紛紛投入陷阱，獲利後便撤資觸發泡沫經濟崩潰，讓當地投資者陷入恐慌紛紛拋售，再趁火打劫廉價全面收購當地資產、十七世紀，威尼斯銀行家採用這種泡沫騙局，廉價獲取了倫敦金融界的控制權。十九世紀又獲得了華爾街的金融控制權。日本的銀行危機也是其泡沫騙局的重演。

英格蘭銀行、國際清算銀行、美國財政部和聯邦銀行，不斷向日本施加政治壓力強迫日本推行同樣的金融自由化過程，否則將失去美國的核保護傘。從一九八四至一九八八四間。美國財政部不斷向日本財政部施加壓力，強迫其擬定詳細的日本金融市場自由化計畫。

正像歐洲美元不受美國法律的管轄一樣，歐洲日圓也不受日本法律的管轄，日本於一九八四年六月取消其有關金融管制，准許日本國內經營歐洲日圓存款業務。

由於歐洲日圓的高利率和美國財政部施加的壓力，從一九八四至一九八八年間日本逐漸取消了全部利率管制，追隨著美國走向了通往地獄之路，日本於一九八八年進一步推行金融自由化，取消了一百兆以上國內日圓存款的管制。一九九四年十月，日本國內取消了全部剩餘的限制高利貸法律。

美國財政部長的活動誘導了日本的房地產泡沫，實際上他早已知道這一泡沫遲早必然崩潰，他所採取的手法是典型的威尼斯泡沫騙局。目前，日本的銀行體系也陷入了同樣的陷阱，當然，這種陷阱騙局獲得成功的前提是，犧牲品的行為就像一隻笨猴子，它伸出手抓作為陷阱誘餌的果子，即使發現情況不妙也不情願放手，其結局只能是因被套牢而成為獵物。目前，倫敦和華爾街金融界不斷要求日本抓中陷阱誘餌，即嚴格遵從所謂「自由市場」的遊戲規則，進一步加快金融自由化和全球化進程。

倫敦和華爾街的強盜正貪婪地圖謀日本經濟的龐大財富。目前，英國金融界提出了一個重要要求，日本政府用納稅人的資金收購一兆美元的銀行壞債，然後進一步推行金融體系的全面自由化。他們希望日本金融體系實行全面的自由化，准許英美銀行在日本進一步擴大業務範圍，從而更加便於掠取日本經濟的龐大財富。

四、亞洲金融風暴衝擊香港解密

亞洲金融風暴曾經多次衝擊香港金融體系，之所以如此，與其深刻的政治、經濟等方面的深層次原因和歷史背景是密不可分的。

對於香港貨幣和金融政策而言，維持和捍衛港元聯繫匯率制度已成為它們的基石與核心。聯繫匯率制，可以說是二十世紀八〇年代初特殊政治、經濟危機下的產物。它自一九八三年十月實施以來，運作一直有效，期間雖然經歷了一九八七年十月股災、一九八九年政治風波、一九九〇年中東波灣戰爭、一九九一年國商事件、一九九二年歐洲匯率機制危機，以及一九九四年墨西哥金融危機等一系列政治、經濟事件的衝擊，但港元匯率絕少偏離一美元兌七·八港元的聯繫匯率水準達百分之一以上，並且多數處於偏強位置，對過渡時期香港金融體系和整個經濟的穩定，發揮了積極的作用。因此，聯繫匯率制度從初期一項應變危機的權宜之計發展成香港貨幣金融政策的基石和核心。

香港成功實現「九七」回歸的平穩過渡，經濟呈現空前繁榮景象。踏入一九九六年，隨著香港特別行政區籌備委員會的組建，四百人推舉委員會的成立，尤其是選出董建華為香港特區首任行政長官，行政會議的組成以及公務員的平穩過渡，整個特區政府班子的籌組工作有條不紊地進行，一再受到國際間及香港社會的好評和讚揚。投資者和市民看到了中國政府貫徹落實「一國兩制」方針以及「港人治港」、高度自治等一系列政策的決心和誠意。香港成功實現「九七」回歸的平穩過渡，對香港經濟產生了正面、積極的效應。

香港經濟在經歷了持續兩年的週期性調整之後，於一九九六年從谷底回升，素有「香港經濟寒暑表」之稱的地產市場再度暢旺，並帶動股市大幅上升，尤其是進入第四季，由於外國基金大舉入市，股市連續七次創歷史新高，恆生指數從一九九五年底的一萬零七十三．三九點上升至一九九六年底的一萬三千四百五十一．四五點，全年升幅達百分之三十三．五。進入一九九七年，香港整體經濟更是逐季上升，第一、二、三季的升幅分別是百分之五．九、百分之六．八和百分之六，呈現出空前的繁榮景象。一九九七年北京控股上市時竟獲一千兩百六十七倍的超額認購，創下歷史紀錄。

在表面一片繁榮景象之下，香港的「泡沫經濟」已在地產、股市兩個重要環節形成。從地產業看，香港的地產市道自一九八五年進入過渡時期以來，便進入一個長週期的上升階段。特別是自一九九〇年由住宅樓宇帶動，其價格連年大幅跳升，香港輿論曾形容為「像裝上一級方程式引擎馬達般一發不可收拾」。在住宅的帶動下，寫字樓、商鋪等市道均有可觀的升幅。從一九九四年四月至一九九五年第三季，在港府推行壓抑樓價加上美國連續七次調高息率的影響下，香港樓市曾一度進入調整期。不過，自一九九五年第四季以來，香港地產再度從谷底回升，到一九九六年第四季，市場掀起豪華住宅炒賣風，令價格急升，並帶動中小型住宅、寫字樓、商鋪等樓宇價格急升。進入一九九七年，香港的「回歸因素」被迅速炒起，樓價在半年內再大幅上升三成至五成，並形成空前熾熱的投機炒賣風潮。

從股市看，在樓價的帶動下，香港股市亦從一九九五年初的低位止跌回升，恆生指數從一九九五年初的低位六千九百六十七・九三點大幅上升到一九九六年底的一萬三千四百五十一・四五點，兩年間升幅高達百分之九・三。一九九七年，在種種利好因素的刺激下，香港股市繼續輾轉攀升，恆生指數在八月七日創下一萬六千六百七十三・二七點的歷史紀錄，比年初再上升百分之二十四。期間，紅籌股狂潮迭起，每日成交額超過四百億元，當時三十三支恒指成份股平均市盈率達十六・五倍，而三十二支紅籌股平均市盈率卻高達一百零六倍，北京控股上市時超額認購的倍數就高達一千二百六十七倍，光大國際的市盈率更高達三千一百三十・四三倍，已達到極不合理的地步。這種經濟的「大起」，實際上已為一九九七年第四季以後經濟的「大落」作了準備。

香港經濟內部產業結構的嚴重不合理性已經浮現。首先是產業結構的「空心化」問題。二十世紀八〇年代中期以後，香港製造業在成本壓力之下，在大規模內遷廣東珠江三角洲的同時，並未能加快升級轉型的步伐，致使製造業在香港經濟中的地位急速下降，出現「空心化」趨勢。值得注意的是，進入二十世紀九〇年代，隨著廣東珠江三角洲土地價格和勞工成本的上升，香港與內地之間以勞動密集型產業為主體的「前店後廠」合作模式，已開始暴露其局限性，香港製造業若不能加快升級轉型，其在華南地區所擔當的戰略角色，包括工業支持及管理中心、貿易轉口港及融資中心的地位將遭到削弱。

其次，香港經濟在轉向服務經濟之後，其服務業的內部結構亦漸趨畸形之勢，表現為金融、地產業逐漸在經濟中取得某種主導地位。尤其是二十世紀九〇年代以來，在多種複雜因素的推動下，香港的地產、樓市大幅攀升，扯動香港股市大幅上漲；地產、股市的異常繁榮又刺激銀行金融業的空前景氣，形成港元資產的急速膨脹，進而產生整個經濟中的泡沫成分。在這種日漸不合理的產業結構中，整體經濟呈現更強的投機性、無根性及波動性，實際上已為是次亞洲金融風暴對香港的衝擊，埋下深層次的伏線。

部分國際機構投資者看淡「九七」回歸後香港經濟的前景。其實，國際機構投資者對香港早已虎視眈眈，一九九五年初已趁墨西哥金融危機衝擊港元聯繫匯率，並在國際上大造輿論，「唱衰」香港。一九九六年，美國《財富》雜誌發表題為《香港之死》（「The Death of Hong Kong」）的文章，看淡香港前景。亞洲金融風暴爆發後，國際投機者即於一九九七年八月間首度襲擊香港。十月中旬，臺灣「中央銀行」主動棄守新臺幣匯率，有關官員還公開唱淡港元和人民幣，將國際投機者的視線轉移到香港。十月二十一日，美國摩根史坦利全球首席策略員公開表示，將減持環球投資組合中已發展亞洲市場所佔比重，從原來的百分之二減至百分之〇。他同時指出：亞洲股市已處於危險的下跌週期，其第二階段的跌勢已經開始，並將由香港股市帶領。當日，香港股市應聲下挫並連番暴跌，揭開香港金融風暴的序幕。

五、一九九七年金融風暴下戰慄的香港

由於受到七月一日香港回歸中國利多因素的影響，一九九七年的前二個季度，香港經濟增長速度均超過了百分之六，展現出一片欣欣向榮的景象，人們對回歸之後香港經濟的健康發展充滿了信心，但此時在東南亞原本蔚藍的天空上，烏雲正在慢慢聚集……

香港回歸的第二天，也就是一九九七年七月二日，在經過幾天與國際炒家的短兵相接之後，泰國中央銀行所有美元儲備全部告罄、未能夠阻止市場上對泰銖的拋售，泰國被迫放棄固定匯率制度，泰銖一泄千里，拉開了東南亞金融危機的序幕。最初，香港並沒有受到太大的影響，但在國際炒家的精心策劃與操作下，短短兩個月，危機迅速蔓延，菲律賓、印尼、馬來西亞、韓國先後捲入其中，東亞大部分國家地區的股市崩盤，貨幣貶值。十月下旬臺灣棄守新臺幣之後，香港已是在風雨中飄搖的危城。

香港股市在一九九七年的前三個季度，還表現良好，但是有過熱之嫌，積聚了較大的下挫壓力，在此情況下，國際炒家瞄準了恆生指數，他們採用了股市和匯市雙管齊下的策略，企圖從股市暴跌及港元貶值中獲得投機暴利。十月二十日至二十四日四天之內香港股市狂泄三千一百七十五點，到了十月二十八日，一天之內恆生指數跌了一千四百二十八點，跌破一萬大關，降到了九千零六十點。雖然隨後在一九九八年四月份反彈至一萬兩千點，但到了一九九八年的八月十三日，恆生

指數已經是六千六百點。

就在不到一年的時間，股票市值的縮水就超過了一半。同時，在匯市方面，國際炒家瘋狂拋售港幣，香港貨幣當局為了維持聯繫匯率制度不得不大量回購，導致利率大幅提高，貨幣供應量驟減，使大量資金抽離股市，進一步加劇了股價的下跌。對香港而言，受金融風暴的衝擊，整體經濟陷入了多年來未見的困境。股市的暴跌大大影響了投資者的信心，流入香港的資金量減少，新上市公司的數量和交易量也大幅驟減，直接影響了香港經濟的發展，與前三季本地生產總值百分之六的高速增長相比，第四季的增長速度跌至百分之二·七，到了一九九八年第一季，更是出現了此前十三年的首次負增長百分之二·八，在這一年本地生產總值下降了百分之四·六。這種負增長趨勢一直持續到一九九九年第二季。

貿易，對於香港這個高外貿依存度的經濟體來說，可謂是經濟發展的重要引擎，在這次風暴中，由於在東南亞國家貨幣貶值的過程中港幣堅守聯繫匯率制不貶值，與此同時外部需求疲軟，導致香港的出口出現了明顯的下滑。一九九八年上半年整體出口比上年同期下降百分之二·一，七月份情況持續惡化，同期下降幅度超過了百分之十，服務貿易同樣呈下降趨勢。與金融風暴造成的外部需求疲軟類似，香港的內部需求也陷入疲軟，一九九八年整一年，私人消費以及固定資產投資額持續下降，內外需求同時低迷使得經濟最終陷入停滯以至衰退。金融風暴的影響除了表現在原來泡沫經濟的破滅上，還表現在對實體經濟的影響上。

經過多年的高速發展，香港經濟其實已積累了大量泡沫，尤其表現在房地產市場上。房地產價格的虛高經不起金融危機的考驗，一九九八年平均每月的樓宇買賣數量和金額，比一九九七年同期分別下降了百分之五十以上，資產價格的大幅下降導致了泡沫的破滅，從而引發了嚴重的負財富效應，極大地抑制了內部需求，直接影響了對實體經濟的投資。經濟的衰退的直接影響是失業率的上升。在回歸後的一年時間裏，失業率從一九九七年七至九月的百分之二・二，上升到一九九八年八月的百分之五，失業人口達到十七・五萬人，這是自一九七六年以來香港失業率的最高水準，一時間失業成了困擾香港社會的突出問題。由此造成的民眾的不安心態加劇了恐慌，民眾對經濟的信心受到嚴重打擊，他們持有貨幣不敢消費，造成零售業蕭條、企業倒閉、失業率上升，由此形成的惡性循環加劇了經濟復甦的難度。

面對如此艱難的時局，香港當局也表現出了令人稱道的勇氣、決心和應變能力。特區政府清醒地認識到必須首先恢復民眾以及投資者對香港經濟的信心，因此在一九九八年二月，在獨立編制的首份財政預算案中，當局提出高達五百六十八億港元的稅務減免措施，並增加房屋，交通運輸等方面的公共開支，以紓解民困，增加信心。十月，時任特首董建華在施政報告中又提出了全面振興經濟的計畫，包括政府擴大基礎建設投資，發展創新科技，穩定金融體系和房屋政策以及加強人才培養等。在政府採取的種種措施中最值得一提的是在國際炒家瘋狂打壓股市、拋售港幣的關鍵時刻，當局毅然利用外匯儲備來干預市場，最終粉碎了國際投機者惡意操控市場的企圖。

從一九九七年七月一直持續到一九九八年八月，香港政府經歷了一年的金融風暴的考驗，也從中吸取了一定的教訓，從而決定轉變應對措施，對金融市場進行必要干預。一九九八年八月中旬，國際炒家發動了新一輪的攻勢，恆生指數連續大跌三天，到十三日跌至了六千六百點，在此危機時刻，十四日政府利用外匯儲備入場干預，大量購入藍籌股，當日恆指大升五百八十四點，使得國際炒家的如意算盤落空。在接下來的八月二十八日，面對國際炒家的捲土重來，當局再次沉著應戰，最終擊潰了國際炒家的進攻，穩住了恆生指數，當日市場成交額達到了七百九十多億港元，創造了香港證券市場有史以來最高紀錄。這兩次較量，後來被稱為「香港金融保衛戰」或「世紀之戰」，雖然此後香港政府入市干預的作法受到某些西方媒體的指責，但在特殊情況下政府出面干預經濟的做法也被越來越多的人們所認同。此後在曾嚴厲抨擊香港政府入市行為的美國傳統基金會所公布的九八年經濟自由度指數報告中，香港依然被評為全球最自由開放的市場。

「金融保衛戰」打退了國際炒家企圖利用股市下跌大發橫財的如意算盤，而在匯市方面也正是由於香港當局堅守聯繫匯率制度不動搖，使得港幣並未大幅貶值，未出現東南亞一些國家那樣財富縮水、經濟倒退的現象，從而使以往香港的經濟發展成果基本未受到影響。這為後來經濟的復甦打下了比較好的基礎，使得香港經濟在相對短的時間內擺脫了陰霾。

但是，之所以香港能屹立於此次金融風暴中而不倒，還有一個不可忽略的重要原因，那就是中國內地的強大支持，在香港股市和匯市受到國際炒家的輪番衝擊時，中央政府曾嚴正聲明，一旦港元與美元的聯繫匯率制度受到衝擊，中央政府將堅決支持港元匯率。正是中央政府的明確表態，打擊了國家炒家的囂張氣焰和信心，使其在內地一千三百億美元與香港九百八十億美元的強大外匯儲備面前，不得不退縮。而內地在一九九七年經濟「軟著陸」之後的強勁發展勢頭，也使得國際投資者對香港經濟的信心在短時間內得以恢復，到一九九八年底，香港經濟已出現喘息趨穩的跡象，並在此之後走上了經濟復興的道路。

回顧一九九七年亞洲金融風暴，儘管所受的打擊是沉重的，但香港人依然愛拼搏、不服輸。十

六、索羅斯與金融危機背後的秘密

九〇年代初期，一些西方發達國家的經濟正處於衰退時期，可此時東南亞國家的經濟卻出現奇蹟般的增長，經濟實力日益增強，經濟前景一片燦爛，東南亞的經濟發展模式在經濟危機爆發前曾一度是各發展中國家紛紛仿效的樣板。東南亞國家對各自的國家經濟非常樂觀，為了加快經濟增長的步代，紛紛放寬金融管制，推行金融自由化，以求成為新的世界金融中心。但東南亞各國在經濟繁榮的光環閃爍中卻忽視了一些很重要的東西，那就是東南亞各國的經濟增長不是基於單位投入產出的增長，而主要依賴於外延投入的增加。在此基礎上放寬金融管制，無疑於沙灘上起高樓，將各自的貨幣無任何保護地暴露在國際游資面前，極易受到來自四面八方的國際游資的衝擊。加上由於經濟的快速增長，東南亞各國普遍出現了過度投機房地產、高估企業規模以及市場需求等，發生經濟危機的危險逐漸增加。

對於東南亞出現的如此巨大的金融漏洞，自然難逃索羅斯那敏銳的眼睛。其實，他一直就在等待有利時機，希望能再打一場英格蘭式的戰役。

一九九三年，當索羅斯發現馬來西亞的貨幣林吉特被低估後，便決定拿林吉特來作為突破口。於是，他聯合了一些套利基金經理開始圍剿林吉特但是馬來西亞總理馬哈蒂爾卻決心維持低幣值的林吉特，馬哈美爾採取了一系列強有力的措施，加強了對本國資本市場的控制，索羅斯及一些套利基金經理無機可乘，只好暫且收兵。馬來西亞貨幣林吉特也因此才免遭劫難。

但是，馬來西亞的這次小敗並沒有使索羅斯退卻，他又在等待下一次更好的機會。隨著時間的推移，東南亞各國經濟過熱的跡象更加突出。各國中央銀行採取不斷提高銀行利率的方法來降低通貨膨脹率。但這種方法也提供了很多投機的機會。連銀行業本身也在大肆介入美元、日圓、馬克等外幣，炒作外幣，加入投機者的行列。這造成的嚴重後果就是各國銀行的短期外債巨增，一旦外國游資迅速流走各國金融市場將會導致令人痛苦不堪的大幅震盪。東南亞各國的中央銀行雖然也已意識到這一問題的嚴重性，但面對開放的自由化市場卻顯得有些心有餘而力不足了。其中，問題以泰國最為嚴重。因為當時泰國在東南亞各國金融市場的自由化程度最高，泰銖緊盯美元，資本進出自由。泰國經濟的「泡沫」最多，泰國銀行則將外國流入的大量美元貸款移入到了房地產業，造成供求嚴重並衡，從而導致銀行業大量的呆賬、壞賬，資產品質嚴重惡化。一九九七年上半年，泰國銀行業的壞賬據估計高達九千泰銖（約合三百一十億～三百五十億美元）。加之借款結構的不合理，更讓泰國銀行業雪上加霜。泰國銀行業的海外借款百分之九十五屬於不到一年的短期借款。

索羅斯正是看準了東南亞資本市場上的這一最薄弱的環節才決定首先大舉襲擊泰銖，進而掃蕩整個東南亞國家的資本市場。

一九九七年三月，索羅斯認為千載難逢的時機已經來了，因為此時泰國中央銀行宣佈國內九家財務公司和一家莊房貸款公司存在資產品質不高以及流動資金不足。索羅斯及其他套利基金經理開始大量拋售泰銖，泰國外匯市場立刻波濤洶湧、動盪不寧。泰銖一路下滑，五月份最低跌至一美元兌二十六．七銖。泰國中央銀行在緊急關頭採取各種應急措施，如動用一百二十億美元外匯買人泰銖，提高隔夜拆借利率，限制本國銀行的拆借行為等。這些強有力的措施使得索羅斯交易成本驟增，一下子損失了三億美元。但是，只要索羅斯對他原有的理論抱有信心，堅持他的觀點正確，他不僅不會平掉原來的頭寸，甚至還會增加頭寸。

對於志在必得的索羅斯而言，三億美元的損失根本無法嚇退他，他認為泰國即使使出渾身解數，也抵擋不了他的衝擊。一九九七年六月下旬，索羅斯籌集了更加龐大的資金，再次向泰銖發起了猛烈進攻，各大交易所一片混亂，泰銖狂跌不止，交易商瘋狂賣出泰銖。泰國政府動用了三百億美元的外匯儲備和一百五十億美元的國際貸款企圖力挽狂瀾。但這區區四百五十億美元的資金相對於無量級的國際游資來說，猶如杯水車薪，無濟於事。七月二日，泰國政府由於再也無力與索羅斯抗衡，不得已改變了維繫十三年之久的貨幣聯繫匯率制，實行浮動匯率制。泰銖更是狂跌不止，七月二十四日，泰銖已跌至一美元兌三十二．六三銖的歷史最低水準。

泰國政府就這樣一下子就被索羅斯捲走了四十億美元，許多泰國人的腰包也被掏個精光。索羅斯初戰可謂大功告成，但是他並不以此為滿足，還決定席捲整個東南亞，再狠撈一把。於是，索羅斯颶風很快就掃蕩到了印尼、菲律賓、緬甸、馬來西亞等國家。印尼盾、菲律賓披索、緬元、馬來西亞林吉特紛紛大幅貶值，導致工廠倒閉，銀行破產，物價上漲等一片慘不忍睹的景象。

索羅斯的這一場掃蕩東南亞的颶風，立刻就颳去了百億美元之巨的財富，使這些國家幾十年的經濟增長化為灰燼。亞洲的金融危機還迅速波及到了拉美和東歐及其他亞洲的創匯和證券市場，巴西、波蘭、希臘、新加坡、臺灣等國和地區的外滙和證券市場也發生了動盪，貨幣與證券價值紛紛下跌，這些國家的政府也不得不動用國庫支持本國貨幣及證券市場。許多國家已到了談「索」色變的地步。索羅斯在金融市場上的出擊使得許多發展中國家的債務和貿易逆差激增，破壞性極大，各國開始加強金融監管，時刻防範索羅斯，這也使索羅斯的行動變得不再那麼容易了。

掃蕩完東南亞，索羅斯並不想就此收手，他的「瓜子」又開始悄悄地伸向剛剛回歸中國的東方明珠——香港。一九九七年七月中旬，港幣遭到大量投機性的拋售，港幣匯率受到衝擊，一路下滑，已跌至一美元兌七・七五港幣的心理關口附近；香港金融市場一片混亂，各大銀行門前擠滿了擠兌的人群，港幣對始多年來的首度告急。香港金融管理當局立即入市，強行干預市場，大量買入港幣以使港幣兌美元匯率維持在七・七五港元的心理關口之上。剛開始的一周時間裏，確實起到了預期的效果。但不久，港廳兌美元匯率就跌破了七・七五港元的關口。香港金融管理局再次動用外匯儲備，全面干預市場，將港幣匯率重又拉升至七・七五美元之上，顯示了強大的金融實力。

索羅斯這一次試探性的進攻沒能成功，在香港金融管理局的有力防守中失敗了。根據以往的經歷看，索羅斯絕不是那種肯輕易甘休的人，他開始對港幣進行大量的遠期買盤，準備再重視英格蘭和東南亞戰役的輝煌。但這次索羅斯的決策可算不上英明，因為他也許忘了考慮香港背後的中國大陸，香港和中國大陸的外匯儲備達二千多億美元，加上澳門，外匯儲備不少於三千七百四十億美元，如此強大的實力，可不是英格蘭、泰國等國所可比擬的。此番襲擊港幣，勝算的把握並不大。並且，香港政府會不惜一切代價反擊對港幣的任何挑戰。因為對於香港而言，維護固定匯率制是維護人們信心的保證，一旦固定匯率制在索羅斯等率領的國際游資的衝擊下失守，人們將會對香港失去信心，進而毀掉香港的繁榮，所以，保衛香港貨幣穩定注定是一場你死我活的生死戰。

可是，索羅斯並未死心，一九九七年七月二十一日，他又開始發動新一輪的進攻。當日，美元兌港幣三個月遠期升水二百五十點，港幣三個月同業拆借利率從百分之五．五七五升至百分之七．〇六。香港金融管理局立即於次日精心策劃了一場反擊戰。香港政府通過發行大筆政府債券，抬高港幣利率，進而推動港幣兌美元匯率大幅上揚。同時，香港金融管理局對兩家涉嫌投機港幣的銀行提出了口頭警告，使一些港幣投機商戰戰兢兢，最後選擇退出港幣投機隊伍，這無疑將削弱索羅斯的投機力量。當港幣又開始出現投機性拋售時，香港金融管理局又大幅提高短期利率，使銀行間的隔夜貸款利率暴漲。

這一連串的反擊，使得索羅斯的香港征戰不但沒有討到任何便宜，據說還因此遭受了不小的損失。並且中國政府也一再強調，將會全力支持香港政府捍衛港幣穩定。必要時，中國銀行將會與香港金融管理局合作，聯手打擊索羅斯的投機活動。這對香港來說，無疑是一種強心劑，但對索羅斯而言，絕對是一個極壞的消息。其實，索羅斯所聽到的「壞」消息還遠不止這些。一九九七年七月二十五日，在上海舉行的包括中國、澳大利亞、香港特別行政區、日本和東盟國家在內的亞太十一個國家和地區的中央銀行會議發表聲明：亞太地區經濟發展良好，彼此要加強合作共同打擊貨幣投機力量。

這樣一來，索羅斯感到投機港幣賺大錢的希望落空了，只得悻悻而歸。同時，這次襲擊港幣失利也給了索羅斯一個教訓，不要過分高估自己左右市場的能量，否則，市場有時也會給你來個下馬威，讓你吃盡苦頭。

可以說，作為世界上的頭號投資家，索羅斯應該是當之無愧的。從他進入國際金融領域至今，他所取得的驕人業績，幾乎無人能比。也許有的投資者也會有一兩年取得驚人業績，但像索羅斯那樣幾十年一貫表現出色，卻非常難得。他雖然也曾經歷過痛苦的失敗，但他總能跨越失敗，從跌倒的地方再站起來，而且會變得更加強大。他就像金融市場上的「常青樹」，吸引著眾多的渴望成功的淘金者。也有人將索羅斯稱為「金融殺手」、「魔鬼」。他所率領的投機資金在金融市場上興風作浪，翻江倒海，颳去了許多國家的財富。掏空了成千上萬人的腰包，使他們一夜之間變得一貧如洗，故而成為眾矢之的。但索羅斯從不隱瞞他作為投資家以追求利潤最大化為目標，他曾為自己辯解說，他投機貨幣只是為了賺錢。在交易中，有些人獲利，有些人損失，這是非常正常的事，他並不是損害誰。他對在交易中遭受損失的任何人都不存在負罪感，因為他也可能遭受損失。

但是，不管是被稱為金融奇才，還是被稱為金融殺手，索羅斯的金融才能是大家所公認的。畢竟他的薪水至少要比聯合國中四十二個成員國的國內生產總值還要高，富可致四十二國，這是對他金融才能的充分肯定。他雖然是一個有爭議的人，可不容置疑，他又是一個極具影響力的人。

七、中國應從亞洲金融危機中汲取的教訓

一九九七年六月在亞洲所爆發的那場金融危機，過程十分複雜，影響也極為廣泛。到一九九八年年底，此次危機大體上可以分為三個階段：一九九七年六月至十二月；一九九八年一月至一九九八年七月；一九九八年七月到年底。

第一階段：一九九七年七月二日，泰國突然對外宣布要實行浮動匯率制，放棄以前的固定匯率制，引發了一場遍及東南亞的金融風暴。當天，泰銖兌換美元的匯率下降了百分之十七，外匯及其他金融市場一片混亂。在泰銖波動的影響下，菲律賓披索、印尼盾、馬來西亞林吉特相繼成為國際炒家的攻擊對象。八月，馬來西亞放棄保衛林吉特的努力。一向堅挺的新加坡元也受到衝擊。印尼雖是受「傳染」最晚的國家，但受到的衝擊最為嚴重。十月下旬，國際炒家移師國際金融中心香港，矛頭直指香港聯繫匯率制。臺灣當局突然棄守新臺幣匯率，一天貶值百分之三．四六，加大了對港幣和香港股市的壓力。十月二十三日，香港恆生指數大跌一千二百一十一．四七點；二十八日，下跌一千六百二十一．八點，跌破九千點大關。面對國際金融炒家的猛烈進攻，香港特區政府重申不會改變現行匯率制度，恒生指數上揚，再上萬點大關。接著，十一月中旬，東亞的韓國也爆發金融風暴，十七日，韓元對美元的匯率跌至創紀錄的一〇〇八：一。二十一日，韓國政府不得不向國際貨幣基金組織求援，暫時控制了危機。但到了十二月十三日，韓元對美元的匯率又降至

一七三七．六：一。韓元危機也衝擊了在韓國有大量投資的日本金融業。一九九七年下半年日本的一系列銀行和證券公司相繼破產。於是，東南亞金融風暴演變為亞洲金融危機。

第二階段：一九九八年一月，在印尼又掀起一場金融風暴，面對有史以來最嚴重的經濟衰退，國際貨幣基金組織為印尼開出的藥方未能取得預期效果。二月十一日，印尼政府宣布將實行印尼盾與美元保持固定匯率的聯繫匯率制，以穩定印尼盾。此舉遭到國際貨幣基金組織及美國、西歐的一致反對。國際貨幣基金組織揚言將撤回對印尼的援助。印尼陷入政治經濟大危機。二月十六日，印尼盾同美元比價跌破一萬：一。受其影響，東南亞匯市再起波瀾，新元、馬幣、泰銖、菲律賓披索等紛紛下跌。直到四月八日印尼同國際貨幣基金組織就一份新的經濟改革方案達成協議，東南亞匯市才暫告平靜。一九九七年爆發的東南亞金融危機使得與之關係密切的日本經濟陷入困境。日圓匯率從一九九七年六月底的一百一十五日圓兌一美元跌至一九九八年四月初的一百三十三日圓兌一美元；五、六月間，日圓匯率一路下跌，一度接近一百五十日圓兌一美元的關口。隨著日圓的大幅貶值，國際金融形勢更加不明朗，亞洲金融危機繼續深化。

第三階段：一九九八年七月底，那些國際炒家乘著美國股市動盪、日圓匯率持續下跌之際，對香港發動了新一輪進攻。恆生指數一直跌至六千六百多點。香港特區政府予以回擊，金融管理局動用外匯基金進入股市和期貨市場，吸納國際炒家拋售的港幣，將匯市穩定在七．七五港元兌換一美元的水準上。經過近一個月的苦鬥，使國際炒家損失慘重，無法再次實現把香港作為「超級提款機」的企圖。國際炒家在香港失利的同時，在俄羅斯更遭慘敗。俄羅斯中央銀行八月十七日宣布年內將盧布兌換美元匯率的浮動幅度擴大到六～九．五：一，並推遲償還外債及暫停國債券交易。九月二日，盧布貶值百分之七十。這都使俄羅斯股市、匯市急劇下跌，引發金融危機乃至經濟、政治危機。俄羅斯政策的突變，使得在俄羅斯股市投下巨額資金的國際炒家大傷元氣，並帶動了美歐國家股市的匯市的全面劇烈波動。如果說在此之前亞洲金融危機還是區域性的，那麼，俄羅斯金融危機的爆發，則說明亞洲金融危機已經超出了區域性範圍，具有了全球性的意義。到一九九八年底，俄羅斯經濟仍沒有擺脫困境。一九九九年，金融危機結束。

九〇年代可謂是金融全球化席捲整個世界的時代，同時也是國際金融業極為動盪的時代。在相繼發生的幾次金融危機中（一九九二年的歐洲貨幣危機、一九九四年的墨西哥金融、九七年的亞洲金融危機），亞洲金融危機應該說是最為值得認真思索和加以總結的。這不僅是因為這場危機波及的範圍最廣，當事的國家和地區蒙受了空前巨大的經濟損失，而且也是因為它包括了經濟處於不同發展階段上的各種類型國家，比較典型地顯示了世界經濟一體化時代金融危機形成背景、條件、表現形式和發展過程，為中國認識在當今這樣一個世界經濟一體化不斷深化的時代，金融危機的機理和特徵提供了一個活生生的例證和依據。

那麼，亞洲金融危機究竟緣何而至，而後又是怎樣被平息下來的，中國應該如何從中吸取教訓，在新的國際環境下防患於未然呢？

亞洲金融危機的發生清楚地告訴人們在世界經濟內在聯繫空前緊密的今天，金融已經最為敏感的領域和矛盾的集中點，能否經受金融全球化浪潮的衝擊，能否保證金融穩定和安全，已經成了一個國家經濟持續發展的基本條件。儘管中國並沒有被捲入亞洲金融危機的漩渦，但中國認為有關國家所留下的教訓卻至少給了中國以下幾個方面的重要啟示。

一、時刻警惕泡沫經濟的發生，及時妥善地處理不良債權問題。

東亞金融危機和日本金融危機雖然屬於兩種不同類形的危機，但他們的形成都是與泡沫經濟引起的不良債權問題有著密切的因果關係，從這個意義說，警惕泡沫經濟的發生，及時妥善地處理不良債權問題，是防患於未然的關鍵。但事實上要做到這一點並不容易，因為正如中國從日本和東南亞國家的教訓中所看到的那樣，在經濟預期較好的情況下，房地產和股票價格的大幅上漲，極容易得到政策當局和市場的認可，對於刺激需求和經濟增長以及稅收的增加也會起到一定的作用。特別是在金融管理體制不夠健全、政府部門能夠對經濟進行廣泛干預的條件下，房地產和股票的買賣作為一種不同於製造業的投資行為很容易被扭曲並能得到銀行的支持，成為政商勾結權錢交易對象和不良債權產生的溫床。

從中國的情況來看，伴隨著經濟體制改革和產業結構調整的深入，房地產近些年來發展迅速，目前已經成了新的經濟增長點，可另一方面銀行等金融機構的不良債權問題也日趨嚴重，使金融體系的穩定受到了巨大的威脅。根據國家公布的數字，中國四大國有專業銀行大約有近二兆壞帳，佔其貸款總額的百分之二十五。而從不良債權的構成來看，有很大一部分是對房地產業的貸款。因此，這不能不喚起中國對泡沫經濟的警覺，也不能不使中國感到整頓房地產業、完善房地產金融管理體制已經成為中國目前緩解不良債權問題的一個當務之急，並認為有必要採取以下幾個方面的具體措施：首先，國有銀行的商業化是中國金融體制改革的重要目標，但目前受政府干預和發展住宅產業政策的制約，它還必須執行承擔政策性業務，而這種政策性業務又是銀行難以控制不良債權產生的客觀原因；另一方面，房地產金融風險大、技術性強，而中國銀行目前的管理水準難以適應這一要求則是房地產業不良債權產生的主觀原因。為了解決這兩個方面的矛盾，中國認為有必要成立專門的住宅金融機構，這樣既可以使政策性業務從國有銀行中分離出來，促進它向商業銀行的轉化，又可以通過專業化來促進經營管理水準的提高，為解決銀行不良債權創造體制上的條件。其次，要對銀行貸款結構進行調整。中國目前住宅貸款總額的百分之七十以上是面向國有住宅開發企業的，而這些國有企業對償還貸款所具有的最終責任是無從追究的，因此銀行對其貸款一旦成為死帳，實際上受損失的只能是國家。顯然要治理這種「冤無頭、債無主」式的不良債權，就必須把住宅貸款的主要對象由供給方的企業轉向購買方的個人，這樣不但可以直接刺激住房消費，還能夠防止盲目擴大住房供給。最後，要果斷處理空房率。據統計，中國許多大城市每年空房率佔當年竣工量的百分之三十左右。在眾多城市居民住宅條件迫待改善、銀行不良債權居高不下的情況下，這種現象的存在顯然是一種不能容忍的社會財富浪費，因此必須積極採取措施進行處理。中國認為可以借鑒東南亞國家和日本的經驗，設立專門的處理機構，接收、出租或拍賣那些長期不能償還銀行貸款的住宅開發企業手中待售的商品房，這樣不但迫使一些不合格的開發商退出市場，還可以緩解銀行不良債權問題。

二、堅持金融全面開放的原則，把握資本項目自由化的節奏

國際投機資本對東南亞國家的蓄謀攻擊之所以能夠得逞，是以東南亞國家資本帳戶的開放為條

件的；而中國之所以未被捲入亞洲金融危機的關鍵在於沒有開放對資本項目的管制，這是不少人在分析亞洲金融危機時所得出的一個結論。中國認為這一認識雖然符合實際，但如果把它單純地作為一個不可違背的經驗則是經不住推敲的，因為兩者之間並沒有必然的因果關係，而且事實本身也告訴中國，資本帳戶開放的國家或地區並不一定無法抗拒國際投機資本的攻擊，例如香港；而沒有開放資本項目的國家即使限制了國際投機資本興風作浪的機會，但也完全有可能因內部原因而發生金融危機。因此，問題的關鍵不在於資本項目開放本身，而在於如何適應資本項目開放發展的要求，提高中國的監控能力，控制資本項目自由化的節奏。

一九九九年十一月十五日，中美簽署了關於中國加入 WTO 的雙邊協議，從而中國入世的最大障礙已被排除。中國入世即將成為現實，金融服務業的全方位開放勢在必行。但是，同時也應該注意到所謂的全方位開放並不等於所有資本項目的同時開放，因為 IMF 對資本項目的可兌換並沒有明確的規定，這就為中國有節奏地開放資本項目提供了依據。那末，中國應該怎樣把握資本項目自由化的節奏呢？根據中國目前金融監控能力還很有限的現狀，同時也是鑒於亞洲金融危機的教訓，中國認為以下步驟比較合適：先放寬對長期資本流動的限制，後放寬對短期資本流動的限制；先放寬資本流入的限制，後放寬資本流出的限制，逐步實現資本項目人民幣的可兌換。具體地說，應該對資本項目中的各子項目進行審議，分期分批放寬對各子項目匯兌的限制。例如，可以先考慮放寬外國對中國證券的投資，外國對中國投資收益的匯回的限制，再考慮放寬本國對外國直接投資、本國對外國長期借款和發放債券、本國購買外國證券的限制，最後再考慮放寬外國對本國短期借款和本國對外國短期借款的限制。當然，這裏所做的設想只是以對這些項目監控的難易程度為根據的，還需要根據中國經濟屆時發展的實際狀況來進行調整。

三、加快產業結構調整的步伐

東南亞金融危機的發生，深層的原因在於這一地區國家長期以來被眼前的經濟繁榮所陶醉忽視了產業結構的調整。其實，日本經濟之所以在九〇年代陷入前所未有的困境，其根源也同出於此。眾所周知，八〇年代日本曾提出以科技立國代替立國的發展戰略，但長期以來形成那種「拿來主義」經營哲學根深蒂固，並沒有得到徹底的糾正，加之泡沫經濟的發生使資金大量流出實體經濟領域，所以高精技術的獨自研究和發明受到了影響，產業結構的調整也隨之放慢了步伐，從而使經濟增長失去新的動力。這是一個非常值得吸取的教訓，它告訴中國產業結構調整遲緩所造成的損失是在短時間內所無法挽回的。

從當前國內外經濟形勢和發展趨勢來看，中國認為，要使中國產業結構的調整既有利於社會的穩定又能保證經濟的品質水準在較短的時間內得到明顯的提高，就必須抓住幾個關鍵性的環節：

第一、要調整貿易出口結構。亞洲金融危機之所以使中國出口貿易受到了很大的衝擊，一是因為對亞洲地區的出口一直在中國出口總額中佔很大比重約為百分之六十；二是因為中國商品出口結構與東亞國家近似，當這些國家的出口價格因貨幣貶值而大幅下降時，中國商品出口在價格上失去了競爭力。因此，要保證出口貿易能夠繼續在中國的經濟增長中發揮巨大作用，中國必須加緊對出口貿易結構的調整，在努力提高出口商品的技術含量、增加「拳頭」出口的同時，實現出口市場的多元化，不僅注意鞏固亞洲和北美這一原有的市場，而且要銳意開發包括歐洲、拉美、中東、非洲在內的新市場，以提高中國商品的國際市場佔有率。

第二、要大力扶持高科技產業的發展。高科技產業的發展對於中國經濟的可持續發展具有極為重要的意義，這一點已經成為人們的共識。高科技產業屬於知識和資金密集型產業，需要大量的資金投入，所以在目前情況下，光靠政府財政上的支持是不能滿足其迅速發展的需要的。因此中國認為有必要對高科技產業企業給予全方位的支持，如，放鬆對高科技產業企業股票上市和發行公司債券的限制；建立對投資高科技產業企業的低息貸款制度和減稅制度；對投資高科技產業企業的外國企業實行比現在更為優惠的政策；鼓勵各種類型所有制的高科技產業企業的合併與重組；允許國有高科技產業企業雇用外國技術和管理人員，等等，總之盡可能從各個方面為其發展創造條件。

第三、開發西部地區，帶動基礎產業和內需產業的發展。中國城鄉之間尤其是東西部地區之間的經濟存在很大差距，這種差距一方面表明中國的產業和資源還沒有得到充分合理的配置和使用；另一方面也意味著中國經濟增長還存在著廣闊的空間。因此，在內需急需得到擴大的今天，開發西部地區無疑是一個具有歷史意義和現實意義的重大舉措，它將為中國產業結構的調整和經濟的可持續發展提供一個新的機遇和舞臺。

大事紀

一、中國金融改革大事紀

中央銀行體系

一九八三年九月：國務院作出《關於中國人民銀行專門行使中央銀行職能的決定》。自此以後，中國人民銀行不再辦理針對企業和個人的信貸業務，成為專門從事金融管理、制定和實施貨幣政策的政府機構。

一九八六年：人民銀行依法對其他銀行行使監督、規範和管理的法規和條款正式公布。

一九九五年：《中華人民共和國中央銀行法》出臺，將中國人民銀行作為中央銀行的職能和責任以法律的形式固定下來。

一九九七年三月：中國人民銀行建立了貨幣政策委員會，同年四月《中國人民銀行貨幣政策委員會條例》正式頒布。

一九九八年：中國人民銀行做出重大決定，撤銷各省、自治區、直轄市分行，在全國建立九個跨行政區分行，作為中國人民銀行的派出機構。

二〇〇三年四月二十八日：中國銀行業監督管理委員會正式掛牌履行職責。

二〇〇三年六月：國務院決定在浙江等八個省（市）實施農村信用社體系改革試點。

二〇〇四年八月：農村信用社改革已經在除海南和西藏以外的其他二十一個省（區、市）全面推開，目前已取得重要進展和階段性成果。

二〇〇三年九月：黨中央、國務院決定對國有商業銀行實施股份制改革，並選擇中國銀行、中國建設銀行進行試點。目前，中國建設銀行、中國銀行、中國工商銀行等三大國有商業銀行已在香港或內地上市，中國農業銀行的股份制改革正在進行中。

外匯體制

一九九四年以前：中國實行外匯留成的管理辦法。

一九九四年一月一日起：中國實現匯率並軌，實行以市場供求為基礎的、單一的、有管理的浮動匯率制。

一九九四年四月一日：銀行間外匯市場正式運營。

一九九六年一月二十九日：國務院發布了《中華人民共和國外匯管理條例》，條例規定從當年四月1日起，取消若干對經常項目中的非貿易非經營性交易的匯兌限制。

一九九六年年底：中國達到了國際貨幣基金組織的有關規定，實現了人民幣經常專案下的可兌換。

一九九八年年底：中國人民銀行和國家外匯管理局聯合下發了《關於停辦外匯調劑業務的通知》，通知決定，從一九九八年十二月一日起，在全國範圍內取消外商投資企業外匯調劑業務，正式停止了外匯調劑業務，這是中國統一和規範外匯市場的一大改革措施，說明中國以銀行結售匯體系為主體的外匯市場已經初步建成。

二〇〇五年七月二十一日，中國實施人民幣匯率形成機制改革，實行以市場供求為基礎、參考一籃子貨幣進行調節、有管理的浮動匯率制度。截至二〇〇七年一月十八日，匯改以來人民幣對美元匯率累計升值接近百分之四．三。

二〇〇六年十二月十一日：自此日起施行的《中華人民共和國外資銀行管理條例》取消了對外資銀行的一切非審慎性市場准入限制，向在中國境內註冊的外資法人銀行全面開放人民幣業務。

截至二〇〇六年十二月末，中國國家外匯儲備餘額突破兆美元，達到一兆零六百六十三億美元。

保險業

二十世紀八〇年代：中國保險市場的主體是中國人民保險公司。

二十世紀九〇年代初：中國相繼成立了中國太平洋保險公司、中國平安保險公司等全國性保險公司以及新疆建設兵團農牧業保險公司、天安保險股份有限公司、上海大眾保險有限責任公司等區域性保險公司。

一九九五年：中國頒布了第一部《中華人民共和國保險法》，這是中國保險業法制化、規範化進程中的關鍵一步。

一九九六年：對原有中國人民保險公司機構體制進行了全面的改革，將中國人民保險公司改建成中國人民保險集團公司　簡稱「中保集團」。與此同時，中保集團下設中保財產保險有限公司、中保人壽保險有限公司、中保再保險有限公司三個子公司，都具有企業法人資格。

一九九八年十月十二日：中國人民銀行頒布了《關於批准保險公司在全國銀行同業間拆借市場辦理債券回購業務的通知》，批准保險公司加入全國銀行同業拆借市場，從事債券買賣業務。

一九九九年十一月十八日：中國保險監督管理委員會正式成立，標誌著中國保險業的監管進入了一個新階段。

二〇〇四年十二月十一日，中國保險業結束入世過渡期，率先在金融領域實現了全面對外開放。截至二〇〇六年十一月底，共有十五個國家和地區的四十七家外資保險機構在華設立了一百二十一個營業性機構，一百三十五家外資保險機構設立了近兩百家代表處。

證券市場

一九九〇年十二月：上海證券交易所成立。

一九九一年四月：深圳證券交易所成立。

一九九二年十月：國務院證券委員會（簡稱證券委）和中國證券監督管理委員會（簡稱證監會）宣告成立。

一九九七年八月：國務院決定，將上海、深圳證券交易所統一劃歸中國證監會監管；同時，在上海和深圳兩市設立中國證監會證券監管專員辦公室。

一九九七年十一月：中央召開全國金融工作會議，決定對全國證券管理體制進行改革，將原由中國人民銀行監管的證券經營機構劃歸中國證監會統一監管。

一九九八年四月：根據國務院機構改革方案，決定將國務院證券委與中國證監會合並。經過這些改革，加強了中國證監會的職能，基本形成了集中統一的全國證券監管體制。

一九九九年七月一日：《中華人民共和國證券法》正式實施。

二〇〇五年四月二十九日：中國啟動股權分置改革試點。截至二〇〇六年底，在中國一千三百多家A股上市公司中，超過百分之九十五的公司已完成或進入股改程序。

二〇〇六年底：中國合格境外機構投資者（QFII）投資額度已達到九十．四五億美元。目前，QFII已經成為中國股市上重要的機構投資者。

二〇〇七年一月十九日，滬深股市總市值合計達到十兆七千零六十二．八六億元。

二、世界經濟危機大事紀

第二次世界大戰前：

一七八八年：第一次經濟危機

第一次經濟危機是在英國工業革命發生後不久。一七七〇年代和一七八〇年代是英國紡織工業技術革命的年代。一七八一阿克萊的專利權被判剽竊。阿克萊喪失專利權後，水力紡紗機廠大量湧現，到一七八八年，已有一百四十三家水力紡紗機。一七七九年出現騾紡織機，一七八五年起，瓦特的蒸汽機開始迅速應用到棉紡織業。這樣，紡織行業的生產效率迅速提高，大大超過了消費能力，產品大量積壓，商家被迫折價拋售。一七八八年，棉花進口額與一七八七年相比，下降了百分之十二。同年，破產事件增加近百分之五十，工人大量被解雇，蘭開夏和柴郡等地的棉紡織工陷於極端貧困的境地。

一七九三年：第二次經濟危機

紡織工業的投資和生產能力的增長又一次超過了其他部門的吸納能力，第二次危機降臨了。

一七九二年末，物價開始下降，破產事件開始增加。一七九三年英國對法國宣戰，英國對法國及歐洲大陸的出口嚴重萎縮，物價急劇下跌，一七九二年到一七九三年，一百支棉紗價格從三十先令跌至十六先令。企業破產數量急劇增長，甚至連一家最大的負債達一百萬英鎊的企業也宣告破產。企業破產帶動銀行破產，四百家地方銀行有一百家停止支付。

一七九七年：第三次經濟危機

一七九四年到一七九五年，英國農業歉收，糧價飛漲，工業品的需求下降。軍事開支一部分擴大了內需，另一部分卻造成了國際收支失衡。一七九三年到一七九六年間，英國在國外軍事開支高達三千八百萬英鎊，加上大量進口糧食，使英國黃金滾滾外流。黃金外流使金價上升，許多銀行倒閉，市場需求進一步縮小，物價大跌，終於促成了一七九七年的經濟危機。

一八一〇年～一八一四年：第四次經濟危機

由於繁榮持續的時間長，這次危機的嚴重程度也超過以往各次。一八〇八年，美國對英國實行禁運，嚴重威脅了英國紡織品的出口，並使棉花價格暴漲。英國被迫把目光投向南美。南美被想像成一個巨大的新市場，在出口信貸的支持下，大量紡織品被送進了南美各地的貨棧，使紡織業的繁榮得以延長至一八一〇年。但是，一八〇九年英國農業再度歉收，國內市場嚴重萎縮。因此，當一八一〇年南美的紡織品開始退回英國時，英國的紡織工業失去了希望，一瀉千里，大工廠裁員過半，中小工廠關門大吉，物價下跌百分之四十～六十。正在市場一片恐慌之際，一八一一年春，美英開戰，美國再次對英國實行禁運。雪上加霜的打擊。危機持續了四年多，單純靠淘汰落後企業、裁員、削減工資、降低價格，都不足以使紡織工業龐大的生產能力得以消化。

一八一六年：第五次經濟危機

一八一四年世界市場出現巨大轉機，拿破崙戰敗，歐洲大陸市場開放，英國商品對歐洲大陸的出口額從一八一一年的一千三百萬英鎊，急增至一八一四年的兩千七百萬英鎊；一八一五年，英美戰爭結束，英國商品對美國輸出額從一八一四年的八千英鎊激增至一千三百三十萬英鎊。於是，英國工業空前繁榮。但是，英國貨的生產和運輸能力過於強大。一八一四年底，歐洲大陸市場即告飽和，一八一五年對歐洲出口即下降百分之二十三；由於美國市場迅速接替，繁榮得以繼續，但過了幾個月，北美市場也飽和了。一八一六年，英國對美輸出額下降了百分之二十八。同時，由於軍事訂單下降，黑色冶金業和煤炭工業第一次生產過剩，原來每噸高達二十英鎊的鐵價跌至八英鎊。於是，英國工業陷入第五次危機。一八一七年，英國第一次提出了旨在減輕失業、啟動需求的公共工程撥款法案。法案批准撥款一百～兩百萬英鎊，資助建設運河、港口、道路和橋樑。這是市場經濟國家用財政手段緩和經濟危機的最早嘗試，比凱恩斯主義的提出早了一百多年。

一八一九年～一八二二年：第六次經濟危機

一八一九年破產事件超過一八一五至一八一六年危機的最高點。一八一九年十一月，棉紡織工業三大中心——曼徹斯特、格拉斯哥、培斯利——工人的工資降低了一半以上，全國食品消費量比一八一八年減少三分之一。由於世界貿易的恢復，一八一五年和一八一九年兩次危機對美國、法國、德國正在成長的紡織工業和冶金工業造成了沉重打擊。

一八二五年：第七次經濟危機

從一八二一年到一八二五年，倫敦交易所共對歐洲和中南美洲國家發行了四千八百九十七萬英鎊公債，而英格蘭銀行對國內私人貸款卻急劇萎縮。這些公債轉過來又成為對英國商品的購買力。英國輸往中南美洲的棉紡織品從一八二四年的一百五十萬英鎊，激增至一八二五年的三百九十五萬英鎊。出口猛增一方面刺激生產和投資迅速擴大，另一方面則導致原材料價格上漲，從而再一次使供給嚴重超過需求。一八二五年下半年，物價終於開始下跌，而南美洲投資也被證明是一場豪賭。投機商人和銀行首先大量破產，繼之第七次危機席捲英國主要工業部門。這場危機使紡織工業設備開工率下降了一半，紡織機械如花邊機的價格下跌了百分之七十五～八十，機器工業首次受到危機的嚴重襲擊。

一八三七年～一八四三年：第八次經濟危機

一八三七年英國棉紡織業仍然首當其衝，呢絨業、亞麻和絲紡織工業都陷入困境。一八三九年，美國棉花歉收，加上合眾國銀行力圖壟斷棉花貿易，棉花價格暴漲。工業品價格下跌而小麥、棉花漲價，出口下降而進口增加，使英國出現貿易赤字。因此，黃金大量外流。為控制黃金外流，英格蘭銀行不得不提高利率，客觀上進一步縮小了國內投資。這樣，一八三七年開始的危機就變得格外嚴重，事實上，蕭條持續了六年。在此期間，英國商品繼續對其他國家進行傾銷，但美、法、德等國則加強了貿易保護，雙方展開拉鋸戰。一八三九年，德國從英國進口的棉紗超過國內產量的兩倍。一八四二年，由於英國貨的競爭，法國棉布出口額下降百分之二十九。

一八四七年～一八五〇年：第九次經濟危機

一九五七年秋，靠空頭支票、出口信貸生存的進出口商首先大批破產，繼之，銀行紛紛倒閉。一度同紐約爭奪全國金融中心地位的費城，幾乎全部銀行都停止支付。隨後，紐約六十三家銀行中六十二家遭到擠兌而停止支付。貼現率上升到百分之六十～百分之百。鐵路公司的股票價格跌去百分之八十五～八十七。金融危機迅速蔓延至英國，英格蘭銀行將貼現率提高到前所未有百分之十。破產銀行和有價證券共損失達八千萬英鎊，危機造成的全部損失則高達二億五千萬～三億英鎊。在德國的貿易中心漢堡，曾因信貸貿易而異常繁榮的交易所一片混亂，數以百計的銀行和工商企業倒閉，貼現率提高到百分之十二。法國情況稍緩和。從一八五六年到一八五八年間破產事件一萬二千零三十起，動產信用公司股票價格下跌百分之六十四，達姆斯塔特信用銀行股票價格下跌一半，法蘭西東方鐵路公司股價下跌三分之一。歐洲破產公司的債務總額高達七億美元。

一八六七年～一八六八年：第十一次經濟危機

一八六七年春，英國棉花紡織工業生產縮減百分之二十～百分之二十五，絲織品輸出減少百分之二十三。毛紡織業出口一八六八年比一八六六年下降百分之三十。生產下降幅度最大的是英國的重工業。一八六七年鐵路建設比一八六六年下降百分之三十。一八六六年中，蘇格蘭地區一百三十七座煉鐵爐大半停止生產。造船業從一八六五年到一八六七年下降達百分之四十。不巧的是，歐洲糧食連年歉收，一八六七年到一八六八年期間的小麥平均價格比一八六四年到一八六五年高百分之五十～百分之六十，從而進一步縮小了工業品市場需求。

英國的危機於一八六七年蔓延至法國。一八六七年法國的經濟損失高達數十億法郎。棉花消費量下降百分之二十五，停止運轉的紗錠估總數的五分之一。棉紡織品的價格下降給毛紡織業和亞麻紡織業以致命打擊。由於軍事訂貨的增加，重工業的危機稍輕。但鐵路建設規模也縮減了一半，一八六七年通車鐵路總長度一千一百九十八公里，而一八六八年僅為六百一十三公里。

一八七三年～一八七九年：第十二次經濟危機

一八七二年，由於建設成本高漲，預期收益下降，美國的鐵路線增長速度開始放慢，機車及鐵軌訂貨開始減少。於是，鐵路股票價格開始下跌。從下跌轉為暴跌的，是開始於一八七三年的奧地利首都維也納的股市暴跌，二十四小時內股票貶值達幾億盾。

德國遭到重創，特別是重工業，迅猛發展後是生產能力嚴重過剩。法國經濟繁榮程度不高，受打擊卻不輕。一八七三年法國的棉織業產量減少百分之四十，煤、鐵的產量都大幅減少，而且蕭條持續了很長時間。主要工業國的經濟蕭條當然直接影響到英國。

一八八二年～一八八三年：第十三次經濟危機

一八八二年，美國鐵路建設退潮，引發世界經濟史上的第十三次經濟危機。英國經濟早在一八八二年就開始下降，美國鐵路退潮後，危機加深了。法國的嚴重程度僅次於美國。德國的情況稍好，工業的競爭沒有出現大規模投機浪潮，受外國廉價商品的傾銷影響小。只有對美國出口的鋼鐵和機器下降幅度較大。

一八九〇年～一八九三年：第十四次經濟危機

一八九〇年三月，德國股票市場暴跌，此後股價連續下降兩年多。從一八九〇年到一八九一年，破產事件約一·五萬起，鐵路建築規模縮減了百分之六十。適逢農業歉收，危機更加嚴重。這次危機的一個重要後果是，法國終於加入了貿易保護主義潮流。一八九二年法國制定了《梅利奈稅則》，大大提高了進口工業品關稅率。物極必反，法國在吃盡了自由貿易的苦頭後，所實施的保護政策是全歐洲最嚴厲的。

一九〇〇年～一九〇三年：第十五次世界經濟危機

這次危機是從俄羅斯開始的。一八九九年夏天，一場金融危機席捲俄羅斯，隨之工業生產陷入危機。這場危機戲劇性地展示了英國和德國的競爭地位的消長。面對強大的競爭對手的崛起，面對世界性的貿易保護主義潮流，英國的自由貿易政策開始動搖了。英國內閣以張伯倫為首的集團開始主張恢復保護關稅，取消自由貿易，代之以「帝國國內特惠關稅」。這一主張得到了重工業的大資本家們的擁護。但是，由於英國鼓吹自由貿易日久，以欺人始，以自欺終，這一有利於英國長遠利益的主張並未成為新政策。隨之，日本在一九〇〇年爆發了第一次經濟危機。

一九〇七年～一九〇八年：第十六次世界經濟危機

一九〇七年，法國已經生產了五．五萬輛汽車，超過美國的四．四萬輛。但是，帶動這一輪高漲的主要因素仍然是鐵路和重工業建設。有這許多新興工業的崛起，這一輪高漲本來可以指望持續時期比較長。但是，創業投機猖獗，使這一輪高漲暴起暴落。在美國，這次危機引起的生產下降比以往任何一次都嚴重。與美國經濟聯繫密切的英國首當其衝，危機深度僅次於美國。危機在德國也十分嚴重。一九〇七年，法國的工業生產下降了百分之六．五。

這次危機以後，德國工業實力已經明顯超過英國。德國的鋼鐵產量比英法兩國的總和還多，機器製造業發展迅速，電氣、化學等工業成為德國的驕傲。

一九二九年～一九三三年：第十七次世界經濟危機（即大蕭條）

一九二九年十月二十四日，紐約股市暴跌。從那時起至一九三二年，紐約股票價格跌掉六分之一以上，全美證券貶值總計八百四十億美元。紐約股市跌暴後，美國經濟陷入危機。美國大量抽回對德國的投資，德國經濟跟著全面崩潰。英國在德國也有大量投資，英國證券市場應聲倒地，英國經濟陷入危機。法國經濟的獨立性相對高一些，但也擺脫不了對國際市場的依賴，而且此前法國經濟本身的也早已出現投資過熱，到一九三〇年，法國終於陷入危機。這樣，一場席捲全球的大蕭條拉開了序幕。

第二次世界大戰後：

一九五七年～一九五八年：第一次世界經濟危機

這次世界經濟危機是在二戰結束至布雷頓森林體系崩潰的國際經濟良性循環階段發生的。問題在於，良性循環中各方的收益卻並不平衡。日本和西德工資低，貨幣定值低，隨著投資不斷擴大，其國際競爭力迅速提高，貿易順差不斷增長。而英國和美國則相對衰落，經濟增長率只有德、日的一半左右。英國存在經常性的貿易逆差，英鎊危機頻繁；美國的貿易順差也不斷縮小，至一九五八年時第一次出現三十三．五億美元的國際收支逆差，導致大量黃金外流。危機隨後即影響了英國、西德、日本等各國，但除英國外，程度都比較輕，因此這次危機沒有被認為是同期性世界經濟危機。

一九七三年～一九七五年：第二次世界經濟危機

在美國，危機從一九七三年十二月持續到一九七五年五月，GNP下降了百分之五．七，工業生產下降了百分之十五．一，其中建築、汽車、鋼鐵三大支柱產業受打擊尤為嚴重。各主要資本主義國家幾乎同時在一九七三年十二月爆發經濟危機，日本受危機的打擊最為嚴重；英國的工業生產下降了百分之十一，股市崩潰；西德的工業生產下降百分之十．九，但總的來看，西德受影響的程度比美、日、英等國輕。

一九八〇年～一九八二年：第三次世界經濟危機

英國於一九七九年七月陷入危機，於一九八一年五月達到最低點；由於西德馬克不斷升值，工資成本提高迅速，國際競爭力下降較快，西德的危機更嚴重；日本受危機的影響最輕，危機持續時間最短，沒有出現連續六個月的生產下降，而且生產下降幅度很小，一九八五年起，日本成了世界上最大的債權國。

一九九〇年～一九九一年：第四次世界經濟危機

這次危機經歷了歷時約兩年半的始發階段，即一九八七年十月至一九九〇年初，經歷了為時三個季度的惡化階段，又經歷了歷史約兩年半的危機後期階段，共歷時五年又三個季度，呈現 W＋W 型。直至一九九三年九月二十三日，美國財政部長小勞埃德．本森特在華盛頓就即將舉行的七國集團財政部長會議一事向新聞界吹風時，仍將包括美國在內的七國集團的「經濟衰退」比做一架等待起飛的飛機，說「中國至今還沒有滑出跑道」，並呼籲日本和西歐作出努力，「以避免發生連續第五年的全球經濟蕭條。」

日本的情況更糟糕。從一九九一年起，日本經濟陷入了長期危機或蕭條。西德正處於「統一景氣」中，於一九九二年第二季起陷入危機。這次危機在深度和廣度上均超過西德前三次危機。

除美國以外，日本、德國及西歐主要國家事實上並沒有徹底擺脫戰後第四次世界經濟危機，而是陷入了長期蕭條。由於國際金融體系的高度流動性，日本和西歐以及第三世界各國的經濟蕭條，反而促成了資本源源不斷流入美國，使美國經濟獲得了意外的營養。

二〇〇〇年後：第五次世界經濟危機

隨著二〇〇〇年四月美國那斯達克股票市場的崩潰，美國經濟逐漸陷入了危機，並帶累世界各主要工業國和第三世界各國經濟的衰退。這必將是一場更大規模的世界經濟危機。由於這場危機在八〇年代初和九〇年代初兩次被推遲，一切可用的財政和金融手段都已用盡，其烈度將超過上個世紀三〇年代。與三〇年代不一樣的是，這回再也沒有財政和金融手段可以施展了。

國家圖書館出版品預行編目資料

新貨幣戰爭／唐風編著. -- 一版. -- 臺北市：
大地, 2009.03
面：　公分. --（大地叢書：24）

ISBN 978-986-6451-01-0（平裝）

1. 金融危機 2. 國際貨幣 3. 國際經濟 4. 文集

561.7807　　98002889

新貨幣戰爭

大地叢書 024

作　　者	唐風
創 辦 人	姚宜瑛
發 行 人	吳錫清
主　　編	陳玟玟
出 版 者	大地出版社
社　　址	114台北市內湖區瑞光路358巷38弄36號4樓之2
劃撥帳號	50031946（戶名　大地出版社有限公司）
電　　話	02-26277749
傳　　真	02-26270895
E - mail	vastplai@ms45.hinet.net
網　　址	www.vasplain.com.tw
美術設計	普林特斯資訊股份有限公司
印 刷 者	普林特斯資訊股份有限公司
一版一刷	2009年3月

大地

定　　價：280元